KB113118

보물지도 14

이 책을 소중한

_____님에게 선물합니다.

_____ 드림

• 기적을 보길 원하는 이들의 꿈의 목록 •

보물지도14

기획 · 김태광

배선영 석복녀 김은자 이영실 전미연
정지웅 이정은 박선규 강보경 이영웅

위닝북스

기적을 만나게 해 줄
보물지도를 그려라!

세상 모든 일에는 관성의 법칙이 작용한다. 우리는 매일 똑같은 일상을 살아간다. 아침에 눈을 떠 직장에 가고, 퇴근을 한다. 주말에는 휴식을 하거나 짧은 여행, 문화생활을 즐긴다. 또 다른 일주일을 지내고, 그렇게 52주, 일 년을 보낸다.

작은 일탈을 즐기기 위해 해외여행을 가고, 안 해보던 일을 한두 가지 할 수도 있다. 그러나 우리 일상의 90%는 같은 장소에서 같은 일을 하고 보낸다. 항상 만나던 사람을 만나고, 자주 가는 장소에서 문화생활을 즐긴다. 우리는 이러한 패턴에 길들여져 살아간다.

누군가는 어렸을 때부터 한 가지 꿈을 가지고 그것을 이루어

내고 살아갈지도 모른다. 그러나 대부분의 평범한 사람들은 명확한 꿈 없이 살아간다. 혹 꿈이 있어도 그 꿈에 대한 확신이 없거나 도전하지 않는 경우가 다반사다.

이 책을 쓴 저자들은 과감하게 고정된 일상을 탈피하고 작가에 도전했다. 그리고 지금 이 책을 만나게 되었다. 작은 도전과 일탈이 커다란 반향을 일으키고, 새로운 인생이 만들어지고 있는 것이다.

인생은 꿈을 찾아 떠나는 여행이다. 이 꿈은 아주 사소한 것일 수도 있다. 그러나 한 걸음 한 걸음 나아가고, 사소한 꿈들을 하나씩 이루어 가다 보면 커다란 보물을 가지는 행운을 만나게 된다. 지금부터 저자들의 소중한 보물들을 만나 보자. 새로운 일에 과감하게 도전하고 삶의 보물을 찾는 여행을 시작해 보자.

2018년 8월
전미연

C O N T E N T S

내면을 강하게 갈고닦아 진정한 가치를 전하는 메신저 되기

+ 배 선 영 +

배선영 '영어클래스104' 대표, 영어번역가, 마음치유 강연가, (사)아쉬탕가 요가코리아 요가지도자

사람들이 자신의 분야에서 영어를 훌륭한 도구로 사용하고 이를 통해 자신의 세상을 확장할 수 있도록 돕고 있다. 현재 '독학 영어 공부법'을 주제로 개인저서를 집필 중이다.

Blog blog.naver.com/shoripu   C·P 010.9935.3144

진짜 가치를 알리는 강연가 되기

나는 아직 결혼을 하지 않은 서른세 살 여자다. 문득 결혼이란 무엇일까 생각해 봤다. 결혼이라는 것은 하나씩 비워 가며 상대방에게 공간을 만들어 주는 긴 여정이지 않을까 짐작해 본다. 나는 감정기복이 심한 사람이었다. 20대에는 1년의 절반을 울며 보냈던 것 같다. 당시 사랑할 사람, 나와 함께 긴 시간을 함께 보낼 만한 사람은 '잘 우는 나를 이해해 주는 사람이면 좋겠다.'라고 할 정도로.

이렇게 마음에 얽매어 있다 보니 자연스럽게 마음에 대해 공부하게 되었다. 이는 요가나 명상, 묵상으로 이어지게 되었다. 이러한 과정들을 통해 몸이 건강해지면서 음식도 잘 먹게 되고, 마음도 단단해지게 되었다. 아직 흔들거리지만 흔들거리는 걸 지켜보는 사람이 되어 가는 중이다. 그러는 중에 생각이 변해 갔다.

'내가 단단해지고, 강해지고 나면 결혼할 사람을 찾을 수 있겠다.' 라고.

조금 살아 보니 힘든 순간이 닥칠 때면 의존하고 싶은 마음이 생긴다. '누군가 나를 대신해서 살아 줬으면 좋겠다. 이 어려운 일을 이 사람과 있으면 견딜 만하겠다.'라고. 감당하기 어려웠던 상황에 네가 곁에 없어서 너무 힘들었다는 마음도 모두 누군가에게 의존하고 싶은 마음인 것 같다. 끝도 없이 이 마음에 사로잡혀 있다가 문득 정신이 든다. '아! 내가 또 누군가에게 의존하려고 했구나.' 이 마음을 지켜보고 있으면 그 사이에 시끄럽게 의존하려던 생각들이 잦아들었다. 혼자서도 헤쳐 나갈 수 있는 용기들이 시간과 함께 주어지곤 했다.

학원을 시작하고 기대감에 두렵고, 열정에 몸이 상하면서 정말 의존하고 싶은 감정이 하늘을 찔렀던 것 같다. 주변 사람들에게 내가 잘하고 있다는 걸 보여 주고 싶었다. 그러다 보니 기다리는 시간이 답답하고, 마음먹은 대로 사람들이 움직여 주길 기대해 보기도 했다.

처음 1년간 정말 강렬하게 몰입했다. 운영비를 다 마련할 수 없을 것 같은 불안함이 월말마다 찾아왔다. 매달 매번 힘든 시간들이었다. 그런데 내가 달라지기 시작했다. 또 다른 학생이 찾아오겠거니 하며 매일 새벽에 요가하고 명상하면서 나를 다져 갔다.

내가 맑아져야 주변이 밝아진다. 내 생각이 바르게 서 있어야 이곳에서 향기가 나고, 사람들에게 닿을 거다. 홍보할 줄 모르는 초보 원장은 학원을 요가원 삼아 매일 이렇게 수련했다. 그런 시간을 돌아보니 내가 근사해 보였다. 나 잘했구나. 혼자서 잘 해 왔어. 고생했다고 나 자신을 보듬어 주었다. 서서히 나는 강해졌고, 더 이상 울면서 숨어 있지 않았다.

마음에 힘이 생기면서 주변 친구들이 걱정하는 일들이 예전과는 달라 보였다. 힘내라는 말이나 단순한 조언이 아닌, 걱정하는 일들의 내면이 보였다. 그러던 중 오랜 친구가 결혼한다는 연락을 해 왔다. 결혼까지 이른 이야기는 한 편의 영화 같았다.

내 친구는 신랑 될 남자에게 한눈에 반했다고 한다. 꽤 긴 시간을 들여 그 남자와 사귀게 되었다. 그런데 그 남자, 곧 캐나다로 떠날 예정인 컴퓨터그래픽 디자이너였다. 내 친구의 고백을 받아주지 않고 고민하던 이유였다. 자신의 상황이 안정되지 않았기 때문이라고. 나는 내 친구가 잠깐의 연애를 마치고 그 남자가 떠나는 날까지 친구의 불안함을 나누며 연락을 계속했다.

남자는 캐나다에서 일을 시작했고, 내 친구도 한국에서 직장을 잘 다니고 있었다. 그런데 이 친구가 캐나다로 갈지 말지 고민하기 시작했다. 답답한 마음에 100명에게 상담을 받으면서까지 일을 그만두고 경력을 단절시키며 캐나다로 떠나는 것이 괜찮을지 물었더니 모두들 부정적인 답을 했다고 한다. 결혼하지 않고 가는 것은 말이 안 되며, 그 남자가 친구를 책임져 주겠다는 확답도 받지 못했다면서.

하지만 나는 찬성이었다. 두 손 들어 찬성했다. 캐나다에 가는 것을 찬성한 건 나뿐이었다며 친구는 그 이유를 물어 왔다. 나에겐 그 점이 좀 당황스러웠다. 모두가 반대했던 이유는 현재 친구의 안정이 미래에도 이어지길 바라고, 변화하는 걸 두려워해서였던 것 같다.

그럼에도 불구하고 친구는 생각의 소리가 아닌 마음의 소리를 들으려 애쓰고 있었다. 나는 두려운 순간이 왔을 때 지켜보기만 하면 된다는 응원을 보냈다. 다른 사람의 말들도 너를 걱정하는 다른 표현일 거라며.

캐나다에 가 있는 그 남자는 경제적 상황이 불안정한 상태였다. 현실적인 문제인 생활비도 염려해야 했다. 많은 고민거리들을 안고 있는 친구는 정말 어른이 되어 가는 것 같다고 느껴졌다. 하루하루 목소리가 진지해졌다. 친구는 부모님과 진지하게 대화한 후 허락을 받고 캐나다로 떠났다. 진짜 멋지다는 메시지를 주고받았던 기억이 난다.

캐나다에 가서도 고민은 역시 계속되었다. 이 남자가 영어를 잘 못해서, 직장을 자유롭게 바꿀 용기를 못 내고 있었기 때문이다. 긍정적이고 도전적인 내 친구가 여러 가지 방법으로 도와 봤지만 헛수고였다는 말을 전해 왔다. 속상했다. "진취적이고 멋진 남자를 만나 영원히 행복했습니다."라는 말을 더 듣고 싶었기 때문이다.

나는 계속 함께할 거라면 캐나다에서 사업을 시작하라고, 네 능력이면 충분하다고 해 줬다. 친구는 생각에 잠기더니 그럴 수 있을 것 같다고 했다. 계속해서 강해지는 친구의 마음을 함께 볼 수 있어 기뻤다. 이 둘은 지금은 한국에 잠시 들어왔고 결혼을 앞두고 있다. 단단해지는 둘을 지켜볼 수 있어서 감사하다.

세상에 사람들이 아끼는 것들은 미스코리아에 다 들어 있다. 진. 선. 미. 진짜인 것, 선한 것, 아름다운 것 세 가지 말이다. 아름다운 것을 넘어서, 선한 것이 쌓이면 진짜인 것에 닿는 것이다. 내가 아름다운 것에만 집착하지 않고, 선함을 끌어올려 진짜인 것에 닿는 날을 그려 본다. 그러면 자신의 하루를 스스로의 의지대로 이끌고 가는 사람, 마음을 지켜볼 용기가 있는 나를 만나게 될 수 있을 것이다. 나처럼 자신이 쓰러지지 않도록 잘 세워 두는 것이 숙제인 사람들도 많을 것이다.

열심히 살지만 뒤에선 울기만 하던 여자가 자기 자신을 마주 보며 강해지던 시간에 대해 강연하는 모습을 상상해 본다. 그때를 떠올리면 부끄럽지만 예쁘게 꾸미고, 당당하게 걸으면 그게 제일 멋진 거라고 생각하던 시간들에 대해 얘기하는 내 모습을. 그러다 주변 사람들이 다들 아름다워 보이는 순간이 찾아오고, 그때야 내가 진짜 예쁘다는 것을 알게 된 시간들을 사람들과 나누고 싶다.

내가 의식하지 않아도 선한 미소를 띠게 되었을 때, 갑자기 마주친 사람의 눈빛이 나를 따뜻하게 대하던 날의 이야기. 힘들어 휘청거리다가 다시 자리를 잡고, 다시 흔들리며 살게 되는 일들을 공감해 보고 싶다. 감정이 휘몰아치고, 그 속에 빠져 있다가도 누군가 지켜보면 고요해지는 일들을 전하는 메신저가 되어 갈 것이다. 자신을 사랑하지 못하는 사람들에게 가장 뻔하지만 정말 어려운 메시지인, 자기 자신을 사랑하게 되는 과정을 전하는 나의 모습을 생생하게 그려 본다.

좋아하는 것을 하며
잘 사는 롤모델 되기

영어 학원을 운영하며 가장 듣기 좋은 말은 "선생님처럼 살 거예요.", "우리 아이가 선생님 영향을 많이 받나 봐요. 선생님처럼 되고 싶대요."라는 말이다. 이런 말을 들으면 겸손함은 멀리 가고 뛸 듯이 기쁘다. 머쓱해하며 아이들이 청출어람 하길 바란다는 답을 건넨다.

나는 좋아하는 것들과 함께하기 위해 열심히 산다. 요가와 아이들, 책, 명상, 나무, 풀벌레, 하늘, 우주. 자연스러운 것들 모두를 좋아한다. 수업료를 받아 이 모든 것과 함께할 수 있으니 감사한 일이다. 내가 좋아하는 것들이 나에게 스며들어 아이들도 함께 그것들을 느낀다. 학원은 아이들이 지나가다 들르는 기분 좋은 공간이 되어 간다. 아이러니하게도 이렇게 맑은 것들을 좋아하는 내 별명은 '악마쌤'이다. 나이의 경계 없이 능력에 맞는 영어 수업을 해 주면서 얻게 된 별명이라고 우겨 본다.

　우리 학원 뒷문에는 텃밭이 있다. 출근하면 제일 먼저 텃밭 곁 의자에 앉아 햇볕을 받으며 졸기도 한다. 나는 봄마다 씨앗을 틔 워서 심는 것이 취미라서 일주일에 하루쯤은 짬을 내어 텃밭에 간다. 아이들도 나와 호미질을 한다. 맨발로 걷는 아이들도 있고, 양말 채로 나오는 아이들도 있다. 나는 아이들이 흙을 많이 밟아 봤으면 해서 별말 않고 그냥 둔다. 흙을 만지는 아이들은 수업을 받으며 찡그리던 모습을 지우고 함박웃음을 짓는다.

　아이들과 많은 시간을 보낼 수 있다는 점이 이 직업의 가장 좋은 부분이다. 저 표정을 계속 보고 살 수 있으니까. 함께 흙을 만지면서 아이들과 깊은 얘기도 한다. 뿌리는 못 뽑고 잡초 머리 만 뽑아낸 아이를 구박하는 시간이기도 하다. 벌레를 무서워하는 아이들에게는 벌이 중요한 이유, 개구리가 없어지게 된 이유들, 나 도 무서워하지만 거미가 죽으면 안 되는 얘기들을 해 준다. 부족 하고 못생긴 열매를 얻더라도 농약이나 비료를 쓰고 싶지 않은 이 유 또한 말해 준다. 벌레를 잡으려고 하면 얼굴을 찡그리면서도 새로운 얘기에 귀를 쫑긋하는 모습이 나를 기분 좋게 만든다. 장 미덩굴이 거대하게 우거져 굴을 만들면 너도나도 나와 구경하는 영어 학원. 이곳은 참 즐거운 곳이다.

열두 살 남자아이 중에 "성원 씨, 정견하세요."를 유행시킨 이성원이라는 친구가 있다. 마음이 맑고 지구에 처음 태어나 본 것 같은 아이다. 겁이 많고 잘 놀라는 이 아이는 나에게 영어 수업 준비 말고도 다른 공부를 더 하게 한다. 요가나 명상을 하거나 책을 읽은 후 느낀 것들을 성원이에게 알아듣게 설명하느라 고민한 적이 많다.

정견이라는 말은 세상을 바르게 보는 눈이라는 뜻이다. 성원이가 세상이 숨 쉬는 이치, 우주가 숨 쉬는 이치를 보기를 간절히 바랐다. 그러면서 "정견하세요, 성원 씨."라고 얘기하기 시작했다. 그 후로는 다른 친구들도 성원이에게 인사 대신 "정견하세요, 성원 씨."라고 한다. 재미있게도 정견할 수밖에 없는 상황을 만들어 준 것 같아 들을 때마다 웃음이 절로 난다.

하루는 이 아이가 문 앞에서 울고 있길래 무슨 일인지 물어봤다. 열쇠가 없어져서 찾는데 의자 밑에 있었다고 한다. 누군가 자기 몰래 숨겨 놓고 괴롭히는 거라며 울고 있었다. 다른 아이들에게 열쇠를 숨겼는지 물어봤다고 한다. 그런데 아무도 그러지 않았다며 집에 갔다고 한다. '아… 이 아이에게 어디부터 얘기를 해 줘야 하나.' 부족한 선생은 마음이 막막하다.

먼저 자존감을 높여 주고 싶었다. 집에 걸어가는 길에 다리가 2개인 내가 너무 멋지다고 자신에게 얘기해 주라고 했다. 밥 한 숟가락 삼키면서 밥도 잘 먹는다고 칭찬하라고 했다. 6개월 동안 매일매일 자신을 칭찬하는 것부터 하자고 했다. 그다음에는 성원이가 세상에 대해 가지고 있는 경계를 조금 풀어 주고 싶은 마음이 들었다.

"성원아, 너는 세상의 일부란다. 너는 네 몸인 것과 네 몸이 아닌 것으로 세상을 나누고 있겠지만, 잘 봐. 이 세상 그 누구도 너 하나만 떼어 놓고 볼 수가 없단다. 네가 숲에 가 있으면 너는 숲의 일부이고, 네가 이곳에 있으면 저 뒤에 있는 벽이 너와 함께 있지. 친구들과 있을 땐 그들과 함께 있는 네 모습만 나는 볼 수 있잖아. 너만 떼어 놓고 볼 수 없어. 다른 사람과 네가 완전히 별개가 아닌 거야. 이어져 있어."

이 말을 듣는 성원이는 무슨 소리인지 모르겠다고 한다. 난 이 말들이 성원이에게 분명히 세상을 보는 다른 길을 열어 줄 거라 믿는다. 이 아이의 영혼이 들어 줄 거라 믿는다. 굳어 있던 아이 몸의 긴장이 풀어지고, 집으로 걸어가기 시작한 것도 그중 하나일 거라고. 성원이는 나에게 심리학을 전공했는지, 종교가 있는지 자주 묻는다. 몇 번이나 아니라고 대답해줬지만 별수 없다. 수업이 없는 날에도 자전거 헬멧을 쓰고 들어와 인사하고 가는 이 녀석을 볼 수 있어 우주에 감사한다.

한참《도덕경》에 빠져 족히 일주일은 수업을 시작하면서《도덕경》이야기를 했던 적이 있다. 그중 가장 마음에 들었던 것이 11장에 있는 '없음의 쓸모'다. 오강남 씨가 풀이한 노자의 《도덕경》 원문을 옮겨 본다.

서른 개 바퀴살이 한군데로 모여 바퀴통을 만드는데
[그 가운데] 아무것도 없음 때문에
수레의 쓸모가 생겨납니다.

흙을 빚어 그릇을 만드는데
[그 가운데] 아무것도 없음 때문에
그릇의 쓸모가 생겨납니다.

문과 창을 뚫어 방을 만드는데
[그 가운데] 아무것도 없음 때문에
방의 쓸모가 생겨납니다.

그러므로 있음은 이로움을 위한 것이지만
없음은 쓸모가 생겨나게 하는 것입니다.

내가 두 손을 모아 가며 아이들에게 책 내용을 들려주니, 모두 이해할 수 없다는 표정들이었다. 이럴 때면 이상한 선생님이라는 말도 한 번 더 듣게 된다. 그중 한 명. 정윤하라는 아이는 조용히 생각에 잠긴 표정이다. 그러면 나는 이 글이 저 아이에게 닿았구나, 생각한다.

며칠이 지나고 윤하가 흰 종이 위에 빼곡히 적은 글을 가져온다. 내가 해 준 얘기를 듣고 글을 써 보았단다. 윤하의 글 속에는 자신이 다른 사람들과 있었던 일을 늘 마음에 품고 있어서, 자신에게 마음의 여유 공간이 없었다고 했다. 이제는 친구들로 인해 속상했던 일들을 잊어버리고 빈 공간을 만들어서 그 공간에 자신이 더 좋은 사람이 되는 일들을 채우겠다고 적혀 있었다. 나는 윤하의 글을 읽고, 마음이 뭉클해짐을 느낄 수 있었다.

윤하는 엄마에게 물어봤다고 한다. 나는 속상하고 화났던 일들이 계속 생각나는데, 엄마도 그러느냐고. 엄마도 그랬다는 대답을 듣고는, 내가 해 주었던 얘기를 엄마에게도 들려주었다고 한다. 영어를 잘하게 되는 과정을 지켜보는 것도 기쁘지만 이런 순간에는 표현할 수 없이 기쁘다. 학원을 요가원으로 바꿔야 하는 것 아닌가 싶은 순간도 있다. 하지만 아이들을 많이 만나고 싶어서 이 생각은 늘 마음 한곳에 담아 둔다.

나는 쉬는 시간에 아이들과 요가 몇 동작을 함께 한다. 머리가 아픈 아이들에게는 앉아서도 할 수 있는 호흡법을 전해 준다. 간단하지만 머리가 금방 맑아지는 방법들을 배워 두길 잘했다. 고등부 아이들은 초등부 아이들과 다르게 제법 어른 흉내를 내는 것이 멋지다. 고3 아이들에게는 마음이 편안해지는 싱잉볼 소리를 들려준다. 또는 명상에 대해 알려 주는 책을 소개해 준다. 놀랍게도 몇 명의 아이들이 책을 읽고 잠들기 전에 명상을 한다고.

자신이 살아갈 앞날을 고민하다가도 잠시 쉴 때면 비 온 다음 날 산새들처럼 떠들어 대는 아이들을 지켜본다. 그것을 나의 직업으로 받았으니 이 마음을 다 갚을 길이 없다. 많이 채워 넣어야 하는 학생들에게 비워 내는 법도 알려 주는 사람으로 함께하겠다. 아이들의 기억에 좋아하는 것을 하며 살아도 잘 살 수 있다는 것을 보여 주는 사람으로 남고 싶다. 아이들도 자신이 좋아하는 것을 찾아 가길 바란다.

돈으로부터 안전해지기

오랫동안 나에게 돈은 불안한 대상으로 남아 있었다. 자유로운 선택을 방해하는 가장 힘센 대상이었다. 부모님께 힘이 되고 싶어 수능이 끝나자마자 아르바이트를 시작했던 날이 생생히 기억난다. 서빙을 했는데, 테이블이 족히 100개는 되는 횟집이었다.

첫날 아르바이트에서 돌아온 나는 집 앞 현관에서 엄마를 마주치자마자 엉엉 울었다. 부모님을 통해 간접경험했던 돈의 이미지를 세상에 나가서 직접 마주쳐 본 첫날이었다. 일이 고되어서 발뒤꿈치부터 머리끝까지 두들겨 맞은 듯이 아팠다. 그곳에서 대학에 입학할 때까지 일했다. 내가 벌어다 드린 돈은 입학금에 보태셨으리라 생각한다.

그 당시 나는 내가 몸을 써서 일하는 직업이 잘 맞지 않는다고 생각했다. 지금보다 더 마르고, 생기가 없었다. 대학에 가서도 공부를 열심히 하겠다고 마음먹었다. 내가 자라며 보아 온 우리 집은 늘 돈이 부족해 보였다. 10년 넘게 우리 집은 단칸방이었다. 집에 화장실이 없어서 옆집 식당 것을 빌려 써야 했다. 우울함이 집안을 메우고 있었다. 그걸 묵묵히 견디는 부모님 두 분의 에너지가 나에게 돈이라는 것은 우울한 대상이라는 마음을 갖게 했을 것이라 짐작한다.

나는 경제학과를 선택했다. 돈을 많이 벌고 싶었다. 이런 단순한 이유로 경제학과에 가면 돈 버는 법을 배울 거라 생각했다. 매일 수업과 도서관과 아르바이트를 거치고 나면 하루의 대부분이 지나갔다.

나는 학과 공부를 제법 잘해내서 매번 등록금을 버는 학생이었다. 하지만 서울에서의 생활에는 경제적 여유가 없었다. 다른 사람들의 자유로움이 부러움의 대상이었다. 근사한 레스토랑에 앉아 와인을 마시며 식사하는 사람들을 보며 '나는 왜 저곳에 앉아 있을 수 없을까' 슬퍼했다. 그러니 표정이 밝을 리가 없었다. 어깨가 항상 축 처져 있었다. 나는 나를 지키는 방식으로 방어를 택했다. 자격지심이 커져 갔다. 모든 이유가 돈에 꽂혀 있었다. 내가 행복하지 않은 것은 돈이 없어서라고 생각했다. 돈이 없는 것은 사실이었지만 스스로 선택의 폭을 좁히고 있었다.

대학에 다니던 중 강남의 대형학원에서 바쁜 스타 영어 강사의 질문을 대신 받아 주는 보조강사 일을 시작했다. 동시에 회계, 세무 고시공부를 시작했다. 나는 다시 한 번 돈을 선택의 기준으로 잡았다. 6년쯤 되는 긴 시간을 책상에서 시험용 계산기와 책과 함께 보냈다. 나에게는 영어 수업을 하는 일이 잘 맞았다. 그러다 보니 영어 강사 기회가 순조롭게 주어졌다. 나는 그렇게 번 돈을 공부하는 데 보탰다. 내가 듣고 싶은 수업의 강의료가 필요해서 보조강사에서 고등부 영어 강사의 길에 무작정 뛰어들었다. 다리를 후들거리며 붉게 상기된 얼굴로 식은땀을 흘리면서 첫 수업을 마쳤던 기억이 난다.

나는 경제학적인 개념과 맞지 않는 사람이었다. 객관적으로 유형이나 무형의 대상들의 화폐적 가치를 판단하는 일은 내가 이해하기 어려운 숙제였다. 간단한 개념도 오랜 시간이 걸려야 이해했다. 노력을 덜하지 않았냐고 스스로에게 많이 물었다. 그랬을 거라고 인정한다. 하지만 공부는 정말 재미없었다. 공부를 그만두겠다는 결심을 하기까지는 어려웠다. 그리고 나는 영어 수업을 본격적으로 해 보겠다고 마음먹었다.

원하는 학원의 영어 강사 일이 순조롭게 이어졌다. 그리고 수업 준비와 수업 도구에 대한 아이디어를 떠올리느라 바빠졌다. 돈에 여유가 생기면서 주변 요가원을 하나하나 들러 보기 시작했다. 나에게 요가를 알려 줄 선생님을 찾게 될 거라는 기분이 들었다.

지도를 펴 놓고 고등선을 그리듯이 집에서 가까운 곳부터 천천히 요가원을 다녀 봤다. 그리고 찾았다! 임혜진 선생님. 황토방이라 음침해 보였던 그곳. 진짜 요가를 배우게 된 곳이었다. 알에서 깨어났다고 표현해야 하나. 다시 한 번 나에게 세상을 보여준 그분께 감사드린다.

아쉬탕가 빈야사 요가. 요가 매트 위에서 땀으로 헤엄칠 만큼 힘든 이 수련이 나의 삶을 완전히 다른 트랙으로 옮겨 줬다. 단 한 가지의 메시지, 내면의 소리에 귀 기울이기를 배워 가면서 일어난 일이다. 머릿속에서 시끄럽게 울리던 목소리가 잦아들었다.

그동안 나는 차가웠다. 세상에 대한 불만으로 마음의 벽이 두꺼웠다. 그만큼 내 몸도 긴장되어 있었다. 그러던 내가 작은 찻상 근처에 사람들과 모여 앉아 차를 나눠 마시는 시간을 기다리기 시작했다.

그동안 나는 밥만 먹고 살아왔다. 정말 흰밥만. 1년에 두 번은 장염으로 입원했고, 조금만 자극적인 것을 먹어도 배가 아픈 일이 잦았다. 요가로 몸의 건강을 되찾으면서 음식에 자유가 생겼다. 1년 동안 정말 엄청나게 먹었다. 요가는 일상을 이끌고 갈 힘을 주었다. 지금까지도 그분께 배우기 시작한 아쉬탕가 요가를 매일 수련하고 있다.

임혜진 선생님께 가장 많이 들었던 말은 생각이 많다는 것이었다. 그때 나는 '인간은 생각하는 동물 아닌가. 생각을 많이 해야 똑똑해진다고 여겨 왔는데. 이해가 안 된다.'라고 생각하고 있었다. 그런데 놀랍게도 생각을 멈추자 모든 것이 찾아왔다.

여행을 가서 장관을 마주할 때를 상상해 보자. 순간 사람들은 잠시 멈추어 그곳을 바라본다. 말 그대로 잠시 멈추어 바라본다. 생각을 멈춘다. 생각이 멈춘 순간, 사람들은 행복하다고 느낀다. 왜 그럴까? 3년 뒤, 혜봉 선생님께서 명상 수업 중 하셨던 말씀이 이를 가장 명확하게 설명해 준다. '생각을 비우면 나에게 공간이 생긴다. 생각하지 않으면 인간은 쓸모없는 것이라고 느끼지만, 그렇지 않다. 창조하는 순간은 그 공간에서 생겨난다.'

그 후, 나는 비워 내기 시작했다. 요가로 마음을 멈추는 수련을 하고, 걸으며 걷기만 하고, 먹으며 먹기만 하는 시간을 더 자주 갖는다. 앞으로 일어날 일을 걱정하기보다는 목적을 설정해 두고 현재에 몰입하는 시간이 늘어 갔다.

수수께끼가 하나 있다. 나에게 돈의 의미가 어느 순간 달라져 있었다. 사람들이 가진 좋은 물건을 보면 부러워하던 마음이 사라져 있었다. 그럼 나는 어떻게 돈에서 자유로워지고 있을까? 더 좋은 것을 더 많이 갖게 되길 늘 바라 왔다. 물론 돈을 더 벌게 되었지만, 모든 조건에서 자유로울 수 있는 돈을 가진 것도 아니지 않은가. 20대의 나는 아무리 애쓰고, 발버둥 쳐도 점점 더 밑으로 가라앉는 기분이었다.

이전의 나와 지금의 내가 무엇이 다를까 생각해 보면 힘 빼기에 그 답이 있다. 머리에 힘을 빼니 생각이 잦아들고, 명치에 힘을 빼니 감정이 잦아든다. 사람들에 대해 힘을 빼어서 나에게 다가올 수 있는 길을 열어 줬다. 수업하는 일에 의지를 덜고 힘을 빼니 덜 가르치고 많이 배우는 길을 배웠다. 무기력한 것과는 완전히 다르다. 매 순간 몰입해 나아간다. 만족을 배워 온 시간이었다.

내가 불안했던 이유는 만족을 느끼는 순간이 적었기 때문이었다. 세상의 이치에 대한 배움이 깊어질수록, 나를 불편하게 만들었던 많은 일들이 더 이상 문제가 되지 않았다. 나의 불안했던 경험들을 비워 내며, 사람들을 이해하는 폭이 넓어졌다.

아이러니하게도 요즘 성공학 강의를 듣고 있다. 만족을 배워 가는 길목에서 성공학을 함께 공부하기 시작했다. 성공을 향해 돌진하는 사람들과 함께하고 있다. 다시 한 번 생각을 내려 두고 몰입할 때가 되었다. 우주가 나의 인생에 어떤 선물들을 가져다줄지 콧노래를 부르고 있다. 1년에 한 달은 인도 마이솔 살라에 수련하러 갈 수 있기를 기대해 본다. 해가 뜨지 않은 새벽. 오늘도 요가로 하루를 시작한다.

사랑하는 사람과 요가여행 떠나기

2016년 여름. 나는 가장 오랫동안 영어 강사로 일했던 학원을 나왔다. 이곳을 정리하기 전부터 한 달간 요가여행을 떠나기로 계획해 뒀었다. 인도네시아 우붓으로 가기로. 스승인 Sharath Jois(사라이스 조이스)께서 발리 우붓에서 워크숍을 개최하시기로 예정되어 있었다. 나는 워크숍 2주 전에 도착해 여행을 시작했다.

이 순간이 오기까지 많은 변화들이 있었다. 갑자기 요가가 내 생활의 대부분을 차지하기 시작했다. 이전까지 나는 몸이 지쳤을 때 고기를 먹곤 했었다. 하지만 더 이상은 붉은 고기를 먹지 못하게 되었다. 고기를 먹으면 숨에서 고기 냄새가 느껴지고, 소화가 되지 않아 하루 종일 불편함을 느꼈다. 감각이 깨어나는 몸의 변화들이 놀라웠다. 더 이상 사람들이 만든 작은 공간이나 도시의 멋진 물건들이 나를 즐겁게 해 주기를 바라지 않게 되었다.

나는 사실 늘 재미가 없었다. 여덟 살쯤이었을까. 태어나서 처음으로 혼자 돌아다닐 수 있는 시간들이 생겼을 때 나는 홀로 산에 가 앉아 있었다. 그리고 산 정상에 올라 '아, 이렇게 재미없는데 어떻게 살지?'라고 생각했던 기억이 난다. 여덟 살짜리 아이가! 내 몸은 변해서 어른이 되었지만, 그 생각을 바라보던 영혼은 그대로 있나 보다.

값비싼 물건을 사고 자랑하는 친구들을 보면서 때맞춰 반응해 주지 못해 난감했던 적도 있다. 마음껏 자랑하도록 재치 있게 맞장구를 쳐 줘야 했었다. 하지만 나는 타이밍을 맞추지 못해 친구의 신난 기분을 다 풀지 못하게 했던 웃지 못하는 상황을 만들었다.

물건 자체보다는, 사람들이 편안하게 즐기고 있는 상황을 부러워할 때가 많았다. 늘 긴장되어 있고, 불안한 마음을 갖고 있었던 탓이었다. 잘해야 한다는 강박이 나를 많은 부분에서 지칠 때까지 애쓰게 만들었다. 편안해 보이는 사람들이 갖고 있는 물건을 나도 갖고 싶어 했다. 이제 와서 보니 같은 마음이다. 겉은 달라 보여도 본질은 같은 것이 세상엔 참 많다.

수련을 하고 나면 나의 감정, 생각과 싸움을 멈추게 된다. 나를 둘러싼 넓은 지구를, 우주의 크기를 느껴 보곤 한다. 지루하고, 의미를 찾지 못하는 삶에서 벗어나 생동감 있고, 웃는 나를 발견할 수 있다.

그렇게 발리공항에 도착했다. 이번 여행에서 놀라운 것은 함께 수련해 오던 도반들과 함께한다는 것이다. 여러 사람과 함께 긴 시간을 여행하는 것은 내 인생에서 처음이었다. 그동안 나는 같은 곳에서 잠을 자야 하는 사람이었다. 늘 쓰던 베개를 써야 하며, 항상 혼자 있는 시간이 필요한 사람이었다. 여러 사람과 함께하는 여행은 나와 맞지 않는다고 생각했다. 그런데 내가 이런 결정을 하다니. 족히 10명이나 되는 사람들과 한집에서 한 달간 지내기로 했다는 것. 나에게는 깜짝 놀랄 만한 일이었다.

발리는 어딜 가나 만발한 꽃이 아름다운 곳이었다. 나는 공인 선생님이신 이안 그레이삭에게 요가를 배우러 갔다. 'Seed Of Fruit'라는 채식카페 2층에서 매일 아침 아쉬탕가 수업을 열고 계시는 분이었다. 키가 190센티미터가 넘어 보이는 캐네디언 남자 선생님. 부드럽고 단호한 모습. 창문 없이 탁 트인 2층 방갈로에서 하는 수련은 신선했다. 닭소리가 났다. 무언가 타는 연기 냄새도 좋았다. 선생님의 부드러운 수업은 긴장되었던 나를 이완시켜 줬다. 불행히도 나는 일상 속에서 처절하게 힘들었다. 한 달 동안 10킬로그램 정도 체중이 줄었다. 몸과 마음 모두가 지쳐 갔다. 사람들과 함께 지내겠다는 용기를 내기는 했지만, 나는 나와 싸우고 있는 기분이 들었다. 난 신경질적이고, 언제 터질지 모르는 폭탄처럼 함께 수련을 간 도반들에게 짐이 되어 가고 있었다.

이번 여행을 이끌고 계시는 선생님께서는 나에게 가르칠 것이 있으셨다. 늘 나 자신과 싸우고 있는 나를 바꿔 주고 싶어 하셨다. 하지만 이미 지쳐 있는 나는 거부하고 있었다. 선생님께서는 가장 힘든 순간에 더 힘들게 하는 방식을 쓰셨다. 그 지점을 터뜨려서, 바라볼 수 있게 하셨다. 그렇지만 나는 더 견딜 수가 없었다.

한국으로 돌아오면서 이 사람들로부터 잠시 떠나 거리를 두기로 했다. 아팠던 몸을 회복하는 시간을 지내고도 이번 여행을 선뜻 다시 되짚어 보기 어려웠다. 1년쯤 지난 어느 날 알게 되었다. 나는 거절하는 법을 이곳에서 배웠던 것이다.

비폭력은 타인만을 향하는 것이 아니다. 그것은 먼저 나를 향해 있어야 한다. 여행을 떠나기 전 나는 삶의 의미를 찾아 준 선생님께 더 좋은 제자로 남고 싶었다. 그래서 선생님께서 가르쳐 주시는 모든 것을 그대로 받아들여 보고 있었다. 한계점에 도달했을 때 여행이 시작되었다. 또 눈치 없는 내가 사람들에게 피해를 주지 않을까 걱정하는 마음에 나는 여행 내내 긴장하고 있었다.

그 여행은 흘러가는 법을 알려 줬다. 모든 것을 내가 해야 한다는 부담을 내려놓았다. 내가 하기 어려운 것은 다른 사람에게 부탁하는 연습을 시작했다. 여전히 여러 사람들과 함께 있다가도 혼자 있고 싶은 순간이 온다. 그러면 상대방이 이해할 수 있게 얘기하고 잠시 혼자 있는 시간을 가졌다. 내가 사람들과 함께 있는 것이 긴장 때문에 힘들다는 사실을 받아들였다. 그리고 함께 있는 사람들에게 도움을 요청하게 된 것이다. '함께 있고 싶지만 잠시만 혼자 있어도 될까요?'라고. 당황하는 사람들도 있었지만, 대부분은 흔쾌히 받아들여 줬다. 나는 이런 성향을 거부당할 거라고 생각해 왔었다. 비슷한 순간을 겪을 때마다 사람들의 이해심에 감사하게 되었다.

이 시기에 본 오쇼의 《쉼》이라는 책에 이렇게 쓰여 있었다.

"흘러가라. 세속적이라고 하는 사람들은 타인과 열심히 싸운다. 영적이라고 하는 사람들은 자신과 열심히 싸운다. 그대는 누구와 싸우는가? 본질적으로 보면 모든 싸움은 신과 대항하는 것이다. 우리 주위에 존재하는 모든 것이 곧 신이기 때문이다. 그러므로 강물을 따라 바다로 흘러가라."

이 글이 가슴 깊이 울렸다.

사람들과 함께 다시 요가여행을 떠나고 싶다. 다음 목적지도 발리 우붓으로 하면 어떨까. 그때의 일을 다시 돌아보고 싶다. 내 안에 갇혀서 보지 못했던 일이 분명히 있을 것이다. 일상에서 벗어나 다른 사람들의 일상을 지켜보는 일을 다시 해 보고 싶다. 내가 사랑하는 사람들과 함께하고 싶다. 지금의 나라면 불편함을 참느라 그들에게 부정적인 기운을 보내지 않을 것이다. 이런 점이 불편하다고 얘기해 볼 수 있을 것이다. 또한 내가 불편하게 한 것이 있다면 들을 수 있을 만큼 성장했다.

　나의 약한 모습을 드러내고, 다른 사람에게 도움을 요청하는 것은 어려운 일이다. 다른 사람들과 싸우고 있는 모습은 쉽게 드러난다. 그래서 저 사람이 싸우고 있다는 것을 알기가 쉽다. 또한 싸우고 나서 겉으로 태연한 척하더라도, 자신은 힘들다는 것을 알고 있다. 눈에는 보이지 않지만 나 자신과의 싸움도 그렇다. 다른 사람과 하는 싸움이나 나와 하고 있는 싸움이나 다르지 않다. 내가 가진 경계를 풀어내는 연습을 하면 스스로를 가두지 않고 세상으로 나오게 된다.

　나 자신과 싸우고 있는 사람들에게 전해 주고 싶다. 다른 사람의 또 다른 기준에 당신을 맞추지 않아도 된다고. 같은 공간에 함께 있고, 느끼고, 나눠 보는 시간이면 충분하다고 말이다. 서로는 각자 존재하며, 당신의 모습을 그대로 바라봐 줄 사람들이 세상엔 많이 있다고. 그리고 누군가를 위해 당신을 바꿀 필요는 없다고. 세상을 살아가고 있는 당신이라면 어떤 곳에서든 어떤 행위에서든 배움을 얻을 수 있을 것이라고. 부족한 그대로 당신을 받아주라고 말이다.

정원 있는 한옥에서 살기

봄에 희원을 다녀왔다. 용인 에버랜드 옆에 위치한 정원이다. 대한민국 전통 정원의 진수라고 자부하는 이곳에 갔다. 나는 희원을 만든 사람의 생각과 표현력에 감탄했다. 그 당시 나는 사람의 의식이 세상의 물질로 만들어지는 것을 관찰하고 있었다. 나는 종교가 없다. 조금 더 재미있게 살고 싶어서, 내 삶의 의미를 찾고 싶었다. 그래서 내 발길이 닿는 곳마다 여러 가지 형태로 수행하는 사람들을 만나게 되는 것 같다.

나는 경제학을 전공했지만 교양 수업으로 듣는 종교 관련 수업이 더 즐거웠다. 그때 교수님께서는 자신의 앞에 놓인 교탁을 화두로 수업을 진행하셨다. 교수님께서 "누군가의 생각이 이 교탁을 만들어 낸 것이다."라고 말씀하셨다. 그 말을 듣고 나는 '아니지, 나무로 교탁을 만든 거지'라고 생각했다. 마치 내 속마음을 듣고 대답하시는 것처럼 교수님께서 바로 이어 말씀하셨다. "세상은 신의 생각이 현현된 것이다." 순간 무엇을 말씀하시는지 알게 되었다. '생각이 물질로 세상에 나타나는구나.' 깊이 있는 말씀이었다. 매 수업마다 즐거웠다. 별다른 시험 준비를 하지 않았는데도 기독교학 수업은 좋은 점수를 받으며 마무리되었었다.

나의 생각이 이런 광경을 만들어 낼 수 있을까 하고 잠시 멈추어 바라봤다. 꽃이 피어 색감이 아름다운 산을 배경으로 하고, 한국적인 아름다움을 채워 넣은 정원을 가지고 싶다. 하루를 마치고 내가 창조한 그곳으로 돌아와 쉴 수 있다면 좋겠다. 편안히 돌아가 쉴 곳을 바란다. 어떤 곳에 있든지 긴장 없이 그대로이면 좋겠다. 하지만 감정과 생각을 다스리며 살기도 버거운 나에겐 쉽지 않은 일이다. 의지와 욕구를 바라보면 그것들이 사라진다는 오랜 경전들의 말이 까맣게 잊히는 순간이다.

생각을 물질로 만들려면 당연히 돈이 필요하다. 세상의 도구가 돈으로 이어지기 때문이다. 여기서부터 가치와 충돌한다. 법정 스님께서는 무소유를 가르치셨다. 무소유를 설명해 주신 선생님께서는 무소유란 아무것도 갖지 않는 것이 아니라 하셨다. 더 필요하지 않음을 아는 것이라고 하셨다. 배우고, 배운 대로 행했다. 자연스럽게 더 필요하지 않음을 알고 지내며 만족스럽다고 느끼고 있었다. 다만, 돈을 번다는 것의 의미를 이해할 필요가 있었다.

서른세 살의 나는 지금 나의 사업을 확장하기 위해 노력하고, 고민하고 있다. 왜 산속의 수행자로 살지 않는지 스스로 물을 때가 있었다. 진짜 수행은 사람들이 있는 이 세상에서 하는 거라는 말씀도 별 위안이 되지 않는다. 있는 그대로 모든 것이 가치 있다는 말도 와 닿지 않는다. 순간순간 내가 더 가치 있는 사람이 되길 바라는 욕구가 샘솟는다.

그러다 브랜드 버처드의 《메신저가 되라》라는 책을 만나게 되었다. 5명에서 시작한 학원이 점점 커져 가면서 내가 가져 온 혼란스러운 마음이 이 책에 고스란히 담겨 있었다. 이 책에는 이렇게 쓰여 있다.

"사람들을 돕는 일을 통해 돈을 벌면 우리는 죄책감을 느끼고 당황스럽고 마음이 불편할 수 있다."

수업료를 받는 날이 되면 최선을 다해 수업했지만 죄책감이 돌아왔다. 제때 수업료를 보내지 못하는 어머님이 계시면 죄송한 마음이 들어 먼저 연락을 하지 못하고 기다렸던 적도 있다. 이 책은 나의 반응이 일반적이라고 말하고 있다. 그리고 이는 내가 부와 관련된 경험을 별로 하지 못했기 때문이라고 말해 주었다.

나에게는 정말 착한 심성을 가진 부모님이 계신다. 착하지만 경제적으로 부족해 고단한 삶을 살았던 두 사람. 부모님께서 나와 내 남동생 두 아이를 잘 건사해 오신 것이 놀랍다. 모든 것을 내려놓는 수행이었을 것이다. 매일 20킬로그램 쌀 포대를 몇 개씩 어깨에 메고 배달하시던 어머니. 콘크리트를 녹이는 물에 화상을 입어 머리만 한 손을 보여 주며 멋쩍어하시던 아버지. 지금 나의 존재를 만들어 내신 두 분의 선함에 감사한다.

브랜드 버처드 역시 돈 버는 일을 불편해했다. 이 사람도 물질적인 풍요를 누리며 자라지 못했다. 대신에 이 죄책감을 사람들에게 자신의 메시지를 잘 전달하도록 돕는 일로 바꾸어 갔다. 돈을 버는 내 일이 세상을 변화시키는 일과 관련되어 있다면 어떨까? 나 자신에게 물어본다.

책 속에는 내가 메신저가 되어 갈 수 있도록 도와주는 상세한 체크리스트가 들어 있었다. 아이들을 가르치고, 사람들에게 영어를 도구로 쓰도록 돕는 일이 진행되어 가는 중이었다. 더 이상 어떤 방식으로 이들에게 동기를 부여해 줘야 할지 몰랐다. 또한 나의 일을 시스템화할 수 없는지 답답해하고 있던 시기였다.

책 속에는 많은 질문리스트가 들어 있었다. 예를 들면 '꿈을 이루는 법에 대해 내가 알고 있는 다섯 가지는?'과 같은 것이다. 선뜻 적을 수가 없었다. 하나하나 구체화해 적는 과정을 지금도 계속하고 있다. 아주 오랫동안 의존하는 마음 없이 스스로 삶을 살겠다고 결심한 것이 이 책을 읽는 길로 안내해 준 것 같다.

나의 삶을 선명하게 그리고, 나 자신의 가치를 인정하겠다. 부모님의 세대와 달라지는 삶의 가치에 아이들도 부모님도 혼란스러워하고 있다. 모두에게 본받을 만한 롤모델로 살면서 나의 방식으로 수행을 이어 가겠다. 나의 지식과 경험이 아이들에게 선한 영향력을 줄 수 있다는 가치를 인정해 주기로 했다.

친구들은 회계사나 도심의 멋진 직장에 다니며 안정된 삶을 살아가는 것 같다. 나는 좋아하는 일을 하겠다며 시골의 영어 선생님으로 살아가고 있다. 그러면서 혼자 나만의 가치를 허공에 대고 외치고 있는 것은 아닌가 하는 허무함이 찾아왔다. 꼭 좋아하는 일만 할 수 있는 것인지 물어보는 사람들은 내게 고집스럽다고 말하기도 했다. 하고 싶지 않은 일에 몸만 가져다 두고 마음은 좋아하는 일에 가 있는 분리된 삶을 살고 싶진 않았다.

분수에 맞게 살아야 한다는 것이 늘 가슴을 답답하게 했다. 책을 사기 위해, 또 무언가를 배우느라 돈을 벌어 왔다. 덜 배우고, 책을 덜 사서 아껴 왔다면, 어땠을까. 겸손함과 관심으로 세상의 모든 존재들을 스승으로 삼을 수 있는 용기를 가질 수 없었을지도 모른다. 나의 가치를 진심으로 이해해야, 나의 메시지를 듣는 사람들에게도 자신의 가치를 인정하도록 영향을 줄 수 있다고 믿게 되었다.

나의 집은 계절 따라 변하는 산을 바라볼 수 있는 곳에 자리

잡을 것이다. 소중한 나의 도반들과 삶과 죽음에 대해 즐겁게 얘기하고 서로에게 좋았던 책 한 구절을 읽어 주는 모습을 선명하게 그려 간다. 한옥으로 집을 지을 것이다. 처마 끝에 풍경을 달고 한여름엔 그곳에 앉아 비 오는 것을 구경하며 명상을 해도 좋겠다. 과일나무를 종류별로 심어서 열매를 잘 맺도록 기르는 법도 공부해야겠다. 쪽을 길러 푸른빛 염색을 한 천으로 한복을 지어 입어 볼 것이다. 나답게 살겠다. 나에게 가장 즐거운 일들을 삶 속에 가득 채워 보겠다.

· 02 ·

돈과 시간에 구애받지 않고 균형 잡힌 제2의 삶 살기

+ 석 복 녀 +

석복녀 케렌시아 메신저, 상담가, 자기계발 작가, 동기부여가

국내 일류 공기업에서 근무하고 있다. 건강하고 행복한 삶을 위해 자신만의 케렌시아를 가져야 한다고 생각한
다. 또한 자기계발 작가, 동기부여 강연가, 메신저로서 인생 2막을 펼치고자 한다. 현재 자신의 경험을 바탕으
로 '용기 있는 거절'을 주제로 개인 저서를 집필 중이다.

Email bnseok@naver.com   C·P 010.4199.1426

베스트셀러 작가 되어
1만 명 앞에서 동기부여 강의하기

조앤 K. 롤링, 스티븐 코비, 밥 프록터, 공병호, 김태광, 한비야 등등. 이름만 들어도 누구나 인정하는 베스트셀러 작가들이다. 정말로 존경스러운 사람들이다.

나는 요즘 책을 읽고 책을 쓰는 재미에 빠졌다. 베스트셀러 작가가 되고 싶은 꿈이 생겼다. 얼마 전에 〈한국 책쓰기 1인 창업 코칭협회(이하 한책협)〉에 가입하고부터 내 꿈은 더 명확해졌다. 그동안 나는 충실한 독자로만 지내 왔을 뿐이다. 내 이름으로 된 책을 써서 베스트셀러 작가가 되고 싶다는 생각은 꿈에도 해 본 적이 없었다.

책을 쓴다는 것은 그들만의 전문 영역이었다. 나는 그들이 지어 놓은 지식을 양적으로 가능한 한 많이 흡수하기만 했다. 그렇게 그들을 위해 존재하는 성실한 독자로서 머물러 왔다. 나는 책은 무조건 많이 읽는 것, '다독'(多讀)만이 책에 대한 최선의 예의라고 여기며 살아왔다. 1,000권의 책을 읽으면 인생이 바뀐다고 어느 책에서 본 기억이 나서 나는 1,000권 읽기 프로젝트를 시도 했다. '천권문(千卷門)!', '3년 안에 1,000권 읽기!'

2015년 12월 1일, 나는 내 서재의 입구에다 '천권문'이라고 특별히 제작한 멋진 간판을 달아 놓고 나만의 위대한(?) 현판식을 거행했다. 1,000권을 꽂을 수 있는 튼튼한 책꽂이와 원목으로 된 책상도 새로 마련했다. 거금 100만 원을 들여 완벽한 독서실로 탄생시킨 것이다. 그날 나는 결심했다. 1,000권 읽기를 마치면 다음은 '만권문(萬卷門)'으로 바꾸어야지, 라고.

그 후로 나는 내 목표를 달성하기 위해 집중적으로 책을 읽는 시간을 확보하고자 노력하게 되었다. 그렇게 독서하는 습관을 기르게 되었다. 올해 11월까지 성과를 내야 하므로 나는 지금도 내 목표를 향해 달려가고 있는 중이다.

지금 내 서재에는 약 2,000권 정도의 책이 비치되어 있다. 그것들이 어서 빨리 나의 가치를 알아 달라고 손짓하고 있는 것 같다. 이 시점에서, 잠시 초지일관하지 못하고 태만했던 나 자신을 반성한다. 나 자신을 다시 가다듬고 전진할 수 있게 〈한책협〉으로 이끌어 주신 우주님께 진심으로 감사드린다.

최근 나는 책에 대한 관점이 많이 바뀌었다. 책을 대하는 나의 태도가 바뀐 것이다. 여기에는 한 계기가 있었다. 작년에 교보문고에 갔을 때 발견한 책 한 권이 나의 관점을 바꿔 놓은 것이다. 〈한책협〉의 김태광 작가가 쓴 《성공해서 책을 쓰는 것이 아니라 책을 써야 성공한다》라는 책이었다. 유레카! 이 책의 제목은 지금까지 내가 고수해 왔던 관점을 완전히 반전시켰다.

저자는 책 제목 그대로 말하고 있었다. 나는 작년에 한국외국어대 영어 과정 어학연수를 할 때 이 책을 알게 되었다. 연수과정을 마치고 회사로 복귀해야 할 시점에 이 책을 읽고 고민을 많이 했었다. 복귀하지 말고, 6개월 휴직하고 책을 한 권 쓸까. 회사로 돌아가면 똑같은 생활을 지속해야 하므로 내 삶이 더 나아질 것 같지 않다고 생각했기 때문이다.

먼저 회사에 복귀하고 회사를 다니면서 주말반 〈책 쓰기 과정〉을 수강하리라 마음을 굳혔다. 지금 생각하면 그리 나쁘지 않은 선택을 한 것 같다. 직장에 다니면서도 책을 쓸 수 있다는 것은 나중에 안 사실이지만. 저자는 "사표 내기 전에 우선 책부터 써라.", "책 쓰기는 최고의 스펙이다."라고 말한다. 직장인들이라면 꼭 명심해야 할 필수 명언이 아닐까 생각한다.

이제 나는 꼭 이루고 싶은 새로운 목표가 생겼다. 내 이름으로 된 책을 써서 베스트셀러 작가가 되는 것! 책을 쓰기로 결심했으니 이왕이면 베스트셀러 작가가 되려는 것이다. 나만의 스토리를 담은, 내가 관심 있는 분야를 심화시키고, 새로운 영역을 발굴하는 등 소재를 확장시켜 차별화된 나만의 저서를 내놓을 것이다.

25년 이상 한곳에서 직장생활을 하면서 경쟁력이 될 만한 어느 것 하나 만들지 못하고 딱히 내놓을 것도 없이 살아온 나. 오롯이 직장에 올인 하는 것만이 내가 할 수 있는 최선인 줄 알고 앞만 보고 달려온 나. 남의 눈치를 보느라 조금은 소극적으로 살아온 나. 이제는 과거의 나를 내려놓고 책을 통해 진정한 나의 모습을 표출할 것이다. 지금 생각하면 무의미하게 흘려버린 시간들이 너무 많아 두렵기조차 하다. 앞으로는 좀 더 생산적인 시간을 많이 만들어야겠다.

내가 좋아하는 독서와 책 쓰기를 통해서 내 인생을 리셋하고 싶다. 나는 현재 직장에 다니고 있지만, 계획적으로 시간을 사용한다면 얼마든지 가능한 일이다. 직장에 다니면서 또는 자기 일을 하면서 책 쓰는 일을 병행하며 열정적으로 사는 사람들이 많다. 〈한책협〉의 김태광 작가를 비롯해《저질러라 꿈이 있다면》의 저자 조관일 소장,《꿈꾸는 다락방》의 저자 이지성 작가,《아프니까 청춘이다》의 저자 김난도 교수,《스토리 건배사》의 저자 김미경 원장 등 헤아릴 수 없다.

그들은 베스트셀러 작가로서 인생의 성공가도를 달리고 있다. 특히 김미경 원장은 대학원 동기였다. 졸업할 때쯤 첫 출간기념회를 한다고 했었다. 지금은 다수의 책을 발간하고 있다. 그가 하는 일에 책 쓰기는 복리적인 시너지 효과를 내는 것 같다는 생각을 한다. 책 쓰기의 힘은 정말 대단한 것 같다.

얼마 전까지만 해도 나는 박사과정에 등록하려고 했다. 그러나 그전에 나의 책부터 써야겠다고 사고를 전환했다. 우선순위가 바뀐 것이다. 나를 끝까지 이겨 본 적이 없는 나이기에 책 쓰기는 내 인생 최고의 가치 있는 도전이다.

나의 경험과 지식을 나만의 메시지로 만들어 사람들에게 영감을 불러일으키고 싶다. 그렇게 세상을 위해 큰 가치를 만들어 내는 백만장자 메신저가 되어 그들과 함께 성장해 가고 싶다.《메신저가 되라》의 저자 브랜드 버처드는 그의 책에서 다음의 세 가지 방법으로 메신저가 될 수 있다고 제시하고 있다.

첫째는, 자신이 배우고 겪은 경험을 토대로 다른 사람들에게 가치를 전달하는 '성과 기반 메신저'다. 나는 솔직히 지금까지 살면서 경험한 내 생활들을 남들 앞에서 알리는 것을 부정적으로 생각해 왔다. 남들보다 잘하고 있다는 생각을 한 번도 해 본 적이 없기 때문이다. 자랑할 만한 두드러진 성과도, 특별한 경험도 없다. 그러나 이 책을 읽고 나의 사소한 경험일지라도 누군가에게는 큰 도움이 될 수 있다는 것을 알았다. 'Connecting the dot'(모든 점은 연결되어 있다)라는 스티브 잡스의 말처럼 모든 경험은 가치가 있다는 걸 깨달았다.

둘째는, 자신이 관심 있는 분야를 연구해서 전문성을 갖춘 후 결과를 전달하는 '연구 기반 메신저'다. 나는 좋아하는 취미가 많다. 마라톤, 커피, 와인, 클래식, 골프 등등. 그리고 활동 영역은 더 확대될 것으로 믿는다. 내가 부족한 부분은 공부하고 연구하고 전문성을 축적해 메신저 역할을 할 것이다.

마지막으로 '내가 롤모델이 되는 것'이다. 즉, 다른 사람들로부터 신뢰받고 존경받는 내가 되어 사람들이 어떤 어려운 문제나 난관에 봉착했을 때 도움을 주는 것이다. 이 미션을 수행하기 위해 나는 앞으로 내 가족, 내 주위 사람들에게 복을 주는 사람, 사랑받는 사람, 함께하고 싶은 사람, 열심히 사는 사람으로 남고자 노력할 것이다.

나는 남들 앞에 나서는 것을 잘 못하는 성격이다. 그러나 내가 꼭 해야 된다고 느끼는 상황이나 누구보다 내가 제일 잘 안다고 생각되는 자리에서는 석다르크가 된다.

언젠가 친한 선배가 소개해 세미나에 함께 참석한 적이 있었다. 청중들이 대략 1만 명은 되는 것 같았다. 그때 발표자의 '일과 삶의 균형 잡힌 삶' 강의는 청중들을 감동시키기에 충분했다. 메신저가 되기로 결심한 지금 이 시점. 나도 그때 그 강사처럼 내 책의 내용을 기반으로 청중들에게 진한 여운을 남기는 동기부여 강의를 할 것이다.

가족들과 로얄 크루즈 여행하기

23만 톤 로얄캐리비안 심포니호! 승무원 2,175명, 승객 6,780명, 길이 362미터, 넓이 66미터, 18층 높이! 현존하는 최대 규모의 로얄 크루즈! 10박 일정. 성공한 사람들만 갈 수 있는 상위 1%의 여행! 말만 들어도 탄성이 절로 나오는… 꿈에 그리던 크루즈 여행! 죽기 전에 꼭 해 봐야 할 버킷리스트 No.1! 나는 이런 근사한 로얄 크루즈 여행을 나의 사랑하는 가족과 함께 하고 싶다. 나의 모든 것을 담아 영원히 잊히지 않을 큰 추억으로 남기고 싶다.

나는 지금까지 살아오면서 가족들과 여행을 가 본 적이 없다. 가족들과 함께 단체로 모여서 의기투합해 본 적도 없다. 하루 당일 여행 정도는 마음만 먹으면 얼마든지 실행할 수 있었음에도 집 주위 가까운 공원조차 함께 걸어본 적 없다. 다들 각자가 정해 놓은 삶의 규칙 안에서 살다 보니 먼저 용기를 내는 사람이 없었던 것 같다. 나 또한 나 자신만을 위해 앞만 보고 달려가다 보니 가족들을 둘러볼 여유를 갖지 못한 것 같다.

진정 가장 소중한 것은 내 곁에 있는 것이라는 진실을 잊은 것처럼. 언제나 그 자리에 머물러 있을 거라 생각하며 살아왔다. 나는 혼자 살다 보니 더욱더 가족들과 함께 어울리는 시간을 갖지 못한 것 같다. 내가 유일하게 가족을 만나러 움직이는 날은 명절뿐이다. 그러니까 1년에 기껏해야 한두 번 정도다. 이 행사에도 어떨 때는 바쁘다는 핑계로 안 가는 경우가 많다.

아버지가 계시는 춘천에 가는 횟수가 줄어들고 있다. 짧은 전화로 대신하고. 나는 정말 가족의 소중함을 잊기라도 한 건가. 이러다가 더 나이가 들면 많이 후회할 것 같다. 이 지면을 빌려 나의 가족들에게 '진심으로 미안하다'라는 말을 전한다. 그리고 앞으로는 가족들과 함께하는 시간을 많이 가지려 노력할 것이다.

나는 20대 때 행정직 9급 공무원으로서 직장생활을 시작했다. 첫 발령지는 강원도 원주였다. 첫 발령을 받고 원주로 이사하던 날, 나의 부모님은 원주까지 동행하시어 나의 이삿짐과 살 집을 마련해 주셨다. 버스를 타고 가면서 왠지 모를 섭섭한 감정, 고마운 감정 등이 섞여 나도 모르게 눈물을 흘렸던 기억이 난다. 가족들과 떨어져 살아야 한다는 두려움도 있었을 것이다.

엄마는 교통사고로 오래전에 돌아가시고 아버지만 계신다. 항상 당신보다 이웃을 먼저 배려하시는, 정(情)이 많으신 아버지다. 아버지의 행동에 엄마가 강력한 제재(?)를 가해도 묵묵히 아버지의 사명(!)을 완수하시곤 하셨다. 내가 느끼는 아버지는 정신력이 강하고, 승부욕이 강한 분이다.

나는 아버지가 몰입해서 일하시는 모습에 밀레의 〈만종〉처럼 감동을 느꼈던 적이 있었다. 그런 아버지 모습을 사진으로 찍어 놓기도 했다. 어릴 적 기억나는 한 가지. 아버지는 마을에서 '퇴비 베기 대회'가 있을 때마다 매년 우승을 하셔서 큰 대야 등을 상품으로 받아 오시곤 하셨다. 그럴 때마다 나는 아버지가 매우 자랑스럽게 여겨졌다.

나는 대학원까지 다니는 동안 결석 한 번 없이 개근상을 전부 받았다. 아버지의 강한 정신력을 본받은 것 같다. 나는 아버지가 환하게 웃으시는 모습을 보면 참 행복하다. 왠지 모르게 가슴이 저려 오면서. 사회생활을 시작한 초창기에는 원주에서 춘천까지 부모님을 뵈러 간다는 기쁜 마음으로 주말을 기다리며 한 주를 보냈던 것 같다. 그러나 어느 순간부터 부모님의 존재를 잊어버린 것처럼, 무관심한 것처럼 안부전화도 뜸하게 되었다. 바쁜 척하면서.

엄마는 우리에게 '저축'의 중요성을 몸소 가르쳐 주셨다. 용돈이 생기면 꼭 돼지저금통에 넣으라고 말씀하셨다. 저금통이 다 채워지면 우리 이름으로 된 통장에다 입금해 주셨다. 쓰기 전에 먼저 저축하라고, 늘 절약하라고 말씀하셨다. 우리 세 자매는 초등학교 졸업식 때 모두 엄마의 힘으로 '저축상'을 받았다. '돈'의 소중함을 가르쳐 준 엄마한테 감사하다고 말하고 싶다.

'근검절약!' 지금은 돈에 대한 나의 철학이 아니다. 하지만 엄마가 가르쳐 준 짠돌이 정신이 있었기 때문에 지금 나는 31층, 41평 아파트에서 살고 있지 않나 생각한다. 지금 글을 쓰면서 하늘에 계신 엄마한테 항상 힘든 일이 생길 때만 생각해서 죄송하다고 마음으로 말씀드린다.

나는 중학교 때부터 도시에서 자취생활을 하며 학교를 다녔다. 오빠, 언니와 함께. 오빠는 집안의 맏이로서 곁에 있다는 것만으로도 듬직하고 믿음직스럽다. 특히 엄마가 돌아가셨을 때 나는 오빠의 존재감이 그렇게 크다는 걸 처음 느꼈다. 지금은 오빠가 아버지를 모시느라 고생을 많이 하고 있다. 오빠도 크루즈 여행을 같이 가야 할 멤버다.

언니는 내 인생의 멘토이고 엄마 같은 존재다. 중·고등학교 시절 내내 같이 살다 보니 가족 중 제일 많이 의지하게 된다. 어려움에 부딪쳤을 때, 심란할 때 나는 언니한테 전화해서 해결점을 찾곤 한다. 네 자매 중 맏이고, 우리의 정신적 지주다. 지금은 신장이식 수술을 앞두고 있어서 너무 마음이 아프다. 내가 제일 좋아하는 언니가 항상 건강하고 행복하게 살기를 진심으로 바란다.

나에게는 나보다 더 의젓하고 착한 여동생 2명이 있다. 둘 다 결혼해서 건강하게 잘 살고 있다. 바로 밑의 동생은 부동산에 관심이 많아서 그쪽으로 투자하고 있다. 막내 동생은 글 쓰는 걸 좋아한다. 그래서 자신이 살고 있는 동네 백일장 등 시·도에서 주최하는 행사에 참가해서 우수상과 트로피를 받기도 한다. 요즘 막내 동생이 많이 생각난다. 기회가 될 때 〈한책협〉에 가입시킬 계획이다. 베스트셀러 작가가 될 수 있도록 지원하고 싶다.

나는 아직 싱글이다. 두 동생들은 그런 내가 걱정되는지 언제나 나보다 먼저 전화해서 잘 살고 있는지 확인한다. 혼자 살면 시간이 더 많을 법도 한데, 사실 나는 그렇지 않은 것 같다. 동생들을 잘 챙겨 주지 못한다. 이 지면을 빌려 미안하다는 말을 전하고 싶다. 모두 건강하고, 행복하게 잘 살고 있지? 크루즈 여행 같이 가자!

우리 가족은 분기에 한 번씩, 1년에 네 번 '석씨네 가족모임'을 갖는다. 사는 지역이 다 다르기 때문에 중간지대인 서울역에서 모이는 경우가 많다. 나는 대전에서 KTX를 타고 가면서 그동안 얼마나 많이 변했을지, 어떤 모습으로 나타날지 출연자(!)들의 모습을 미리 상상한다. 우리는 그동안의 지내온 일들을 교환하며 서로를 격려해 주고, 응원해 주고, 힘을 보태 주기도 한다. 맛있는 음식도 함께 먹으며 있는 그대로의 모습을 인정해 준다.

나는 평상시에는 우리 가족 하나하나에 깊은 관심을 주면서 살지 못한다. 항상 쳇바퀴 돌 듯 바쁘게 살아가는 일상이다 보니 내 몸 추스르기도 바쁜 척한다. 가족모임에 가게 되면 '나는 가족이 있음'을 확인하고 삶의 자신감 업그레이드, 의욕 향상 등 더 열심히 살아야겠다고 다짐하게 된다.

나에게 가족이란 '나를 부자가 되게 하는 힘'이다. 내가 부자가 되어야 하는 이유다. 나는 부자가 되어 나의 사랑하는 가족들과 함께 세계 최대 로얄 크루즈 여행을 할 것이다. 영화 〈미세스 다웃파이어〉 대사 중에 "서로 사랑하는 한 마음속에 가족은 영원하단다."라는 말이 생각난다. 어디에서 살고 있든지 가족이라는 이름으로 묶인 우리 가족들의 마음은 언제나 함께일 것이다. 그 어떤 시련이 닥칠지라도 나의 버킷리스트 순서는 바뀌지 않을 것이다.

내가 좋아하는 취미 고도화하기

우리는 매일 일한다. 그러나 사람은 일만 하고 살 수는 없다. 쉬기도 해야 한다. 제대로 잘 쉴수록 생산성은 더 커진다고 생각한다. 그런 의미에서 취미를 갖는 것은 매우 중요하다고 생각한다. 사전적인 의미의 취미는 '인간이 금전이 아닌 기쁨을 얻기 위해 하는 활동, 즉 전문적으로 하는 것이 아니라 즐기기 위해 하는 일로써 일반적으로 여가에 즐길 수 있는 정기적인 활동'으로 되어 있다. 취미에 아주 열심인 사람을 호비스트라고 부른다.

"知之者는 不如好之者요, 好之者는 不如樂之者니라.(지지자는 불여호지자요, 호지자는 불여락지자니라.) 알기만 하는 사람은 좋아하는 사람만 못하고, 좋아하는 사람은 즐기는 사람보다 못하다."

《논어(論語)》〈옹야편(雍也篇)〉에 나오는 공자의 말이다. 아무리 천재라도 즐기는 사람을 이길 수 없다는 뜻이다.

타의에 의한 것이 아닌 자발적인 의지로 무언가를 할 때 더 큰 성과가 나타남은 극명한 이치다. 나는 이런 관점에서 자신이 좋아하는 취미를 갖는 것이 삶에 큰 도움이 된다고 생각한다. 무조건 일만 하는 바보가 되기를 부정하는 이유다.

나는 좋아하는 취미가 많다. 마라톤, 커피, 와인, 클래식, 골프, 등산 등. 나에게 '취미'는 '위대한 멈춤'이다. 일에 지치고 삶의 힘든 순간에 부딪치면, 나는 해결책을 모색하고자 내가 좋아하는 일들을 찾는다. 취미는 그 사람의 가치관이 담긴 것이라고 생각한다. 나는 취미생활을 하면서 에너지를 충전함은 물론 나 자신을 객관화해서 바라보게 된다. 직장에서 배울 수 없는 새로운 사실들을 배우며 내 삶을 돌아보고 앞으로 나아갈 용기를 얻는다.

그럼, 내가 좋아하는 취미를 소개하겠다. 첫째 '마라톤'이다. 마라톤은 나와 잘 맞는다. 내 삶의 여정이 마라톤과 같다는 생각을 한다. 인생은 마라톤이다!

내가 마라톤에 입문한 것은 2003년도다. 그 당시 같이 근무하던 국장님이 마라톤을 권유하셨다. 나는 어릴 때부터 달리기에는 자신이 있었다. 그래서 첫 참가 때부터 하프를 신청했고 완주했다. 연습을 전혀 안 한 무모한 도전이어서 2시간이 넘은 기록으로 골인했다.

나는 원래 강원도 토종이라 어릴 때부터 '산(山) 경험'이 많았다. 집에서 초등학교까지 거의 30킬로미터 이상 되는 거리를 매일 달리기를 하면서 등교했다. 집으로 돌아올 땐 일상(?)의 재미를 더하고자 일부러 산을 뛰어넘어 귀가하는 날도 많았다. 아마도 이때부터 마라톤의 필수 요소인 스피드와 근육단련 훈련이 저절로 되었을 것이다. 이렇게 기초체력을 공고히 다진 덕분에 지금까지도 마라톤을 즐길 수 있지 않나 생각한다.

마라톤을 하면서 여러 가지 생각을 하게 된다. 내가 잘 달리고 있는 것인지, 속도는 문제가 없는지, 끝까지 달릴 수는 있는 건지, 포기할까… 등등. 내 삶을 점검하는 것처럼.

오랫동안 마라톤을 하다 보니 '석복녀' 하면 '마라톤'을 떠올리는 사람들이 많다. 어쩌다 오랜만에 사람들을 만나면 거의 대부분 첫마디가 '지금도 마라톤을 하는지'다. 다행히 지금까지도 나는 마라톤을 잘하고 있다. 앞으로 아흔 살이 되었을 때 10킬로미터를 뛸 수 있는 체력을 갖는 게 꿈이다.

최근에 가장 기억에 남는 마라톤은 2년 전에 참가한 '2016 조선일보 춘천 마라톤 대회'다. 기록은 4시간 19분이었다. 같이 연습했던 동호회 멤버들과 함께했던 시간이 좋은 추억으로 남아 있다. 끝나고 춘천의 명물 막국수를 먹었던 기억도. 이 기록을 고도화시켜 올해에는 4시간 안에 완주하는 것이 목표다. 나에게 마라톤은 '나'다.

내 이상형은 '마라톤 풀코스를 즐기며 완주할 수 있는 사람'이다. 이런 사람이라면 그 어떤 어려움에 부딪치더라도 긍정적인 사고로 목표를 성공적으로 이루어 낼 수 있으리라 믿기 때문이다.

두 번째 나의 취미는 '커피'다. 커피는 내 삶의 머스트 해브 아이템(MUST HAVE ITEM)이다. 매일 아침 커피를 내리는 의식으로 하루를 시작한다. 이 의식을 갖게 된 계기가 있다. 올해 2월 평창 동계올림픽 때 외국인 안내 봉사요원으로 파견되어 강릉에서 근무했다. 흔치 않은 기회라 나는 비번 일에 강릉 주변 평창에 소재하고 있는 《메밀꽃 필 무렵》의 저자 이효석 문학관을 관람했다. 그때 이효석 작가가 하루의 시작을 핸드드립 커피로 시작했다는 것을 알게 되었다. 나는 나의 일상과 비슷하다고 생각했다. 그때부터 나도 '아침에 커피 내리는 의식'을 갖게 되었다.

깊은 커피 향과 강한 보디감이 있는 핸드드립 커피가 나는 참좋다. 카스테라처럼 부풀어 오르는 커피를 보면서 그날 하루 왠지 좋은 일이 생길 것 같은 기대감을 갖기도 한다. 핸드드립 커피를 마시기 시작한 지가 이제 10년이 넘었다. 이제는 커피 맛을 조금은 알 것 같다. 지금은 생두를 사서 직접 로스팅해서 내려 마시기도 한다. 전문점에서 마시는 커피만큼은 아니지만 그런대로 내 입맛에는 괜찮다. 핸드드립 커피는 내 삶의 즐거움 중의 하나가 되었다.

내가 특히 좋아하는 커피는 세계 3대 커피 중의 하나로, 커피의 여왕으로 알려진 '예멘 모카 마타리'다. 강한 보디감+과일의 산미+진한 카카오 초콜릿 맛이 어우러진. 인상파 화가 반 고흐가 좋아했다는 커피로도 유명하다.

요즘 나는 새벽에 진한 커피 한 잔을 마시며 책 쓰기를 한다. 그 시간이 참 즐겁다. 지금까지 경험해 보지 못한 새로운 나의 모습이다. 내 곁에는 항상 구스타프 클림트의 '키스' 그림이 그려져 있는 커다란 머그잔에 보디감이 강한 진한 핸드드립 커피가 놓여 있다. 커피는 나의 글쓰기 생산성을 높여 준다. 나에게 커피는 '새로운 시작'이다.

프랑스의 정치가이며, 외교관, 성직자였던 탈레랑이 남긴 유명한 말, '커피는 악마와 같이 검고, 지옥과 같이 뜨겁고, 천사와 같이 순수하고, 키스처럼 달콤하다'라는 말이 떠오른다.

세 번째 나의 취미는 '와인'이다. 나는 언젠가 내 삶을 더 멋있고 우아하게 살고 싶다는 생각을 한 적이 있다. 그런 삶을 살기 위해서 와인은 필수적이라고 생각했다. 사람에게는 관심 있는 것만 보이는 법. 나는 중앙대학교 손진호 교수가 진행하는 와인아카데미를 알게 되었다. 그곳에서 와인에 대한 기초지식을 배웠다. 와인 테이스팅, 포도 품종, 테루아르(지형), 생산지, 생산자, 빈티지 등.

나는 한동안 와인을 잊고 지냈다. 그러다가 작년 3월에 대전에 있는 '에꼴뒤뱅'이라는 와인아카데미에 등록하면서 와인에 대한 공부를 심화시키게 되었다. 알면 알수록 배워야 할 것들이 점점 늘어났다. 한 병의 와인에는 수많은 역경과 싸움, 열정, 노력 등이 담겨 있다는 것을 알았다. 와인의 진정한 가치를 이해하려면, 단순히 와인만 배우는 것이 아니고, 그 나라의 역사, 문화, 정치, 사회, 경제 등 모든 것을 알아야 됨을 깨달았다.

와인을 모를 때는 와인에 20%의 가치를 부여했다. 그런데 알고 나서는 90% 이상의 가치를 부여할 수 있게 되었다. 모든 것이 그렇듯, 과정의 스토리를 알면 더 큰 의미를 부여할 수 있는 것이다.

《보물섬》, 《지킬 박사와 하이드》로 유명한 스코틀랜드의 문학가 로버트 루이스 스티븐슨이 "와인은 병 안에 든 시(詩)(Wine is bottled poetry)"라고 했던 말이 생각난다. 나에게 와인은 '기다림'이다.

나는 기초과정을 수료한 후에 Basic 소믈리에 자격증을 취득했다. 지금은 한 달에 한 번씩 와인 동호회에 참여하면서 와인에 대한 지식을 넓혀 가고 있는 중이다. 언젠가는 와인에 관련된 나만의 스토리를 책으로 써야겠다고 생각하면서.

마지막으로 내가 좋아하는 것은 클래식 음악이다. 사실 나는 클래식 음악에 대해서 잘 알지 못한다. 클래식 음악은 전문성을 필요로 하므로 그들만의 분야로 생각해 왔다. 그러던 어느 날 마라톤 동호회 멤버 중의 한 분, 교수님이셨는데 미국에서 유학할 때 클래식 음악을 즐겨 들었다는 말씀을 해 주셨다. 수준 있는 삶을 사시는 분은 나와 취향이 다르구나, 라고 생각했었다.

또한 클래식 음악을 틀어 놓고 집을 청소하면 마음도 한결 차분해지고 정리도 더 잘된다고 한번 해 보라고 하셨다. 그래서 어느 날 집 안 청소를 할 때 클래식 음악을 틀어 놓고 정리를 한 적이 있었다. 정말 그런 것 같았다. 새로운 발견이었다. 평상시와는 다른 나 자신에게서 조금은 업그레이드되는 듯한 느낌을 받았다. 그 후로 나는 출근길에 KBS 클래식 FM 102.10에 주파수를 맞춰 놓았다. 그러곤 〈출발 FM과 함께〉 방송을 들으며 클래식의 매력에 점점 빠지게 되었다. 나의 유일한 클래식 배움터다.

어느 날은 내가 가장 좋아하는, 사랑과 노래만을 위해 열정적으로 삶을 살다 간, 마리아 칼라스의 아리아나 모차르트 피아노 21번 C장조를 들었다. 〈엘비라 마디건〉이란 영화의 주제음악으로 유명해진. 이런 음악이 들려오면 나는 잠시 차를 길옆에 세워 놓고 그 음악을 끝까지 감상하기도 한다. 자신만의 삶을 열정적으로 살았던 사람들을 떠올리면서. 그리고 안도현의 시 〈너에게 묻는다〉의 "연탄재 함부로 발로 차지 마라 / 너는 누구에게 한 번이라도 뜨거운 사람이었느냐"라는 구절을 생각하며 마음을 가다듬기도 했다. 나에게 클래식 음악은 '사랑'이다.

모든 게 다 똑같다는 생각을 하게 되었다. 마라톤도 그렇고, 커피도 그렇고, 와인도, 클래식도, 삶도. 시간이 지나면서, 노력을 더 하면서, 숙성되면서 원하는 모습대로 갖춰지는 것이다. 나는 좀 더 생산적인 삶을 위해서는 취미를 꼭 가져야 한다고 생각한다. 취미는 취미일 뿐. 반드시 프로 수준까지 안 가도 상관없다.

그러나 취미를 고도화시켜 어느 정도 프로 수준까지 도달하면 더 멋진 삶과 더 많은 기회가 있을 거라 믿는다. 따라서 여유가 된다면 자신의 취미를 조금 더 고도화시키는 것도 중요하다고 생각한다. 누가 알랴? 세계 최고의 그 분야 전문가들을 만날 수 있을지도? 인생이 바뀔지도?

세계 유명 마라톤 10개 참가하면서 세계여행하기

독일의 수도 베를린에는 매년 9월 마지막 주 일요일에 열리는 마라톤 대회가 있다. 세계 5대 마라톤 대회 중의 하나인 베를린 마라톤 대회다. 공식 마라톤 거리인 42.195킬로미터를 달리며 메트로폴리스(Metropolis)에서 시작되어 브란덴부르크 문(Brandenburger Tor)에서 끝나는 코스다.

섭씨 15도 안팎의 서늘한 날씨 덕분에 마라톤 신기록이 가장 많이 나오는 곳으로도 유명하다. 역대 세계 1~6위 기록이 모두 베를린 대회에서 나왔다. 80여 년 전 일제강점기, 우리 민족에게 '할 수 있다'라는 희망을 안겨 준, 손기정 선수가 달렸던 바로 그 코스다. 동서 장벽을 깨고 독일이 통일된 그곳 베를린이다.

2004년 9월, 나는 독일 베를린 국제 마라톤 대회에 참가했다.

내가 처음으로 도전한 해외 마라톤이었다. 독일어를 부전공으로 해서인지 베를린 마라톤 대회가 친근하게 다가왔다. 그해 나는 마라톤을 시작하고 한창 마라톤의 재미에 빠져 있었다. 매주 주말이면 전국의 국내 향토 마라톤대회에 참가하며 즐겼다. 새벽 마라톤, 한강 마라톤, 혹서기 마라톤, 대관령 마라톤, 벚꽃 마라톤, 인삼 마라톤, 대청호 마라톤, 제주감귤 마라톤, DMZ 마라톤 등등. 10킬로미터, 하프코스(21.0975킬로미터)에 번갈아 참가했다. 내가 해외 마라톤에 참가하게 된 계기가 있다.

2004년 4월 1일은 우리나라에 고속철도(KTX)가 개통된 역사적인 날이었다. 일본, 프랑스, 독일, 스페인 다음으로 세계에서 다섯 번째였다. 고속철도가 개통된다는 사실에 전국은 흥분의 도가니였다. 나는 첫 고속철도가 기적을 울리던 경기도 고양기지(현 수도권철도차량정비단)에서 인사팀장을 맡고 있었다. 고양기지는 KTX 정비소, 즉 'KTX의 집'이라고 생각하면 된다. 나는 고속철도가 개통되는 과정을 함께 지켜보면서 많은 보람을 느꼈다.

그리고 그날 새벽 5시 5분. 부산발 서울행 KTX가 첫 기적을 울리는 모습을 지켜보았다. 힘차게 기지를 출발하는 KTX를 보면서 세계를 향해 힘차게 뻗어 나가는 나의 모습도 함께 그렸다. '철의 실크로드!' KTX가 세계를 향한 신호탄을 올렸듯이, 나도 세계를 향해 뭔가 도전하고 싶었다. 해외 마라톤에 관심을 갖게 된 이유다. 글로벌 비즈니스 우먼으로 살기로 다짐했다.

나는 '여행춘추'라는 해외 마라톤 투어 전문여행사를 알게 되었다. 그리고 공휴일이 긴 추석 기간을 활용하기로 결심했다. 참가를 위한 사전 준비차 여행춘추 사무실을 방문했다. 당시 대표 이사였던, 지금은 세이셸 한국명예총영사이신 정동창 님을 만났다. 《달리면 인생이 달라진다》의 저자이기도 한 그는 달리기의 '아이콘'이다. 그리고 진정한 마라톤 전도사다.

사무실 한쪽 옷걸이에 쭉 걸려 있던 수많은 마라톤 메달들을 보고 매우 놀랐던 기억이 난다. 그는 하와이, 두바이, 싱가포르, 러시아 등 마라톤을 위해 찾은 곳만 35개국이 넘는다고 했었다. 하와이 마라톤만 5회, 뉴욕 마라톤은 10회 이상 참가했다고 했다. 나도 세계 마라톤에 참가하며 시야를 넓혀야겠다는 생각을 더 굳히게 되었다. 그는 우리 일행을 이끌고 베를린 마라톤대회 때 함께 참가했다.

그날의 기억을 떠올리면서 글을 쓰다 보니 감회가 새롭다. 대회 하루 전날 'Breakfast Run'을 하며 베를린올림픽경기장까지 워밍업을 했다. 한국 최초의 마라톤 금메달리스트인 손기정 선수의 영광과 아픔이 서려 있는 곳. 경기장 벽에 새겨진 손기정 선수의 이름을 확인했다. 누군가 손기정 선수의 국적을 JAPAN에서 KOREA로 바꿔 놓은 걸 보았다.

1936년 일제강점기 때 나라를 빼앗긴 설움을 안고 금메달을 딴 그. 월계관수로 일장기를 가리고 시상대에서 묵묵히 고개를 숙였던 그의 모습을 생각하니 왠지 마음이 짠해져 왔다.

대회 당일, '티어가르텐' 공원에는 성별과 인종, 국적과 연령의 모든 경계를 초월한 세계의 달림이들이 약 3만여 명 정도 운집했다. 국내 마라톤대회와는 비교할 수 없을 만치 규모가 크다는 생각을 했었다. 역시 큰물에서 놀아야 돼! 나는 속으로 생각했다. 9시 정각, 수만 개의 노란 풍선이 출발 신호와 함께 하늘로 높이 날아올랐다. 경쾌한 음악과 함성은 잘 완주하고 오라고 격려하는 듯했다.

독일은 국가적 지원 하에 대회가 진행되기 때문인지 차량, 인파 등 통제가 매우 완벽하다는 느낌을 받았다. 대로 양쪽의 시민들, 아파트 베란다 안에 자리를 잡은 가족들은 큰 소리로 뛰는 내내 응원을 보내 주었다. 끝까지 포기하지 말라고 아우성쳤다. 나는 다시 힘을 얻고 엄지손가락을 세워 활짝 웃으며 카메라 앞에서 포즈를 취했다. 중간 중간 정성스럽게 마련된 음료수, 간식, 시원한 살수 물, 안마기 등은 기운을 북돋워 주었다.

베를린 장벽을 지나 열심히 달리다 보니 어느새 브란덴부르크 문! 골인 지점이 다가왔다. "잘했어. 최고야."라는 수많은 사람들의 진심 어린 격려를 받으며 나는 골인선까지 완주했다. 처음 풀코스에 도전한 거라서 기록은 중요하지 않았다. 원하는 기록은 얼마든지 갱신하면 되니까.

대회를 마치고 우리 일행은 하이델베르크, 라인 강 주변, 베를린 시내, 옥토버페스트 축제, 벼룩시장 등을 둘러보았다. 나는 마라톤과 관광을 함께 할 수 있는 이러한 패키지 상품이 매우 생산적인 프로그램이라고 생각했다. 많이 활용해야겠다고 마음에 저장했다.

"마라톤 대회는 살을 빼고 기록을 단축하는 '육체적인' 이벤트가 아니다. 전 세계에서 모인 사람들과 우정을 나누고 그 도시의 풍광도 즐기는 '문화적인' 잔치다. 힘들어하는 사람의 기운을 북돋워 주고, 웃음을 나누며 함께 달리다 보면 모르는 사람과도 금세 친구가 된다. 사람들 얼굴에는 밝은 기운이 가득하다. 차 없는 도로에서 가벼운 차림으로 뛰다 보면 엔도르핀이 샘솟으면서 기분이 좋아진다."라고 정동창 세이셸 명예총영사는 말한다. 그가 제안해 시작된 '세이셸 에코마라톤 대회'에 꼭 한 번 참석해야겠다.

마라톤에 참가하는 사람들은 나름대로 그 대회에 참가 의미를 부여한다. 그때 일행 중 한 사람은 동두천중학교 교사였는데, 정년퇴직을 앞두고 기념으로 참가한다고 했었다. 그는 또한 이전에 뉴욕 마라톤대회에 참가했을 때 자신의 뛰는 모습을 동영상으로 남겨 놓았다고 했다. 힘든 일에 부딪칠 때마다 동영상을 보면서 용기를 얻는다고. 그리고 퇴직 후에는 세계 4대 마라톤에 참가할 거라고도 했다. 참 멋있게 인생을 사는 분이라는 생각이 들었다. 나도 다음번엔 그렇게 하리라 다짐했다.

나는 세계의 유명한 10개의 마라톤 대회에 참가하는 것을 버킷리스트에 담았다. 그리고 참가 경험을 스토리로 엮어 책으로 발간할 것이다. 내가 참가하고 싶은 대회는 먼저 세계 4대 마라톤이다. 미국의 보스턴과 뉴욕 마라톤, 영국의 런던 마라톤, 네덜란드의 로테르담 마라톤 등이다.

보스턴 마라톤대회는 세계 최고의 마라톤 이벤트다. 공인기록이 3시간 이내여야지만 참가가 가능하다. 아무나 참가할 수 없기 때문에 더 매력적인 대회다. 내 마음같이 될 수 있으면 좋으련만. 어쩌면 나는 이 대회에 참가하지 못할지도 모르겠다. 나이 제한 때문에도, 기록 때문에도. 방법은 다양하게 있을 거라 믿는다. 뉴욕 마라톤대회는 누구나 참가할 수 있다. 센트럴파크를 달리며 가을의 뉴욕을 만끽하고 싶다. 런던 마라톤대회에 참가해서 템스강을 따라 달리며 타워브리지, 웨스트민스터 사원, 버킹엄 궁전에 골인할 것이다. 영국 왕실의 위엄과 풍요로움을 느끼고 싶다.

정동창 명예총영사는 "관람객이 열광하고 환호하는 소리가 처음부터 끝까지 모든 구간에서 균일하게 들리는 몇 안 되는 대회다."라고 런던 마라톤대회를 소개했다. 마지막으로 로테르담 마라톤대회는 전 코스가 평이해서 기록 갱신에 좋은 대회로 유명하다. 로테르담의 상징인 에라스무스 다리, 백조라는 닉네임이 붙여진 이 다리를 달리고 싶다. 나의 최고 기록을 갱신하면서.

이외에 나는 아프리카 탄자니아의 킬리만자로 마라톤에 참가할 것이다. 작년에 회사에서 탄자니아 파견 직원을 선발할 때 불

합격했다. 나의 킬리만자로 마라톤 참가 계획도 무산되었다. 언젠가 꼭 참가하리라 마음을 조정했다. 그리고 일본의 이브스키 유채꽃 마라톤 대회, 중국의 북경 마라톤 대회, 인도의 뉴델리 마라톤, 내몽고 마라톤대회에 참가할 것이다. 이는 모두 시도했다가 못 간 대회들이다.

나는 마라톤과 함께 세계여행을 즐기며 건강한 삶을 살 것이다. 끊임없이 도전하며 나만의 스토리를 만들 것이다.

시간과 경제적으로 자유로운, 균형 잡힌 삶 살기

디지털 노마드. 노트북과 스마트폰만 있으면 장소에 구애받지 않고 일하는 사람들을 말한다. 지금은 4차 산업 혁명 시대. 요즈음 내 주위에서는 디지털 노마드로 살아가는 사람을 쉽게 찾을 수 있다. 하루 일하는 시간도 본인이 조절하고 일하고 싶을 때만 일한다. 하루 종일 일하지 않는다. 그러면서도 고수익을 창출한다.

나의 대학원 선배 또한 디지털 노마드의 삶을 살고 있다. 직장이 없다. 스마트폰 하나로 언제 어디서나 본인이 하고 싶은 때에 자유롭게 일한다. 1년 중 6개월은 말레이시아에, 6개월은 국내에 머문다. 국내외를 여행하며 돈도 잘 번다. 지금은 연봉 1억이 넘는다고 한다. 그러고 보니 6월 9일에 한국에 온다고 했다. 이번에 만나거든 자유로운 삶, 가치 있는 삶, 행복한 삶에 대해 많은 것을 물어보려고 한다. 그 선배 또한 싱글이어서 통하는 점이 많으리라.

바야흐로 직장이라는 한 공간에서 평생을 일한다고 돈을 많이 버는 시대는 지났다. 직장은 단지 직장일 뿐. 나를 포함해 내 주위에서 오랜 시간 직장에 다녔어도 부자가 된 사람을 거의 찾아볼 수 없다. 직장은 자신의 삶의 목표를 달성하기 위해 이용해야 하는 수단일 뿐이다. 직장에 다니는 자체가 삶의 목표가 되어서는 안 된다고 생각한다.

직장에 다닌다는 것만으로 삶의 목표를 다 이룬 것처럼 만족하며 살아왔던 나. 이젠 거부한다. 요즘 내가 깨달은 직장에 대한 답이다.

나는 20여 년 이상 한 직장에 다니고 있다. 안정된 직업이라 여기는 공무원으로 사회생활을 시작했다. 오랜 시간 직장에 다니면서 느낀 것은 직장은 평생을 보장해 주지 않는다는 것이다. 월급을 받는다는 건 생활을 유지할 수 있는 정도, 딱 그 정도인 것 같다. 나같이 평범한 월급생활자는 결코 부자가 될 수 없다는 것도 알았다. 현대판 노예(?)생활을 지속하고 있는 것이다.

나는 먼저 지나간 사람들처럼, 그들이 했던 것처럼 똑같이 반복하면서 무난하게 살고 있다. 큰 도전도 없이, 큰 위험도 없이. 내 삶이 물 안에 든 개구리와 같다는 생각을 하게 된다. 물이 좋다고 뛰어들었지만 결국 그 물 때문에 서서히 죽어 가는 개구리. 편안함과 안락함에 젖어 복지부동, 무사안일하게 지내다 서서히 죽음을 맞이하게 되고, 때늦은 후회를 하게 되는.

언제나 똑같은 모습으로 머물러 있다는 건 후퇴한다는 뜻이리라. 그러다 보니 진정 내가 원하는 모습은 생각만 하고 행동하지 못하며 살아온 것 같다.

'워라밸(Work-life balance)', '일과 삶의 균형', '저녁이 있는 삶'. 지금 시대의 트렌드다. 일터와 가정의 중요성을 균형 있게 인식하려는 삶의 새로운 가치다. 열심히 일하는 것 못지않게 잘 놀고 잘 쉬는 것도 중요하다는 것이다. 우리 회사도 매주 금요일이면 8시 반에 출근하고 5시 반에 퇴근하라고 한다. 가정으로 어서 돌아가라고 재촉한다.

나는 금요일 오후 퇴근할 때가 기다려진다. 직장인이다 보니 어쩔 수 없이 매주 주말을 기다리고, 공휴일을 기다리며 하루하루를 버틴다. 공노비 생활! 앞으로도 계속 이러한 생활이 지속될 텐데…. 계속 이렇게 살다 보면 나중에는 후회할 것 같다. 죽기 전에 후회하는 것 세 가지가 있다고 한다. 작년에 우리 회사에 초청되어 와서 강의할 때 《노는 만큼 성공한다》의 저자 김정운 교수는 "사람이 죽기 전 후회하는 '걸걸걸'이 있다."며 "좀 더 베풀고 살걸, 좀 더 용서할걸, 좀 더 재밌게 살 걸이다."라고 했다. 주위를 둘러봐도 아침에 회사에 출근하는 것이 기다려진다고 말하는 동료는 아직까지 본 적이 없다. 일이 재미있어서 회사를 다닌다는 사람도.

일과 개인생활의 균형을 잡는다는 것은 말처럼 쉽지 않다. 무엇보다도 균형 잡힌 삶을 살려면 경제적으로 여유가 있어야 한다. 그러나 현실은 그렇지 못하다. 파이를 키워서 나눠 줘야 하는데 파이는 그대로이고 일자리 창출이라는 명목으로 더 많은 사람들에게 파이를 나눠 주려고 한다. 우리 회사도 마찬가지다. 급여가 자꾸 줄어든다고들 말한다. 그래서인지 요즘은 동료들과의 회식 횟수도, 누가 먼저 제안하는 모임도 줄어드는 모습이다.

'시간은 돈이다.' 이 말을 요즘 가장 가치 있게 인식하고 있다. 나는 대전에서 매일 아침 KTX를 타고 서울역 근처에 있는 사무실로 출근한다. 하루 중 출퇴근시간을 합치면 3시간 정도 된다. 그중 오며 가며 2시간 정도는 책을 읽는다. 2개월 동안 그런 생활을 유지했다. 야근하고 퇴근하는 날에는 기차 안에서 깜빡 잠이 들기도 한다. 대전역을 지나쳐 동대구역까지 간 적도 있었다.

이젠 삶의 패턴을 바꾸려 한다. 책을 쓰기 위해 새벽시간을 더 많이 확보하기로 결심했다. 출근 전 아침시간을 더 많이 확보하려고 한다. 《2억 빚을 진 내게 우주님이 가르쳐준 운이 풀리는 말버릇》에서는 '돈은 선불 시스템'이라고 말한다. 나는 이 말을 상기하고 다음 주에 사무실 근처의 오피스텔을 계약하기로 했다. 돈을 원한다면 우선 돈을 지불해서 돈을 순환시켜야 한다는 명언을 따른 결과다.

'책 쓰기'라는 새로운 목표를 갖게 된 후로 내 주위의 생활 패턴이 모두 여기에 맞춰진다. 주변 정리도 자동으로 된다. 예전에는 뚜렷한 목표가 없어서였는지 남이 부르면, 불리는 대로 끌려갔다. 시간도 상대방이 맞추는 대로 따랐다. 지금 내게 가장 중요한 건 시간을 확보하는 것! 내가 자유롭게 활용할 수 있는 나만의 시간을 만드는 것이 제일 중요하다. 그 외의 것은 다 부차적이다.

돈과 일에 대한 나의 개념이 바뀌었다. 돈은 자신이 벌고자 하는 일정한 기간에, 3년이든 5년이든 정해 놓고, 돈을 벌 수 있는 최선의 노력을 해야 한다고 생각한다. 이 기간에 평생 먹고살 수 있도록 해 놓아야 한다. 인생 후반기의 삶은 즐기는 삶이 되어야 한다.

그러기 위해서는 계속해서 돈이 들어올 수 있도록 시스템을 구축해 놓아야 될 것이다. 일하지 않아도 자동으로 돈이 들어오는 수익 시스템을. 이런 시스템이어야지만 비로소 제대로 돈 버는 일을 한 것이라고 말하고 싶다.

앞으로의 나의 5년 후, 10년 후의 모습을 상상하면 그리 나아질 게 없을 것 같다. 퇴직한 선배들의 삶을 보면서 미루어 짐작할 수 있다. 퇴직연금만으로는 여유 있는 삶을 누리기가 전혀 불가능해 보인다. 이왕이면 부자가 되어서 세금을 많이 내는 사람이 되고 싶다. 성공한 자가 되어 멋진 삶을 살고 싶다. 그렇게 될 수 있도록 노력할 것이다.

나에게는 걸림돌이 없다. 부양해야 하는 가정도, 남자 친구도. 모든 것은 마음먹기에 달렸다. 나에게는 하고 싶은 대로 할 수 있는 여건이 다 주어졌다. 내가 곧 블루오션이다.

내가 가장 좋아하는 명언 중의 하나인 도전과 혁신의 아이콘! 스티브 잡스의 말을 떠올려 본다.

"여러분의 시간은 유한합니다. 그러니 남의 인생을 사느라고 여러분의 인생을 낭비하지 마십시오. 다른 사람의 생각에서 나온 결론인 도그마의 덫에 빠지지 마십시오."

그렇다. 나도 앞으로는 나답게 살기로 결심했다. 남이 정해 놓은 틀이 아닌, 내가 창조한 나만의 프레임으로.

'나답게 살자'라고 사회생활 초기에 생활명언으로 프로필에 적어 놓았던 때가 생각난다. 어느 날 나 자신이 그러지 못한 거 같아서 스스로 지워 버렸던 기억도. 이제는 꽉 붙잡아야겠다. 시간과 경제적으로 자유로운 나의 균형 잡힌 삶을 위해 건배!

· 03 ·

고통의 시간을
거친 단단함으로
베스트셀러 작가 되기

+ 김 은 자 +

김은자 법학박사, (주)벗 대표이사, (주)키엠 대표이사, 강연가

법학박사로서 동국대학교에 출강하고 있으며 (주)벗과 (주)키엠의 대표이사를 맡고 있다. 자기계발 작가이자
동기부여가, 부동산 관련 강연가로도 활동하고 있다. 현재 '이기는 부동산 투자 공부법'을 주제로 개인저서를
집필 중이다.

Email somang1252@naver.com

베스트셀러 작가 되기

나에겐 특이한 버릇이 하나 있다. 아마도 내가 직장생활을 하면서 맡은 업무 때문에 생긴 습관이라 생각한다. 작은 메모지 하나도 잘 버리지 못하는 것이 그것이다. 몇 달이나 몇 년 후 세무실사나 법적인 문제가 발생할 때면 꼭 나의 메모지 한 장이 유용하게 쓰이곤 했던 경험 때문인지 나는 사사로운 메모지, 영수증도 버리지 못하고 꼭 보관한다.

나는 메모지와 영수증을 한 달치씩 서류봉투에 넣어서 연 단위로 정리해 놓는다. 이러다 보니 세월이 지나면 창고가 지저분해진다. 그럴 때마다 오래된 것은 정리하는데 어느 날 보물 상자 하나를 발견했다. 플라스틱 박스에 이것저것 버리지는 못할 편지, 엽서, 사진, 일기장, 액세서리 등 일상의 자잘함이 가득 들어 있었다. 그 속에 한 장의 메모지가 있었다. 나는 그 한 장의 메모지를 들어 읽어 보았다.

"내 나이 마흔다섯.
이제 인생의 반환점에 섰다.
내 의지대로 살지 못한 45년.
앞으로의 45년은 오롯이 내 의지대로 살아갈 45년이다.
그러기 위해서는 10년만 죽을힘을 다해 열심히 살아 보자.
못다 한 공부도 하고.
그러다 보면 100세 시대의 나의 삶은 빛이 나겠지."

아마도 마흔다섯의 어느 날에 써 놓은 글인 것 같았다. 생각해 보니, 글을 쓴 것은 잊어버렸지만 난 그때부터 1주, 1개월, 1년, 3년, 5년, 10년 계획을 세우며 내 목표를 향해 달려가고 있었다.

남들은 힘들다고 쉬고, 스트레스 해소를 한다는 이유로 음주가무를 즐기며 여행을 다닐 때, 나는 늦은 나이에 석사, 박사 과정을 밟으며 캠퍼스를 누볐다. 누구도 쓰기 싫어하는 논문을 행복한 마음으로 뜨겁게 써 내려가기도 했다. 내가 목표한 55세가 지나서야 마흔다섯에 세웠던 목표를 이룰 수 있었다. 실무적인 일에 전진하고자 관련 학문인 행정과 법학을 공부했다.

하나하나 알아가는 공부도 중요했다. 하지만 사람이 살아가면서 꼭 필요한 재정적인 문제를 해결하고 차곡차곡 쌓여 가는 재산을 보고 있으려니 얼마나 재미있었는지 모른다. 누가 시켜서 하는 일이 아님에도 스스로가 재미있었다.

이런 내가 교수님들 사이에서 서서히 눈에 띄기 시작했다. 사람이 살아가면서 성실함은 나를 드러내는 최고의 방법이다. 그래서 박사과정을 밟으며 학교에서 강의를 하게 되었다. 한 학기만 하기로 했던 강의를 학위를 받은 후 지금까지 쭉 하게 되었다. 내가 가지고 있는 직업 중 하나가 '교수'가 된 것이다.

나는 현재 일주일 각 요일마다 직업이 다르다. 열심히 공부하며 살다 보니 많은 직업을 가지게 되었다. 그중에는 근로소득을 버는 직업도 있고, 사업소득을 버는 직업도 있다. 근로소득은 등기이사로서 비상근으로 일주일에 한 번씩만 출근해 회사의 자산에 대해 관리와 자문을 해 주면서 발생한다. 또한 학교 강의도 근로소득을 얻는 직업 중 하나다.

사업소득은 내가 관여하고 있는 부동산에서 발생한다. NPL회사와 부동산 개발, 커피 사업, 농업법인 운영 등으로 하루, 일주일, 한 달이 얼마나 빨리 지나가는지 모르겠다. 일주일을 요일별로 일하며, 일주일에 한 번은 제주도 출장을 간다. 남들은 여행 삼아 제주도를 가는데 나는 새벽에 집을 나서서 막비행기를 타고 올 때도 있다. 중요한 일이 있을 때는 1박 2일 일정으로 매주 업무를 보러 다니고 있다. 김포공항에 내리면 아직도 공중에 붕 떠 있다는 느낌을 받을 때가 종종 있다.

이렇게 열심히 사는 나 자신이 나는 대견스럽다. 공항에서 집으로 향하며 올림픽도로를 달릴 때 차 안에서의 나만의 시간에 행복을 느낀다. 그러나 내 주변의 모든 사람들은 나를 걱정한다. 일을 줄이고 건강을 생각하라고. 그러나 사람은 내가 하고 싶은 일을 할 때 제일 행복하다고 생각한다. 이렇게 내 삶이 행복한데 병이 왜 걸릴까, 라는 생각이다. 그리고 난 지금의 내 삶이 좋다.

지금도 초등학교 동창들을 만나면 "너는 부르주아였어."라는 소리를 들을 만큼 어릴 적에는 부유하게 컸다. 하지만 철이 들어갈 즈음에는 아버지의 사업 실패로 어려운 가정환경에서도 커 봤다. 부모님 두 분이 모두 이북이 고향이시기 때문에 친척도 별로 없다. 누구에게도 도움을 요청하거나 상담을 할 수 없었던 분들이 나의 부모님들이셨다.

고등학교에 다닐 적 나의 목표는 우습게도 '아버지처럼 살지 말자'였다. 그 목표로 인해 지금의 내가 있다고 생각한다. 지금은 돌아가시고 안 계신 아버지. 하지만 세상물정을 잘 모르시는 아버지는 어린 내가 봐도 사기꾼들이 유혹하고 있는데 그 사람들에게 사기를 당하시곤 했다. 100전 100승의 사기꾼들이었다.

그렇게 당하시곤 아버지는 사회를 원망하고 술로 밤을 지새우시며 이북에 남아 있는 삼촌을 그리워했다. 지금 생각해 보면 그 당시 엄마가 참 현명한 분이셨다. 엄마는 "사회를 알기 위해 구멍

가게부터 해 보자."라고 하셨다. 하지만 아버지는 "내가 구멍가게나 해야겠느냐. 창피하게. 나는 사업을 할 거다."라고 하셨다. 그러면서 지금보다 더 떵떵거리며 살게 해 주겠다고 걱정 말라 하셨다 한다.

이런 환경에서 자라면서도 나는 한 번도 부모님을 원망하지 않았다. 내 부모님을 거울삼아 거꾸로 사는 삶을 추구하며 살았다. 나의 약점은 성질이 급하다는 것이다. 그래서 불의를 보거나 부당한 처우를 받으면 욱하는 성질 때문에 참지를 못한다. 그 때문인지 젊은 시절 직장을 그만두고 싶을 때가 많았다. 그때마다 집에 있는 동생들과 부모님을 생각하면서 침 한번 꿀꺽 삼키며 참았다. 그렇게 조금씩 참다 보니 시간이 흐르면서 그 버릇이 고쳐지고 있었다.

어릴 때는 하고 싶은 것도 많고 배우고 싶은 것도 많아 남들이 하는 것은 다 해야 직성이 풀리는 아이였다. 그러니 뭘 끈기 있게 했겠는가? 들락날락이었다. 살다 보면 집어치우고 싶은 생각이 들 때가 얼마나 많은가. 그때마다 하루만 참자. 이틀만 참자, 하며 시간을 벌었다. 그러다 보니 참아지고 인내하고 사는 삶이 되었다. 그래서 지금은 배우지 않고도 할 수 있는 취미가 많다. 나의 약점이 장점이 된 셈이다.

이렇게 산 60년의 삶을 풀어낸다면 어찌 베스트셀러가 되지 않겠는가? 그러나 누구나 이런 생각은 한다. '내가 살아온 이야기를 쓰면 한 권의 책이 될 것이다'라고. 그렇다. 누구에게든 다 삶의 희로애락이 있다. 그러나 용기 있게 그것을 드러낼 수 있느냐에 따라 그 사람의 삶이 달라진다고 생각한다.

나는 내 삶에 후회가 없다. 때로는 어렵고 힘든 시절도 있었다. 하지만 지금의 나는 오롯이 살아낸 나의 삶의 결과물이다. 누구에게도 손 벌리지 않아도 될 만큼의 재정적인 준비도 되어 있다. 나는 이런 나의 삶을 사람들에게 알리고 싶다. 자랑이 아니라 나도 그랬듯이 그들도 누군가 조금만 힘낼 수 있도록 한마디 해 주면 인생이 바뀔 수 있기 때문이다.

나는 힘들고 어려울 때 책으로 스트레스를 풀었다. 자기계발서를 보며 나 자신을 다졌다. 그런 나를 보는 사람들은 그까짓 뻔한 이야기책을 보면 뭐 하냐며 비아냥거렸다. 그러나 나는 사는 데 급급해 알면서도 잊어버리는 것들을 그 뻔하다는 이야기 속에서 다시 찾으며 '나'를 세우고 있었다.

그때의 그 사람들과 지금의 나를 비교해 보면 천지 차이다. 그들은 평범한 할머니가 되어 가고 있거나 은퇴 후 집에서 아내를 기다리며 저녁을 준비하는 할아버지가 되어 가고 있다. 55세까지만 일하겠던 나도 사회가 변하니 앞으로 10년, 20년은 더 일할 수 있다고 생각한다. 나를 비아냥거리던 사람들은 생활비 걱정을 하며 경조사비 때문에 못 살겠다고 얘기한다. 준비 없는 노후를 산 결과물이다. 사람들은 몰라서 자기 자신을 계발하지 않는 것이 아니다. 알면서도 일상에 묻혀 하루하루를 그냥 생각 없이 보내는 것이다.

작은 힘이지만 이런 삶을 깨워 주고 싶다. 그 방법이 바로 내가 살아온 삶의 이야기와 내가 하고 있는 사업들 이야기가 아닐까 생각한다. 나의 작은 이야기가 다른 사람에게는 큰 영감으로 다가올 수 있을 거라는 생각이다.

이런 생각에서 책을 써야겠다고 막연히 생각만 하고 살아오던 차에 〈한책협〉을 알게 되었다. '성공하고 책을 쓰는 게 아니라 책을 써야 성공한다'라는 문구를 보며 '아 맞다. 여기구나!' 하는 생각을 했다.

나는 성공할 것이다. 지금보다 더 성공할 수 있다는 생각을 한다. 그 성공이란 세상 속의 성공이 아니다. 내 삶에 대한 성공이다. 나의 이야기는 꼭 베스트셀러가 될 것이다. 베스트셀러가 되어서 나의 목표 하나가 달성되고, 그럼으로써 내 삶에 또 다른 획이 하나 그어질 거라는 믿음이 있다. 그리고 나를 롤모델로 삼아 많은 사람들이 성공할 것이다. 나는 믿는다. 나의 삶, 나의 인생, 나의 사업이 다른 사람들 인생의 터닝 포인트가 될 것이라는 것을 말이다.

부동산과 자기계발 관련 강연가 되기

내 아이디는 어디서나 소망이다. 아이디와 같이 나는 언제나 부자라는 소망을 갈망하며 살아왔다. 아마도 이런 나의 집착은 20대에서부터 시작되었던 것 같다. 20대에 나는 무척이나 가난했다. 가난에서 벗어나고자 별별 방법을 동원하며 노력했었다. 여러 명의 동생들과 무능력한 아버지를 어떻게 해서든지 가난에서 구출하고 싶었다. 아버지처럼 살지 않으려면 어찌 되었든 내가 잘살아야만 했다. 그래서 그때부터 공부한 것이 '부동산'이다.

공부를 하게 된 계기도 아버지 때문이었다. 퇴역하시고 하시는 일마다 사기를 당하다 아버지는 결국 쓰러지시게 되었다. 그 계기가 된 사기가 바로 토지 사기였다. 서울에서 다 망하고 아무도 없는 곳에 가서 사신다고 가신 곳이 제주도였다. 그래도 학력이 높으셨던 아버지는 동네의 토지개발사업의 조합장으로 추대되어 일하시게 되었다. 그러다 결국에는 문제가 생겨서 뇌출혈로 쓰러지게 되셨다.

아버지는 오랫동안 정신이 혼미한 상태로 집에 누워 계시게 되었다. 그 틈을 타 한 조합원이 아버지의 인감을 도용해 토지를 매도하는 사건이 벌어지게 되었다. 나는 그것을 파헤치려고 서류를 모았다. 라면박스로 두 박스가 모였다. 그 내용을 알기 위해 부동산을 공부했다. 하지만 내가 어렸던 탓에 결국 형사고소를 하지 못하고 고스란히 집안의 부채로 떠안게 되었다.

그러면서 그때 생각한 것이 '아버지처럼 살지 않으려면 어찌되었건 지금 이 상태에서 벗어나야 하고 부자가 되어야 한다.'라는 것이었다. 그러면서 나 자신을 돌아보니 믿을 것이라고는 내 육체 중 머리뿐이었다. 팔다리가 하는 일은 전혀 하지 못했다. 어린 시절 왼손잡이인 데다 곱게만 자라서 가위질 하나 칼질 하나 제대로 할 줄 몰랐다.

이런 내가 식당을 할 것인가?, 봉제공장을 할 것인가? 선택의 여지가 없었다. 두뇌를 회전시켜 먹고사는 일밖에 할 수 없었던 것이다. 나의 어릴 적 꿈은 선생님이었다. 그런데 선생님의 월급으로는 많은 식구들과 먹고살지 못할 것이라고 생각되었다. 돈이 되는 것은 부동산뿐이라 생각했다. 내가 '나'에 대해 생각하고 나 자신을 알게 된 계기였다.

30~40여 년 전에는 경매를 가르쳐 주는 학원도 없었다. 남에게 보증을 서고 그게 잘못되어 경매를 당하는 것이다. 때문에 경매라 하면 '착한 사람들 것을 빼앗아 오는 나쁜 것이다.'라는 인식이 퍼져 있었다. 당연히 '경매하는 사람은 나쁜 사람이다.'라는 생각이 강했다. 그럼에도 불구하고 나는 법전보다 더 두꺼운 경매책을 혼자 공부했다. 일주일에 한 번씩 배달되는 경매지를 구독했다. 퇴근 후 밤을 새워 가며 권리분석을 했다.

직장을 빠지면서 경매 입찰을 할 수 없었던 시절이라 공부하는 셈치고 전국의 경매 방송은 밤을 새워 가며 다 봤다. 얼마나 재미있었는지 모른다. 첫 경매 경험은 내 총 재산이었던 500만 원 정도의 돈으로 아주 복잡하고 기준 권리보다도 앞선 선순위 세입자까지 있는 빌라를 입찰한 것이다. 그때 당시 없어져도 500만 원일 뿐이라는 단순한 생각으로 입찰했다.

지금도 강의하면서 가끔씩 사례로 드는 이야기다. 없어도 되고 잘못되어도 내 경험에 들인 교육비라 생각했다. 그러나 입찰은 대성공이었다. 단독 입찰에 세입자가 살지 않는 공실이었다. 나중에 알게 된 거지만 세입자가 외국으로 이주했다고 한다. 그래서 아무 문제없이 명도가 가능했다.

도배와 싱크대만 교환해서 전세로 내놓아 내 초기 자금은 회수되었다. 자본금 없이 빌라가 한 채 생겼다. 그러곤 18평형 아파트에 토지지분이 22평이나 되는, 경기도 평택의 오래된 저층 아파트로 눈을 돌렸다. 그때도 500만 원 정도의 자금으로 투자했다.

IMF가 지나면서 금융기관의 이자율이 점점 낮아지고 있는 시점이었다. 저축해도 이자가 얼마 안 붙기 시작했을 무렵이었다. 하지만 나는 토지지분이 많은 노후한 저층 아파트가 앞으로 10년 정도 되면 재개발이나 재건축이 될 거라 믿었다. 그때까지 부동산 저축을 했다 생각하고 묵혀 두면 은행 이자보다 훨씬 많은 수익을 거둘 것이라 생각한 것이다.

그러나 10년 장기 투자할 생각이었던 그 아파트가 부동산 투자 붐이 일면서 몇 개월 만에 투자 대비 3배 정도의 이익을 가져다주었다. 이렇게 시작한 부동산 경매 공부가 30여 년이 흐르면서 나를 부동산 고수로 키워 주었다.

지금은 앞에서 서술한 옛날 방식으로 하면 안 된다. 이제는 권리분석을 못 해도 된다. 인터넷의 발달로 사건 번호만 쳐도 그 물건에 대한 권리분석이 다 나온다. 그럼 뭐가 중요할까? 그것은 바로 그 부동산에 대한 가치평가다. 이 가치평가는 오랜 경륜(經綸)을 통해 나오기 때문에 부동산 시장에서 굉장히 경쟁력이 있으며 중요하다.

최근의 사례를 소개하자면, 경기도 파주에 전철역에서 걸어서 5분 정도의 거리에 경매 진행이 오래된 물건이 있었다. 겉으로 보기에는 아주 많이 복잡한 물건이었다. 그 물건은 감정가가

42억 원이었다. 그런데 나는 금융기관에서 32억 원에 NPL(Non Performing Loan)로 1순위 채권을 사 가지고 와서 경매 입찰을 하게 되었다. 4명이 응찰했으나 42억 원의 채권이 확보되어 있는 나는 당당히 42억 원에 낙찰 받을 수 있었다. 감정가는 42억 원이었지만 공시지가가 61억 원 정도였다.

이것이 왜 그렇게 되었는지를 살펴보면 감정 시점이 언제였는지가 중요하다는 것을 엿볼 수 있다. 감정 시점에는 부동산 경기가 없어서 시세가 하락해 있다든지, 그 지역에 문제가 있다든지…. 그런 문제 등으로 저평가되어 있었던 것이다. 결국 32억 원을 투자해 61억 원짜리 부동산이 생긴 격이다. 이런 것이 부동산 투자의 가치투자 중 하나다.

요즘 들어 대북 관계가 원만해지면서 매도 의향을 묻는 전화를 받곤 한다. 100억 원을 줄 테니 팔라는 전화도 온다. 그러나 아직은 매도 시점이 아니기 때문에 정중히 사양하고 있다. 이해가 되는 사람도 있고 그럴 수 있느냐고 황당하다고 생각하는 사람들도 있을 것이다. 또한 나를 부동산 투기꾼으로 볼 수도 있다. 그러나 자본주의 국가에서 불법이 아닌 합법적인 방법으로 자산을 늘리는 것이 투기일까? 아니다. 이것이 부동산 투자다. 세상은 내가 보는 만큼 내 것이다. 모르기 때문에 우물 안 개구리가 되는 것이란 말이다.

이것 말고도 여러 가지의 사례가 있다. 특히 부동산은 틈새시장이 많다. 2006년 실거래가로 양도 신고를 해야 한다고 할 때 사람들은 이제 부동산 투자는 끝났다고 생각했다. 그러나 나는 박수를 쳤다. '아, 이제부터는 부동산 투자의 꽃이 피겠구나. 토지를 화장시켜야겠다.'면서 말이다.

그때부터 싸고 못생긴 토지를 매수했다. 푹 꺼진 강변의 토지를 사서 흙으로 메우고 다듬었다. 뱀처럼 긴 토지를 사서 정원을 멋지게 만들고 집을 길게 늘어놓아 실제 평수보다 크게 보이는 효과를 갖게 해서 양도했다. 도로도 없는 싼 임야를 사서 도로를 내고 양도하기도 했다. 30여 개의 묘가 있는 토지를 사서 다 이장하고 전원주택 단지를 만들기도 했다. 일하고 만들어 가는 재미에 푹 빠져 살았던 시절이었다.

하는 것마다 순탄이야 했겠냐마는 그래도 지금 생각해 보면 그런 시간들이 지금의 나를 있게 해 주었다. 한번 넘어진 돌부리에는 다시 넘어지지 않는 단단함을 가지게 해 주었다. 이런 안목이 생기기까지는 참고 참는 고통의 시간들이 있었다. 또한 어려움이 있던 시간들에는 나 자신을 단련하기 위해 더욱더 '나'를 갈고 닦았다.

이런 틈새가 나를 공부하게 했다. 인허가 사항에서 행정기관과 부딪치고, 공무원들이 법 해석을 잘못함으로써 부당한 처우를 받는 게 억울해서 행정과 법학을 공부하게 되었다. 정당한데도 인허가 사항에 문제가 생기면 법전을 펼치고 관련 지자체 조례까지 다 살폈다. 그런 후 법전과 관련 서류들을 가지고 가서 잘못되었음을 조목조목 따져 해결하곤 했다.

이렇게 많은 사례와 노하우를 나만 알고 있기에는 아깝다. 조금만 공부하고 나를 세우는 훈련을 하면 누구든지 잘살 수 있다. 그런데 깨우치지 못해서 또는 환경을 탓하며 그냥 하루하루 지내기 때문에 그저 평범하거나 그 이하로 살아가는 것이다. 물질적 풍요도 있지만, 마음의 풍요도 있다. 그러나 나는 성직자를 제외한 모든 인간에게는 물질적 풍요가 없으면 마음의 풍요도 없다고 생각한다. 그렇기 때문에 우리는 돈을 벌어야 한다.

내 주변에는 '돈이 싫다'는 사람들도 있다. 그냥 돈 없이 지금의 내 생활대로 살겠다는 사람들. 과연 그 사람들은 돈이 싫은 걸까? 아니라고 생각한다. 돈 버는 것에 자신이 없기 때문에 자기합리화 하는 방법으로 '돈이 싫다'고 하는 것이라 생각한다. 사람이 돈을 싫어하는 걸까? 돈이 사람을 싫어해서 돈이 안 붙는 걸까? 그럼 돈은 그 사람을 좋아 할까? 나는 세상의 모든 이치는 상대적이라 생각한다. 내가 돈을 싫어하는데 돈이 절대 나를 좋아할 리 없다.

돈을 사랑하는 방법을 알아야 한다. 그 방법은 나 자신을 갈고닦는 것이다. 그게 바로 자기계발이다. 혹자는 이렇게 말하면 잔소리로 생각한다. 물론 잔소리일 수도 있다. 그러나 그 잔소리로 20년, 30년 후의 내 삶이 달라지는데도 잔소리로 받아들이고 머리를 가로저으며 부정해야 할까? 준비되지 않아 노후에 폐지를 줍는 삶을 살아야 할까? 아니다. 깨우쳐야 한다. 젊은 시절부터 우리는 의식을 갖고 살아야 한다. 20대에는 적은 액수의 월급을 받지만 가치는 40~50대에 받는 월급의 가치보다 훨씬 높다고 생각한다. 그렇기 때문에 부동산 투자도 적어도 20대에 시작해야 한다고 생각한다.

나 또한 또 하나의 '나'를 만들어 갈 것이다. 부동산 전문 강연가, 초등학생 때부터 의식을 개선하고 자기계발 노하우를 가르치는 자기계발 강연가로서 인생의 후반부를 더욱더 열심히 살아갈 것이다. 이제는 나도 나 자신을 브랜드화 할 시기가 된 것이다. 나는 내가 상품이다. 빛날 내 인생을 생각하면 가슴이 뛴다. 멋진 노후를 그리며.

나는 나같이 사는 삶을 추구하는 사람들에게 조그마한 힘이나마 될 수 있는 강연가가 되고자 한다. 잘 살고 있는 나 자신에게 '강연가'라는 큰 상을 주고 싶다.

칼럼니스트와 내레이터 되기

나는 살아가면서 후회를 잘 안 한다. 아니 후회할 일을 잘 만들지 않는다. 설령 후회할 일이 생겼더라도 내가 저지른 일이니 내가 책임져야 한다는 생각에 후회를 하지 않는다. 후회를 해 봤자 무얼 하겠는가? 그 대신 아쉬움이 남아 있다면 다시 도전해 본다. 칼럼니스트가 그 중의 하나다.

몇 년 전에 지방에 있는 신문사로부터 칼럼을 써 달라는 부탁을 받았었다. 며칠 시간을 준다면 생각해 보겠다고 얘기하고 고민하다 정중히 거절했다. 나는 항상 나 자신을 자기주장이 세다고 생각한다. 좋게 말하면 논리적인 성격이라 치부할 수도 있다. 하지만 아마도 어린 시절부터 군인이셨던 아버지의 영향을 받아서 그런 것 같다.

나는 어릴 때부터 내 생각대로 안 되면 될 때까지 했다. 사고 싶고 갖고 싶은 것이 있으면 사고 갖기 위해서 계획을 세우고 실천했다. 그래서 결국은 사야만 직성이 풀리는 성격이었다. 그러다 보니 유년시절에는 고집이 센 아이였다. 그런 성격의 소유자인 나는 내가 쓴 글을 보고 안티가 생기면 상처를 입을까 봐 걱정이었다. 한 번도 해 보지 않은 것에 대한 두려움도 있었다. 계속 새로운 칼럼을 써야 한다는 부담감도 있었다. 그래서 거절했던 것이다. 또 하나는 조금 더 이름 있는 신문이나 잡지에 글을 싣고 싶었던 것이 내 솔직한 심정이었을 수도 있다.

그러나 지금은 그때를 후회한다. 그때 그렇게 시작했어야 했던 건 아닌가 싶다. 내가 제일 좋아하는 분야이고 전문가라 생각하는 부동산 문제는 어느 정권에서든 꼭 화두가 되며, 그에 따른 문제도 발생하고 해결책도 나온다. 그럴 때마다 내 생각을 피력하고 싶었던 게 한두 번이 아니었기 때문이다.

가끔 기자들이 전화로 부동산에 관한 질문을 해 온다. 그때나 지금이나 감추지 못하는 내 성격 때문에 내가 알고 있는 지식이나 생각을 알려 주곤 했다. 그러면 신문의 기사에는 내가 얘기했던 것들이 보탬과 모자람도 없고 여과도 없이 그대로 실렸다. 기자의 시각으로 보고 생각한 것처럼. 그것을 보면서 '내가 직접 쓸걸' 하는 생각을 하게 된 것이다. 그렇게 한다면 '나의 솔직한 생각과 창의성으로 독자들이 더 동감하고 감동을 느끼게 할 수 있는데' 하고 말이다.

대부분의 사람들은 부동산 투자를 하겠다고 하면서 부동산 투기를 원한다. 단기에 큰 수익이 나기를 바란다. '내가 하면 로맨스이고 남이 하면 불륜이다.'라는 말과 똑같다. 부동산에 대한 공부를 하지는 않고 '남이 장에 가니 나도 장에 간다.'라는 식으로 부동산에 묻지마 투자를 한다. 그러니 그 부동산의 가치를 알 수 있겠는가? 내가 모르면 남에게 당하게 되어 있다.

이런 사람들에게 부동산에 임해야 하는 자세부터 차근차근 알려 주고 싶다. 세상에는 공짜가 없다. 그러나 그 이치를 알면서도, 부동산은 그저 사 놓기만 하면 돈이 되는 줄 안다. 부동산에도 눈이 있다. 아무에게나 돈을 주는 건 아니다. 얼마나 노력하고 공부해야 하는지 사람들은 모른다.

이런 사람들에게 정책적이나 법적, 사회적인 문제 등을 알려 주면 이해하겠는가? 일단은 골치 아프다고 할 것이다. 돈은 벌고 싶지만 머리 아픈 이야기는 싫어한다. 그저 결론만을 원한다. 그러니 재미있고 알아듣기 쉽게 눈높이를 맞추고 풀어 쓴 칼럼으로 그때그때 알려 주고 싶다. 그래서 더 많은 사람들이 더 쉽게 부동산에 투자하고 부동산에 대해 알아갈 수 있도록 하겠다. 또한 사회복지, 전원주택, 전원생활, 토지개발 등에 관련된 다방면의 칼럼도 쓰고 싶다. 전공자, 전문가의 입장에서, 전원주택에 거주하는 사람으로서의 눈으로 촌평하고 평론하고 싶다.

그동안은 막연히 생각만 했다. 하지만 이제는 〈한책협〉을 통해 글쓰기가 정리되어 가고 있으니 충분할 거라는 자신감이 든다. 나는 글을 쓰는 작가다. 작가이기 때문에 가능하다는 생각을 한다.

또 하나의 꿈이 있다면 내레이션을 하는 내레이터(narrator)가 되고 싶다는 것이다. 어릴 때부터 목소리가 좋다는 말을 많이 들으며 자랐다. "너는 목소리로 벌어먹고 살아야겠다."라는 동네 어르신들의 말을 들으며 컸다. 고등학교 1학년 때는 담임 선생님이 진로상담을 하시면서 "너는 꾀꼬리 같은 목소리를 갖고 있으니 얼마나 좋니? 그런데 노래를 못 부르는 게 아쉽다. 노래는 아닌 거 같고, 공부 열심히 해서 아나운서가 되면 좋겠다."라고 하셨다. 내 목소리와 성격이 아나운서를 하면 잘할 거라고 말씀하신 것이다.

그러던 어느 날 녹음된 내 목소리를 우연히 듣게 되었다. 소름이 쫙 끼치도록 거북했다. 귀를 막고 싶었다. 코맹맹이 소리 같은 내 음성이 너무 싫었다. 그런데도 사람들은 내 목소리가 좋다고 했다. 거래처 직원은 전화로 들려오는 내 목소리에 짝사랑을 했었노라 고백도 했다. 목소리에 맞춰 나의 외모를 상상했는데 목소리와 외모가 달라서 실망했다는 사람들도 있었다. 내 목소리를 들으려고 업무도 없는데 일부러 전화한 사람, 내 목소리 때문에 회사 정문 앞에서 기다렸던 사람들도 있었다.

그러나 아나운서가 되라는 담임 선생님의 말씀은 귓가에서 맴돌 뿐 현실은 냉혹했다. 학력도 안 되었지만, 외모 면에서도 될 수가 없었다. 지금은 상상조차 할 수 없지만 40여 년 전인 그때만 해도 여자는 예뻐야 되고, 키가 커야 한다는 외모지상주의가 성행하던 때였다. 그렇다고 내가 못생겼다는 얘기는 아니다. 결코 못난 얼굴은 아니라고 자부한다. 단지 키가 좀 작다는 것뿐이다. 하지만 살아오면서 이것을 한 번도 콤플렉스라고 생각해 본 적은 없다. 이렇게 해서 나는 여러 사람들이 바라던, 목소리로 벌어먹는 직업은 가지질 못했다.

그런데 살아가면서 마음속 깊은 곳에서 꿈틀대며 피어오르는 꿈이 생겼다. 얼굴이야 못생기면 어떻고, 나이가 들었으면 어떠랴. 내 목소리를 원하는 사람이 있으면 그 목소리로 사람들을 감동시키면 되지 않을까 하는 생각이 든다. 100세 시대에 젊은 목소리만 필요한 건 아니지 않을까 하는 생각과 함께 말이다.

그래서 나는 틈틈이 발성 연습도 하고 발음 연습도 한다. 나이가 들면서 발음이 자꾸 꼬이기 때문이다. 한번 꼬인 발음은 수습이 안 될 때가 많다. 누군가 정정해 주거나 천천히 발음해야 끝난다. 그렇기 때문에 일상에서 전달력을 위한 발음과 감성 연습을 한다. 감성 없는 전달력은 그저 책 읽기에 불과하다는 생각을 하기 때문이다. 또한 학교에서 프레젠테이션으로 수업을 하다 보니 나도 모르게 연습이 되어 가고 있다고 생각한다. 수업에서는 이론적인 것보다 실무적인 예를 많이 드는 편이다. 이러다 보니 나도 모르게 전달력이 연습되어 가고 있는 것이다.

가끔 학교에서 앞에 서서 행사를 주관하거나 부분별로 할 때가 있다. 그럴 때도 인사치레인지는 몰라도 목소리 칭찬을 듣곤 한다. 그러나 목소리도 늙나 보다. 옛날 어릴 적 친구들은 내 목소리가 많이 변했다고 한다. 그래서 더 늙기 전에 내 목소리로 감동 기부를 하고 싶다.

다큐멘터리 프로그램이나 시각장애인을 위해 내레이션으로 목소리 기부를 하고 싶다. 시각장애인을 위해 자기계발 책을 읽어 주고, 사람냄새 나는 프로그램에서 내레이터도 하고, 어르신들의 삶에 대해서도 내레이션을 하고 싶다. 그 속에서 사람들의 삶이 변해 가는 모습도 보고 싶다. 그 부분에 나도 동감하고 감동을 받고 싶다. 나의 이런 꿈도 이루어질 것이라 믿는다.

60여 년 살아오면서 나는 내 삶의 목표를 거부해 본 적이 없다. 칼럼니스트와 내레이터도 내 꿈이며 목표이기 때문에 나는 나의 꿈이 이루어질 거라 믿는다.

부동산 카페 만들고
부동산 컨설팅 하기

누구나 부자가 되고 싶어 한다. 그리고 부자를 꿈꾼다. 그러나 부자가 되기 위한 노력은 하지 않는다. 그저 편하게 다른 사람들이 부자가 되는 것을 보고 부자가 되고 싶다고 생각만 할 뿐이다. 그러니 투자하는 것마다 쥐꼬리만 잡는 것이다. 얼마 전 우리나라에서도 비트코인 등의 가상화폐 열풍이 일었다. 사회 이슈가 되기도 한 가상화폐에 묻지마 투자를 한 사람들이 자살하는 경우도 있었다. 우리는 그 상황을 보며 엄청 걱정하고 우려했다.

부동산도 마찬가지다. 부동산에 대한 지식을 한 톨도 가지고 있지 않으면서 남들이 하니 따라 한다는 식으로 투자하는 사람들이 많다. 그렇기 때문에 대부분의 사람들은 부동산에 투자했더라도 투기라고 인식하는 것이다.

미국의 동기부여가 브랜든 버처드는 4박 5일 세미나를 여는데 1인당 1,000만 원을 받는다고 한다. 전 세계에서 700명이 참석한다. 그곳에서는 사진 한번 찍는 것조차 허용되지 않는다. 단지 그 세미나 다음에 진행되는, 친교 목적의 1박 2일 과정에 등록한 사람에 한해 사진촬영이 허용된다고 한다. 브랜든은 1인 전문가들에게 글쓰기, 강연, 컨설팅, 코칭, 온라인 마케팅을 활용해서 부자가 되는 길을 가르친다고 한다. 강의 내용의 결론은 '책을 써라. 그리하면 성공한다.'라고 한다.

나도 책을 쓰고 부동산 카페를 만들고 유료 컨설팅을 하려고 생각한다. 그것은 내가 겪은 경험담을 바탕으로 코칭하고, 컨설팅해서 누구든지 성공한 부자가 되길 원하기 때문이다.

우리나라도 지적재산권을 인정해야 한다. 물론 법적으로도 보장되어 있고 점차 개선되어져 가고 있지만 아직도 너무 미비하다. 나는 긍정적인 성격 탓에 '어느 분야이든 틈새시장은 있다.'라고 생각하는 사람이다. 그러나 정신없이 돌아가는 세상에 민첩하게 대응은 하지 못한다.

내가 경험한 것 중 하나는 돈을 받지 않고 가르쳐 주면 그 가치를 모른다는 것이다. 나는 대학원 석사과정에서 강의한다. 혼신의 힘을 다해 하나의 정보라도 더 알려 주려 노력한다. 그래서인지 내 수업은 '조는 학생 한 명 없는 만족도 높은 수업이다' 라는 평가를 받는다. 그러나 강의실 문 밖을 나서면 내게서 들은 이야기는 대부분의 학생들 머리를 떠나 훨훨 날아간다. 다 잊어버리고 다시 똑같은 일상을 반복하는 것이다.

그런 현실을 보는 내 마음은 너무 아프다. 정말 절실해서 듣는 강의가 아니니 너무 편하게 버리는 것이 안타깝다. 그래서 이제는 정말 원하는 사람에게만 강의하고 나의 노하우를 알려 주고 싶다. 배우겠다는 자세가 되어 있는 사람만 가르치고 싶다. 이게 바로 유료화해야 되지 않을까 생각하게 된 배경이다. 서로 공감하는 사람들끼리 카페를 만들어 그 속에서 정보를 공유하며 더 부동산 발전에 힘쓰고 부동산 부자가 되기를 원하기 때문이다.

내가 20대였을 때는 인터넷이란 것이 굉장히 생소했다. 그러나 내 직장에는 애플 8비트 컴퓨터가 있었다. 아무도 쓸 수 없는 컴퓨터가 사장실에 있었다. 사장님도 직원 누구도 작동하지 못하는 컴퓨터였다. 외부 손님들을 위한 전시용이었다. 그저 신기해하고 보여 주는 물건일 뿐이었다.

그랬던 것이 30~40년이 지난 지금은 어떤가? 태어나 몇 달 안 된 아기들부터 70~80대의 할머니 할아버지까지도 컴퓨터를 한 대씩 들고 다닌다. 바로 휴대전화다. 화상으로 손자 손녀들과 대화하고, 게임도 하면서 뉴스도 본다. 모든 정보를 휴대전화 하나로 해결하신다. 아이들도 유튜브를 보면서 노래를 익히고 만들기도 한다. 세상의 스승이 컴퓨터가 되어 버렸다. 옛날 아이들은

울 때 '호랑이 온다.'라고 하면 뚝 그쳤다고 한다. 그러나 지금은 '휴대전화 줄게.'하면 그친다고 한다. 호랑이보다 더 무서운 게 휴대전화이고, 사이버공간이다.

이런 사이버공간을 아직 활용하지 못하는 나는 뒤떨어진 사람이다. 막연히 동경만 할 줄 알았다. 그러다가 〈한책협〉을 알게 되었다. 책을 쓰고 쓴 책을 활용해 카페를 만들고, 카페에서 또 하나의 수익이 날 수 있는 구조를 만들고 가르쳐 주는 곳이다.

인터넷에 접속할 줄 알면 누구나 적어도 한두 개의 카페에 가입되어 있을 것이다. 그러나 나는 참 미련하다. 카페가 수익을 내준다는 것을 몰랐다. 그랬거니와 카페 주인은 젊은 사람들만이 할 수 있다는 편견을 가지고 있었기 때문이다.

부동산의 단점 중 하나는 환금성이 떨어진다는 것이다. 그래서 처음에는 여윳돈이나 적은 돈으로 투자하라고 조언한다. 대부분의 사람들은 부동산 투자를 하려면 많은 자금이 있어야 한다고 생각한다. 그러나 틀린 생각이다. 돈이 없어도 신용만 있으면 부동산 투자를 할 수 있다. 하나의 예를 들자면, 며칠 전 그동안 3,000만 원을 대출해서 12년 동안 키워 온 부동산을 분석하게 되었다.

처음에는 카드사의 현금서비스를 받아서 주식투자를 하다가 주가가 떨어졌다. 카드 돌려막기를 하다가 한계에 부딪쳤다. 소액을 대출해서 카드빚을 막으려다가 아예 3,000만 원을 대출했다. 그러곤 경기도 남양주의 감정가 1억 1,500만 원의 아파트를 1차에서 1억 2,000만 원에 경매로 낙찰 받았다. 낙찰가의 20%는 신용대출금 3,000만 원 중 일부로 처리했다. 그리고 80%는 경락잔금대출로 처리했다. 100% 대출로 아파트가 내 물건이 된 것이다.

경매 진행 전부터 살고 있던 세입자가 계속 살기로 하면서 보증금 3,000만 원에 월세 40만 원을 받았다. 그럼으로써 대출이자는 월세로 충당하게 되었다. 그리고 4년 후 아파트를 2억 7,000만 원에 매도했다. 그 후에도 그 아파트가 종잣돈이 되었다. 12년 정도 흐른 2018년에 6억이라는 양도차익을 실현하게 되었다. 12년 동안 내 자본금 없이 은행의 돈으로 순수익 6억 원을 올릴 수 있었다. 매달 70만 원을 저축한다 하더라도 70년 후에나 가능한 일이다.

이것이 부동산 투자다. 매월 나가는 대출이자를 두려워하지 마라. 그것은 적금으로 목돈 모으는 힘보다 훨씬 큰 힘을 발휘할 수 있다. 대부분의 사람들은 매월 적금을 꼬박꼬박 부어 가면서 자산을 키우는 것을 당연시 여긴다. 그러나 부동산에 투자해 5년, 10년 묵히는 것에는 조바심을 낸다. 목돈을 쓸 일이 생기면 부동산을 팔아서 해결하려 한다. 하지만 적금은 깨려 하지 않는다.

내가 정작 필요할 때 쓸 수가 없다고 여기며 조급함에 그냥 팔아 버리기 때문에 '부동산은 손해 본다.', '환금성이 떨어진다.'라고 생각하는 것이다. 묵혀라, 다 때가 있다. 장도 묵혀야 맛이 난다고 하지 않는가? 묵혀야 제값을 받는 것이다. 그때는 내가 원하는 최상의 가치로써 보상받을 것이다.

　의지만 있다면 얼마든지 부자가 될 수 있다. 우리나라의 토지 중 단돈 몇만 원으로 살 수 있는 토지도 있다. 몇만 원이란 돈은 있어도 되고 없어도 되는 돈이다. 주머니에 있으면 그냥 어디에 썼는지도 모르게 없어지는 돈이다. 이런 돈이 후에는 엄청난 '부'가 되어서 돌아온다.

　나는 안다. 나의 무지함이 아직은 늦지 않았다는 것을. 같은 꿈을 꾸는 사람들끼리 모이면 더 많은 시너지 효과가 나 더 큰 부자가 될 것이라는 것을. 그렇기 때문에 나를 믿고 따르는 사람이 있다면 나의 경험과 실무를 바탕으로 모든 것을 알려 주고 공유하고 싶다. 그러나 그것이 아무 대가 없이 주어진다면 받은 사람은 그 소중함을 모른다. 이는 내가 나의 지식을 전달하기 위한 카페를 만들고 유료화하려는 이유다.

　우리나라 사람들도 이제는 의식이 많이 개선되었다. 우물 안 교육이 아니라 본인이 원한다면 유학을 갈 수 있는 길이 다 있다. 그 길은 굳이 유학을 가지 않고 현장에 없어도 생생한 교육을 받을 수 있는 인터넷 세상이 되기도 했다. 학문으로 배우는 지식은 어디서든지 배울 수 있다는 얘기다.

그러나 경험이나 실무는 겪어 보지 않으면 능할 수 없는 것이기 때문에 더욱더 소중하고 값비싼 것이다. 이런 지식을 대가 없이 전달한다면 소중함을 모를 것이다. 그래서 나의 꿈인 1인 기업가와 강연가의 꿈을 이루고자, 사이버공간을 이용해 카페를 운영하려 한다.

엄마와 단둘이 여행하기

지금 나의 엄마는 편찮으시다. 그러나 엄마는 자신이 아프다는 사실을 모른다. 누구나 그러하겠지만, 엄마를 생각하면 눈물이 난다. 나는 우리 엄마 세대가 제일 힘들고 어렵게 사신 세대라 생각한다. 일제강점기에 태어나 8·15해방과 함께 6·25를 겪으신 세대이기 때문이다. 게다가 엄마는 직업군인이신 아버지를 만나 젊은 시절부터 전방을 전전하시면서 사신 분이다.

더군다나 내가 태어나기 전, 아버지의 초임시절 부대서 하극상 사고가 있었다고 한다. 그런데 아버지가 주동자로 몰려 군법회의에 넘겨지고 재판을 받았다고 한다. 그러곤 무혐의를 받을 때까지 영창에 계셔야 했다. 엄마는 나를 임신하고도 하루도 빠짐없이 아버지를 면회하며 옥바라지를 하셨다고 한다. 아버지의 전역후에는 계속되는 아버지의 사업 실패 때문에 엄마가 식당을 하며 식구들의 생계를 도맡았었다. 아버지는 병상에 누워 계시고 고만고만한 동생들의 도시락부터 빨래까지 다 엄마의 몫이었다.

평생 8형제를 키우시며 업고 닦고 쓸고 하신 분이다. 어쩌면 우리가 이렇게 살 수 있는 것도 엄마가 계시기 때문일 것이다. 지금의 내가 있는 것도 엄마가 계셨기 때문에 가능한 일이다.

엄마는 지금 나와 같이 살고 계시다. 엄마는 나의 욕심 때문에 우리 집에 오시게 되었고, 살림을 도맡아 하시게 되었다.

12년 전 어느 날, 내가 선언했다. "할 일은 너무 많은데 손이 부족하다. 뭐 하나를 포기해야 한다. 그래도 살림을 포기하는 것이 제일 나은 것 같으니 살림을 포기하겠다."라고. 그리고 덧붙였다. "누가 5년만 살림을 봐주면 성공할 수 있겠다." 그렇게 시작된 엄마의 살림은 5년이 지나 이제 12년이 되어 버렸다.

시골의 살림이란 또 얼마나 일이 많은가? 자고 나면 잡초가 무성해지고 한여름의 잔디는 깎고 뒤돌아서면 또 깎아야 할 정도로 자란다. 하루라도 손을 놓으면 폐가가 되고 만다. 엄마는 매일 아침에 눈을 뜨면 집 한 바퀴를 돌며 닭과 병아리들은 잘 있는지, 텃밭의 채소들은 잘 크고 있는지, 꽃밭에는 어떤 꽃들이 피고 지는지 살피신다. 엄마는 집이 늘 엄마의 놀이터라 하신다. 하루 종일 빈집에서 동물들과 대화하고 텃밭의 채소들, 꽃밭의 꽃들과 화분을 가꾸시고, 나무에 달린 과일들을 돌보며 하루를 보내신다.

그런 엄마가 언젠가부터 편집증과 함께 물건을 자꾸 숨기신다. 처음에는 농산물이 많아지니 냉장고가 더 필요하다고만 생각했다. 그러다가 나는 차라리 저온창고를 지어 드리겠다고 했다. 하지만 왜인지 엄마는 싫다고 하셨다. 그렇게 냉장고를 한 개 두 개 늘리다 보니 여섯 대까지 늘어났다. 나는 냉장고 여섯 대면 저장공간이 충분할 줄 알았다. 그러나 냉장고 수가 늘어난 만큼 넣을 것들도 그만큼 늘어났다. 또한 생각지도 못한 또 다른 문제들이 발생하기도 했다. 정작 필요한 것을 찾지 못하는 일이 번번이 일어난 것이다. 어딘가에 있을 그것들의 행방은 묘연하고, 눈앞에 있는 것들은 어디선가 생겨난 도통 정체불명의 것들이었다.

그러던 어느 날, 엄마가 팔과 다리를 떠시는 걸 보았다. 병원에 모시고 가야 하지만, 엄마는 분명 가시지 않으실 것 같았다. 더군다나 치매검사를 하자고 하면 더더욱 안 가실 것 같았다. 그래서 엄마한테 선의의 거짓말을 했다. 건강관리공단에서 70세 넘으신 분들께 치매검사를 공짜로 해 주는데 의무적으로 다 받아야 한다고⋯. 엄마는 처음에는 펄쩍 뛰셨다. 그러나 하루 이틀 생각해 보시더니 공짜면 한번 받아 보시겠노라고 했다.

그래서 엄마를 모시고 종합병원에 가게 되었다. 가는 차 안에서 엄마는 말씀하셨다. "건강관리공단에서 하라고 하면 보건소로 가야 하는 거 아니니?" 그 말에 나는 "엄마, 공짜보다는 돈 조금 더 주고 시설 좋은 병원에서 정확하게 검사하는 게 좋아. 그렇게 해서 검사 결과를 관리공단에 보내면 되는 거야."라고 말했다.

눈치가 100단이신 엄마는 알아채신 것 같았지만 그냥 그러냐며 넘어가 주셨다. 이래저래 치매검사는 끝났다. 결과는 치매가 많이 진행된 상태로, 파킨슨병, 뇌출혈 등 여섯 가지의 병이 있는 것으로 진단되었다.

나는 엄마의 진단 결과에 엄청 큰 충격을 받았다. 그렇게 당당하시고 섬세하고 꼼꼼하시던 엄마가 치매라니… 받아들이기가 쉽지 않았다. 하지만 더 진행되기 전에 발견한 것만으로도 고맙게 생각하자며 놀란 마음을 추슬렀다. 그런데 치매라는 병은 참으로 희한한 것 같다. 환자인 본인한테는 편한 질병이기 때문이다.

엄마와 나는 같은 장소에서 같은 시간에 같이 의사 선생님한테 같은 이야기를 들었다. 그런데 엄마는 당신은 치매가 아니고 건강하며 고지혈증만 조금 있다고 받아들이신다. 다만 치매에 걸릴까 봐 치매 예방약과 고지혈증 약만 드신다고 생각하신다. 엄마가 편한 대로 생각하시는 것이다.

엄마가 편찮으시니 혹시라도 사고가 날까 봐 걱정되기 시작했다. 그래서 엄마를 도와 살림해 줄 사람을 두자고 했더니 펄쩍 뛰신다. "아직은 내가 할 수 있는데 왜 남을 집에 두려고 하느냐."라고 하신다. 그래서 엄마가 사시는 동안 편안하시라고, 그냥 엄마가 하고 싶으신 대로 하시라 하고 있다. 그리고 여전히 우리 집 냉장고는 무언가로 채워지고 있다.

가끔 엄마는 엉뚱한 일을 저지르시거나 약을 더 잡수시기도 하면서 엉터리 말씀도 하신다. 하지만 치매에 안 걸리기 위해서 열심히 예방약을 드신다고 하시며 씩씩하게 살고 계신다. 나는 이런 엄마가 정말 존경스럽다.

엄마가 이렇게 편찮으시니 후회되는 일이 있다. 엄마와 단둘이만 여행을 가지 못했다. 물론 나는 바쁘다는 핑계로 항상 빠졌다. 동생들이 엄마를 모시고 일본이나 동남아 몇 나라를 여행했었다. 이모와 외숙모와 함께 다녀오시기도 했다. 몇 년 전에는 여자들끼리만 가자면서 여동생들과 엄마, 나 이렇게 '딸들과 엄마'라는 테마로 유럽여행을 20여 일 다녀오기도 했었다. 조금이라도 젊으실 때 먼 곳부터 여행시켜 드리자고, 비행시간이 짧은 동남아는 언제든지 가실 수 있다고 생각했었기 때문이다.

유럽여행은 패키지여행이라 강행군이어서 엄마가 힘들어하시지나 않을까 많이 걱정했었다. 일행 중에서도 엄마가 최고령자였기 때문에 더더욱 걱정했었다. 그러나 "밥 신경 안 써도 되고 남이 해 주는 밥을 먹으니 너무 좋다."라고 하시는 엄마를 보고, 1년에 한 번은 꼭 해외여행 보내 드려야지 생각했었다. 그런데 나 자신한테 했던 약속을 그 후 몇 년 동안 지키지 못했다. 엄마가 안 계시면 집에서 키우는 닭과 개들 밥을 챙기는 이가 없고, 며칠 새 자란 풀과의 전쟁을 치러야 하기 때문에 더더욱 지키지 못했다.

겨울에 엄마는 일손이 달리는 제주도 감귤농장에 가 계시곤 했다. 그런데 그것도 내가 그곳은 너무 분주하고 힘들다고 가시지 못하게 했다. 그러는 동안 엄마에게는 말할 수 있는 상대가 없었다. 엄마는 홀로 집을 지키고 계셨다. 자식은 눈만 뜨면 새벽같이 나가고, 늦은 밤 돌아오니 식사도 늘 혼자 하셨던 것이다. 나는 엄마한테 너무 불효를 저지른 딸이다. 이기적인 딸 때문에 엄마가 아픈 건 아닌가하는 자책감이 든다.

올봄에는 엄마하고 단둘이 꼭 여행을 가야지 하고 생각했었다. 그런데 갑자기 사는 집이 팔리는 바람에 이사 갈 집을 짓느라고 또 여행을 가지 못했다. 엄마에게 미안한 마음을 글로 남겨 본다.

엄마 정말 미안해. 아무리 공적으로 간다고 하더라도 1년에 몇 번씩 나만 해외여행을 가서. 엄마 신경 못 써 드려서 정말 미안해. 우리 이사해 놓고 여름방학에 크루즈여행 꼭 가요. 그리고 엄마, 내가 엄마랑 꼭 같이 여행하고 싶은 곳이 있어. 중국의 광활한 자연을 꼭 보여 드리고 싶었는데 아직도 가질 못하고 있네. 엄마가 너무 좋아하실 거 같아서 꼭 같이 가고 싶거든. 그러니까 엄마는 지금보다 더 씩씩하고 건강하게 사셔야 돼. 나도 이제는 일도 줄이고, 천천히 나를 내려놓는 연습을 할게. 그리고 엄마랑 같이 있는 시간을 늘려 볼게. 엄마! 내가 엄마 너무 고생시켜서 미안해. 더 이상 아프지 말고 건강하게 오래오래 같이 살자. 정말 사랑해, 엄마.

·04·

나를 퍼스널 브랜딩한
책으로
사람들을 가치 있게
변화시키기

+ 이 영 실 +

이영실 직장인 재테크 코치, 상담사, 자기계발 작가, 동기부여가

국내 금융대기업에서 재직 중인 15년 차 직장인이다. 우연히 부동산 관련 서적을 접하고 월급쟁이도 부동산 투자를 통해 부와 경제적 자유를 이룰 수 있음을 경험했다. '평범한 직장인도 성공할 수 있다'를 모토로 직장인을 위한 리치 멘토로서 활약 중이다. 현재 부동산 관련 개인저서를 집필 중이다.

Email congjui07@naver.com

동기부여&성공학&부동산 재테크
1인 기업 설립하기

누구나 꿈을 이루기 위해서 넘어야 할 현실의 벽이 너무나도 많고 높다는 것을 느낄 것이다. 나도 그랬다. 어린 시절 부모님의 이혼으로 또래보다 우울했었다. 심한 사춘기를 겪었다. 학교생활도 행복하지 않았다. 꿈이란 것은 밤에만 꾸는 것이었다. 낮에 꾸는 꿈은 상상조차 하지 않았던 시절이었다. 행복은 항상 내 것이 아니라 담장 너머 넉넉한 옆집의 일이었다. 매일 1등을 놓치지 않는 머리 좋은 내 짝꿍의 것이었다. 꿈이 없으니 도전할 일도 없었고 도전할 필요도 없었다. 내 현실은 그냥저냥 걱정 없이 하루하루를 보내는 것, 딱 그 정도였다. 그 이상도 그 이하도 아니었다.

그동안 성실히 살지 못했던 탓에 대충 취직이 잘될 것 같은 전문대 보건학과를 들어갔다. 역시 뜻이 없는 공부였으니 성적도 잘 나올 리 만무했다. 또한 졸업할 때가 되어서는 돈을 많이 줄 것 같은 업종을 택했다. 그러나 워낙 작은 회사라 박봉이었다. 15년 전이었던 당시 69만 원의 박봉에도 나는 매달 50만 원씩 저축했었다. 그 회사는 단지 매달 적금을 넣기 위해 다녔던 것 같다.

그러던 어느 날 내가 다니던 작은 회사가 없어진다고 했다. 평소엔 마음에 들지 않던 회사였지만 막상 내 자리가 없어진다고 하니 청천벽력과 같았다. 그때 친하게 지내던, 옆 사무실에서 경리를 보던 언니가 있었다. 그런데 그 언니가 대기업의 여직원 모집 공고가 났는데 급여도 세고 조건도 좋으니 이력서를 한번 내 보라고 했다. 그 경리 언니의 친한 친구가 그 회사 보상과에 근무한다고 했다. 그러면서 면접 볼 때 충분히 플러스가 되어줄 거라고 했다. 그러곤 손수 연락해서 면접을 볼 수 있게 도와주었다.

당시 나의 성적으로 봤을 때 절대 입사하기 어려운 회사였다. 하지만 나는 이전 회사의 업무 경력과 나를 좋게 봐 준 주변 지인의 도움으로 기적처럼 입사할 수 있었다. 이 일을 계기로 아주 작은 일과 인연이 인생에서 얼마나 큰 힘이 될 수 있는지 알게 되었다. 또한 간절히 원하고 절실하게 소망하면 안 될 것이 없다는 것도. 이는 내가 도움을 받은 주변 사람들에게 감사함을 느끼는 계기가 되었다.

대기업에 들어가고 나는 새 인생을 얻은 것 같았다. 남들이 들으면 한 번에 알 수 있는 회사였다. 퇴근하고 무심하게 TV를 켰을 때 내가 다니는 회사의 광고가 나올 때면 저절로 어깨에 힘이 들어갔다. 처음에는 모든 꿈을 다 이룬 것 같았고 부모님도 너무너무 기뻐하셨다. 다니면서 업무도 익히고 새로운 사람들을 사귀면서 만족감도 컸다.

하지만 이전에는 겪지 못했던 새로운 어려움과 불만들이 생겨났다. 틀에 박힌 업무와 엄격한 위계질서가 원인이었다. 회사 업무에 적응이 늦었던 나는 항상 주눅이 들어 있었다. 회사에서 원하는 사람이 되기 위해 무던히 노력했다. 그렇게 회사의 틀에 나를 욱여넣었다. 오로지 승진이 회사생활의 최종 목표였다. 따라서 승진이 되는지 안 되는지에 따라 기쁨과 슬픔이 교차했다. 나는 점점 회사 자체가 되어 가고 있었다. 그러나 나는 회사의 일부분에 불과할 뿐이라는 생각에 점점 우울해졌다.

그러던 어느 날 유일한 취미생활인 독서를 통해 〈한책협〉이라는 곳을 알게 되었다. 이곳에서 나와 비슷한 꿈을 꾸고 고민하는 여러 사람들을 만나게 되었다. 취미 독서를 생존 독서로 바꾸는 기회를 만들었다. 그동안 직장에 다니면서 취미로 공부했던 부동산 지식이 나에게 남다른 특기로 작용한다는 걸 알게 되었다. 또한 그 남다른 취미를 계속 공부해 나가면 나같이 새로운 배움을 꿈꾸는 사람들을 도울 수 있다는 것도. 뿐만 아니라 경제적으로도 윤택하게 해 줄 수 있다는 사실도.

그러한 일을 하는 사람이 메신저라고 했다. 미국이나 선진국에서는 이미 많이 알려지고 유명한 직업이란다. 우리나라에도 공병호경영연구소의 공병호 소장님이나 아트스피치 김미경 대표님 그리고 〈한책협〉 김태광 대표 코치님, 시골의사로 널리 알려진 박경철 작가님 등 이런 분야를 대표하는 여러분들이 계신다. 이런 분들은 책도 펴내고 TV, 라디오, CD, 강연, 세미나 등을 통해 많은 사람들에게 희망을 준다. 평범한 사람들이 더 크게 성장할 수 있도록 돕는다.

처음에는 이런 직업도 있나 많이 생소했던 것이 사실이다. 하지만 조사해보니 뭔가 가슴 설레고 심장이 두근거렸다. 내가 아는 것으로 다른 사람들에게 지금의 나처럼 희망을 품게 하고, 좀 더 성장할 기회를 마련해 줄 수 있으며, 재테크 부분에서 경제적 자유를 줄 수 있다니. 생각만 해도 신이 났다. 그동안 수족관 안의 물고기처럼 살다가 더 큰 새로운 환경인 강으로 나온 물고기 같았다. 새로운 도전거리에 온몸에서 전율이 느껴졌다.

일본산 물고기 '코이'를 아는가? 코이는 작은 어항에서 기르면 최대 8센티미터밖에 자라지 못한다. 하지만 커다란 수족관이나 연못에서 키울 경우 최대 15센티미터까지 자란다고 한다. 더욱 놀라운 것은 강에다 방류할 경우 최대 120센티미터까지 자란다는 사실이다. 사람도 똑같다. 자신의 환경이 어떠냐에 따라 스스로 어떤 꿈을 꾸느냐에 따라 거기에 맞게 변화한다. 나는 코이다. 이제 막 강물에 방류된 코이다. 지금보다 더 크게 자랄 기대에 너무나도 설렌다.

'성장하고 싶으면 훌륭한 사람들과 어울리고 훌륭한 곳에 가고 훌륭한 행사에 참석하고 훌륭한 책을 읽고 훌륭한 강연을 들으면 된다.'라는 말이 있다. 나는 〈한책협〉에서 이 모든 걸 실천하고 있다. 물론 두렵기도 하다.

'과연 내가 꿈꾼다고 될 수 있겠어? 세상에는 나보다 멋진 사람투성이인데.'

'지금 나와 내가 꿈꾸는 나는 괴리가 큰데 남들이 비웃지 않을까.'

'시작하면 지금보다 훨씬 힘들 텐데 고생만 하고 아무 발전도 없는 건 아닐까?'

온갖 부정적인 생각들이 머릿속을 헤집는다.

하지만 간절히 꿈꾸고 소망하고 지독하게 노력한다면 불가능하지 않다는 과거의 나의 경험들이 있지 않은가. 성적은 바닥이었다. 아무 목적도 성공하겠다는 의식도 없이 하루하루 적은 아르바이트 돈에 집착했다. 그랬던 내가 지금의 나를 본다면 믿기지 않을 정도로 정신적으로 경제적으로 성장했다고 할 수 있다. 그러니 지금부터라도 공부하고 준비한다면 나는 지금보다 더 큰 성장을 이루지 않을까? 또한 성공은 특별하고 비범한 누군가의 것이 아니다. 평범한 내가, 평범한 당신도 충분히 비범해질 수 있고 성공할 수 있다. 그걸 알려 주고 싶고 돕고 싶다.

나의 최종 목표는 마음껏 사람들에게 동기를 부여하는 것이다. 그래서 그들의 성공과 경제적 자유를 도울 수 있는 부동산 재테크 1인 기업을 설립하는 것이다. 그것을 통해 매년 책도 쓰고 강연도 다니며 세미나도 하고 싶다. 누구나 찾고 궁금해 하며, 새로운 교육프로그램으로 고객을 만족시킬 수 있도록 매일매일 연구하고 업데이트하는 1인 기업을 만들고 싶다.

나는 오늘도 생존 독서를 하고 작게나마 글을 쓰고 공부한다. 아직 나는 나의 가능성을 모른다. 단지 0.1%라도 가능하다면 지금 내가 할 수 있는 노력은 다할 것이다. 시간이 지나서 알게 되었다. 성공을 방해하는 건 환경도, 능력도, 성격도, 경제력도 아닌 미래에 대한 막연한 두려움이라는 것을.

꿈을 이루냐, 이루지 못하냐의 차이는 미래를 믿지 못하고 두려워서 포기하는 데 있다. 실패해도 큰일 나지 않는다. 단지 다시 일어서서 걷기만 해도 지금 내 자리보다 한 발짝 앞서 있을 것이다. 그래서 나는 노력할 것이다. 1인 기업을 차린 나의 모습을 상상하고 그 모습을 생생하게 꿈꾼다. 강단에 서서 2,000명 청중들에게 내가 아는 지식을 전파하고, 선한 영향력을 끼치고, 그들을 나만큼 성장시키는 모습을 꿈꾼다. 또한 강연회에서 기립박수를 받는 나의 모습을 선명하게 상상하고 꿈꾼다. 나의 이름을 건 1인 기업을 위해 나는 지금 나의 삶을 리모델링한다.

바닷가에서 유명한
레스토랑 경영하기

내 고향은 경북 포항이다. 지금은 시집와서 대구에서 살게 된지 10년이 넘었다. 포항은 대구와 다르게 마음만 먹으면 얼마든지 바다를 구경할 수 있었다.

그날은 초등학교 수업을 마치고 친구들과 근처 바닷가에 조개를 잡으러 갔다. 별다른 도구도 없이 검정 비닐봉지만 들고 동네 친구들과 바닷가에 도착했다. 우리는 누가 먼저랄 것도 없이 바다로 들어갔다. 발로 모래 속을 살살 비비면 반들반들한 조개 등이 발에 밟혔다. 그러면 바닷속에 손을 쑥 넣어서 꺼내기만 하면 되었다.

나는 해가 뉘엿뉘엿 노을이 질 때까지 조개를 주웠다. 검정색 비닐봉투에 들고 가기 힘들 정도로 가득 차고서야 조개 줍기를 멈췄다. 조개를 잡던 주변의 어른들과 아이들이 하나둘 사라졌다.

이제 집으로 가야 한다는 걸 느꼈다. 수평선 위에는 붉은 노을이 아름답게 물들어 있었다.

몸이 물에 빠진 생쥐처럼 젖어 있었다. 하지만 해가 졌으니 부모님이 걱정하시겠다는 생각에 정신없이 집으로 달려갔다. 요즈음 같으면 초등학교 저학년이 학교를 마치고 저녁이 될 때까지 집에 돌아가지 않으면 큰일 날 일이다. 그러나 그때는 학원도 크게 없었고 학교를 마치면 동네에서 해 질 때까지 놀다 들어가는 게 평범한 일상이었다.

집으로 돌아가니 부모님께선 물에 홀딱 젖은 채로 나타난 딸 때문에 놀라셨다. 더구나 피조개가 가득 담긴 비닐봉투를 들고 온 딸을 신기해하셨다. 부모님은 피조개를 수돗가에서 바로 씻어서 회 무침을 해 주셨다. 입 안 가득 감돌던 조개 향과 부모님의 웃는 모습이 아직도 잊히지 않는다.

그때의 기억이 내게는 참 싱그럽다. 벌써 30년이 다 되어 가지만 부모님과 행복했던 한 조각의 추억이 생생하기만 하다. 또한 그때의 송도바다는 얼마나 예뻤던지…

그리고 나는 이사했다. 송도바다에서 멀어져 일부러 찾아갈 일이 없었다. 그동안 여러 가지 일들로 힘든 성장통을 겪고 나도 어른이 되었다. 그러다 어느 날 문득 그곳을 지나가게 되었는데 너무나도 변해 있었다. 넓은 모래사장은 없어졌다. 작은 해운대처럼 바닷가 쪽으로 도로가 생기고 상가가 예쁘게 자리 잡고 있었다. 아직 만들어지고 있는 단계라 빈 상가도 많았다. 하지만 근처의 커피숍들은 제철공장의 색색 조명 빛과 더불어 멋진 분위기를 선보이고 있었다. 예전에는 그냥 시골 바닷가 마을이었는데….

성인이 되고 나는 엄마와 가끔 그곳을 찾는다. 가서 예쁜 커피집에서 커피도 마시고 바다도 보면 기분이 좋아진다. 특히 밤에 보는 야경은 일품이다. 해운대처럼 번화한 건 아니지만 조용하게 바다를 볼 수도 있고 야경도 감상할 수 있다. 특히나 사람이 붐비지 않아 조용하게 대화할 수 있어서 좋다. 가끔 머리가 복잡할 때면 혼자서도 차를 마시러 가곤 한다.

그런데 어느 순간 욕심이 생겼다.

'내가 좋아하는 이곳에 100평 정도의 레스토랑을 차리면 어떨까?'

'어릴 때의 추억도 있고 매일 바다를 볼 수 있으니 얼마나 좋을까?'

'1층은 레스토랑, 2층은 커피숍으로 꾸미고 작은 마당에는 정원도 만들까?'

'한 번 오면 자꾸 생각나고 끌리는 레스토랑이면 좋겠어.'

'와 본 사람은 누구에게나 추천하고 싶고 자랑하고 싶은 특별한 레스토랑을 차리자.'

얼마 전에 tvN의 〈윤식당〉이 흥행한 적이 있었다. 해외에 작은 한식당을 차리고 가게를 운영하는 과정을 담은 프로그램이었다. 인기 중견배우 윤여정 씨가 셰프를 맡고 이서진, 정유미, 박서준 씨가 식당 서빙 및 계산, 관리를 돕는 내용인데 인기가 좋았다. 작은 레스토랑이었지만 운치가 있었다. 다들 행복한 마음으로 손님들을 응대하는 모습이 보기가 좋았다. 또한 〈윤식당〉에 오는 손님들은 음식과 함께 여유와 힐링을 느끼고 가는 듯했다.

그 시간과 장소가 방문한 손님들에게는 추억과 설렘과 감동이 되는 것이다. 셰프였던 윤여정 씨는 적은 나이가 아니었다. 하지만 메뉴를 하나하나 개발하고 정성스럽게 음식을 내놓는 모습이 참으로 멋져 보였다. 보통 육십이 넘으면 도전이란 걸 잊고 산다. 그런데 이분은 72세라는 나이가 무색할 만큼 적극적으로 도전하는 삶을 살아간다. 정말 아름답고 배울 점이다.

나도 내가 좋아하는 이곳에 〈윤식당〉처럼 예쁜 레스토랑을 차리고 싶다. 봄이면 연인들이 추억을 만들고, 여름이면 피서객들이 멋진 휴가를 보내고, 가을이면 친구들과 가족들이 생각나서 찾고, 겨울이면 겨울바다가 보고 싶어 오는 사람들을 맞고 싶다.

'아, 거기 예쁜 레스토랑 있었지?'

'음식도 맛있고 분위기도 좋았어.'

'바다 보고 싶은데 그 레스토랑 가 볼까?'

'그 집 후식도 참 맛있었어.'

'그곳 음악이 참 좋더라.'

이런 생각이 나는 곳을 만들고 싶다. 내 어릴 때의 추억처럼 생각만으로도 예쁘고 아련한 느낌의 레스토랑 말이다. 그리고 나의 친한 지인과 친척들을 불러 맛있는 음식도 대접하고 싶다. 내가 보고 싶을 때면 부담 없이 찾아오고 내가 사랑하는 사람들을 불러 맛있는 것도 해 먹일 수 있는 곳 말이다. 그렇게 작게나마 누군가에게 행복을 주고 싶다.

꿈을 이루기 위해 얼마 전에 부동산 사무실을 찾았다. 2년 전에 평당 1,000만 원 하던 것이 2년 만에 평당 2,000만 원이나 되었다. 거기에다 나온 땅도 없다는 것이다. 2년 만에 땅값이 2배나 오른 것이다. 여러 가지 상황이 맞지 않아 돌아왔지만 언젠가 내 마음에 드는 자리에 100평짜리 레스토랑을 차릴 것이다. 누군가에게 설렘과 추억이 되는 장소를 만들고 싶다.

추억은 돈으로 살 수 없다. 많은 나이는 아니지만 어린 날의 기억은 나에겐 큰 보물이다. 그런 것처럼 다른 누군가에게도 좋은 추억을 만들어 주는 레스토랑을 운영하고 싶다. 그때는 시부모님과 우리 부모님을 돌보며 삶의 여유를 즐기고 싶다.

해가 뜨고 지는 것을 감상하고, 계절이 바뀌는 것도 즐기면서 다른 이들의 표정과 삶도 돌아볼 수 있는 그런 삶. 현재 나는 여유 있는 노후를 위해 눈코 뜰 새 없이 바쁘게 산다. 하지만 내 나이 쉰이 넘어서는 바닷가에서 시부모님과 나의 부모님, 주변 지인들, 친척들 그리고 내가 사랑하는 사람들을 돌아보는 여유를 가지며 살고 싶다.

모교에 내 이름을 건
장학재단 설립하기

"상원아, 학교 가자!"

"…"

"상원아, 학교 가자!"

"야, 이놈 자슥들아! 상원이 소 풀 베러 간다. 써-억, 안 꺼지 나!"

할아버지의 역정에 어린 나의 아버지는 속이 엄청 상했다고 한다. 가난한 집 7남매의 다섯째 아들이었던 나의 아버지는 다른 친구들처럼 학교를 다닐 수가 없었다. 식구가 많은 탓에 농사 일손이 항상 부족했기 때문이다.

옛날 사람이었던 나의 할아버지는 집안의 장남만 학교를 보내면 나머지 자식들은 다 잘된다고 생각했다. 그랬던 탓에 나머지 형제들은 학교를 보내지 않으셨다. 어쩌다 한 번씩 학교를 가는 날도 있었다. 그럴 때면 추운 겨울임에도 얇은 옷에 양말도 없이 고무신을 신고도 나의 아버지는 행복하셨다고 한다.

어느 소풍날이었다. 한 학년 차이였던 큰아버지와 아버지는 같은 장소로 소풍을 가게 되었다. 아침에 할머니가 손수 양철 도시락을 준비해 주셨다. 양철 도시락을 열어 보니 가난했던 탓에 흰 쌀밥이 아닌 꽁보리밥에, 계란 대신 검은 깨를 소복이 뿌려 놓으셨더란다. 자식들이 도시락 뚜껑을 열어 보고 혹여 창피해할까 봐 깨를 뿌려 보리밥을 숨겼던 것이다. 평일에는 도시락도 챙겨 갈 수 없었다. 점심시간이면 수돗물로 배를 채우거나 멀리 떨어져 있는 집까지 뛰어와서 밥을 먹고 다시 학교로 뛰어가기도 하셨단다.

초등학교 졸업식 날에도 할아버지의 반대로 아버지는 학교에 가지 못했다. 얼마 전 아버지는 동창회에 다녀오셨다. 그때 졸업앨범을 갖고 있던 친구가 "상원아, 니는 왜 졸업사진에 없노?"하자 아버지는 웃으며 "우리 집이 가난했잖아. 울 아부지 무서워가 못 갔지."라고 대답하셨단다.

나는 아버지에게 친구들이 졸업사진도 없냐고 물었을 때 부끄럽지 않았냐고 물었다. 그러자 아버지는 머쓱해하며 가난한 시절이었는데 그런 게 어디 있냐고 하셨다. 그리고 이제는 다들 나이가 들어 가난했던 과거가 창피하지 않고 모두 추억으로 웃을 수 있게 되었다고도 하셨다.

이제 60대 노인이 되신 나의 아버지. 가난하고 못 배운 탓에 참 고생도 많이 하셨다. 번듯한 일자리를 얻기 힘들어 막일도 하셨고 전기기술일도 하셨다. 체력이 약한 탓에 몸이 좋지 않을 때면 집에서 쉬실 때도 많았다. 집에 돈이 떨어지면 자연히 엄마와 다투시는 일도 잦았다. 그때는 가난한 형편에 쌀도 한 가마니씩 사지 못했다. 꼭 작은 검은 비닐 한 봉지씩 샀으니 내가 생각해도 힘든 시절이었다. 다행히 지금은 자식들도 다 장성해서 자리 잡고 아버지도 어느 정도 여유가 있으시다.

정말 예전을 생각하면 어려운 시절 어떻게 우리 자매를 길러내고 버티셨을까 싶다. 아버지는 손재주도 좋고, 생활필수품은 만들어서 쓸 만큼 머리도 좋으셨다. 만약 그때 아버지가 남들처럼 교육만 제대로 받으셨어도 고생을 좀 덜하고 사셨을 텐데 안타깝다. 그랬으면 아버지의 인생도 조금은 수월했을 테고 우리 자매의 어린 시절도 조금 더 밝고 따뜻하지 않았을까. 하지만 어려운 가정형편에 아버지에게 교육은 꿈도 꾸기 힘든 시절이었다.

요즘은 나의 아버지 시절처럼 모두가 어려운 건 아니다. 간혹 결손가정이나 경제적인 형편이 어려운 경우라도 장학재단의 혜택을 받을 수 있다. 하지만 그 혜택도 모두에게 골고루 돌아갈 수는 없단다.

유명 연예인 중 가수 아이유도 힘든 유년시절을 보냈다. 힘든 가정형편으로 학교를 다닐 때도 고생을 많이 했다고 한다. 지금은 가수로 성공해서 엄청난 부와 성공을 이뤘다. 하지만 그때는 참 힘든 시절이었다고 방송에서 이야기했다. 그런 힘든 시간을 보냈던 경험 때문이었는지 그녀는 자신의 모교에 아이유 장학금을 만들었다. 대학교에 입학하기 어려운 후배들에게 입학금과 한 학기 등록금을 지원한다.

또한 어린 나이에 연기를 시작한 여배우 문근영도 매년 공부하기 힘든 학생들을 위해 장학금을 전달해 왔다고 한다. 배우 문근영 씨도 가수 아이유 씨도 나이는 어리지만 일찍부터 선행을 베풀고 있는 것이다.

이런 이야기를 듣는 순간 감동이 느껴진다. 힘든 형편에서는 학교 등록금도 부담이다. 경제적인 사정으로 학비를 고민하거나 학업을 포기한다면 얼마나 가슴이 아프고 좌절을 느끼겠는가. 한 사람의 인생이 바뀌는 문제다. 힘들고 어려운 시절에 누군가의 도움으로 수월하게 위기를 넘긴다고 하자. 그러면 도움을 받은 당사자는 또 누군가에게 도움을 줄 수 있으리라. 그게 사회의 선순환 구조겠지. 내가 누군가를 돕고 도움 받은 그 누군가 또 다른 누군가를 돕는다면 사회는 저절로 밝아질 것이다.

아이유는 본인의 힘든 시절을 생각하고 자신과 같은 누군가를 돕고 싶었던 것이다. 나 역시 힘든 가정형편으로 학비나 등록금을 마련하느라 부모님이 힘들어하셨던 기억이 있다. 그래서 경제적으로 꼭 성공해서 내 모교에 나의 이름을 건 장학재단을 만들고 싶다. 나의 아버지처럼 배우고 싶은데 배우기 힘든 학생을 대상으로 배움에만 전념할 수 있는 환경을 만들어 주고 싶다. 대학 진학을 간절히 원하지만 등록금이 없어 입학을 포기하거나 한창 공부할 시기에 아르바이트로 몸과 마음이 지치는 일은 없어야 한다. 그리고 공부해야 하는 나이에 돈 걱정은 어울리지 않는다.

사람에게는 다 때가 있다. 요즘은 평생 학습 시대라고 하지만 공부도 다 때가 있다고 생각한다. 인생에서 어느 방향으로 가야 할지 고민하는 시기에 학비 걱정까지 한다면 세상이 너무 어둡게 보이지 않을까? 그래도 내가 힘들 때 누군가 나를 도와주고 손 내밀어 주는 사회 시스템이 있다면 도움을 받은 사람 역시도 여유가 될 때 또 누군가를 도울 것이다. 내가 받은 것이 있기 때문에 그것을 기억할 수밖에 없을 것이다.

나 또한 나의 장학재단으로 인해 조금 더 사회가 밝아지고 누군가의 인생이 힘들 때 버팀목이 될 수 있다면 엄청난 영광일 것 같다. 힘든 누군가 나로 인해 살아가는 게 수월해진다면 나에게도 엄청난 긍정의 에너지가 주어지지 않을까? 지금은 작게나마 필리핀 어린이 2명을 후원하고 있다.

하지만 나의 소득이 늘고 사회적으로 성공한다면 내 이름을 건 장학재단을 만들고 싶다. 그래서 나의 후배들이 좀 더 수월하게 자신의 길을 걸을 수 있게 해 주고 싶다. 나의 이름을 건 장학 재단으로 누군가에게 희망과 성공의 길을 만들어 주고 싶다.

1년에 1권씩
나를 브랜딩하는 책 쓰기

'과골삼천'과 '위편삼절'이란 말을 들어 봤는가?

과골삼천을 풀이하면 복사뼈가 세 번 구멍이 뚫렸다는 뜻이다. 다산 정약용 선생이 귀양살이 20년 동안 공부하며 책을 쓰다가 복사뼈에 세 번이나 구멍이 뚫렸다는 실화에서 비롯된 고사성어다. 다산 정약용 선생은 노력의 산물이다. 고달픈 유배생활 중에도 제자를 가르치며 글을 쓰고 독서에 온 힘을 다했다. 18년 동안 500여 권을 저술한, 엄청난 업적을 이룬 분이다.

옛날 종이가 발명되기 이전에는 대나무 쪽에다가 글을 써서 그것을 가죽 끈에다 묶어 책을 만들었다고 한다. 그 가죽 끈을 위편이라 하고 대나무 책을 죽간이라고 한다. 공자는 죽간을 꿴 가죽 끈인 위편이 세 번이나 끊어질 만큼 책을 즐겨 읽었다고 한다. 위편삼절은 거기에서 비롯된 고사성어다.

내가 책 읽기에 재미를 붙인 건 대학교를 졸업하고 회사에 취직하고 난 후부터다. 호기롭게 들어간 회사는 생각보다 적응하는데 힘들었다. 자아실현이나 존재감을 드러내기엔 나는 아무것도 모르는 병아리였다. 기본적인 업무부터 모조리 배워야 했다. 아는 것보다 모르는 게 많기에 매일 깨지기 일쑤였다. 그래서 죽을힘을 다해 적응하는 데 집중해야 했다.

물 위에 둥둥 떠다니는 백조는 멀리서 봤을 땐 우아하고 아름답다. 하지만 물 밑의 백조의 발은 쉴 새 없이 움직인다. 그래야 가라앉지 않기 때문이다. 회사에 입사하자 친구들은 모두들 부러움의 눈으로 나를 축하해 주었다. 하지만 정작 나는 회사에 적응하고 인정받기 위해 쉴 새 없이 몸을 움직이고, 마음을 추스려야 하는 고된 나날의 연속이었다. 나의 선배들 역시 그런 나날들을 보내고 신입사원이 보기엔 능숙한 고수의 반열에 올랐을 것이다. 하지만 당시의 나에게는 나 자신이 우주의 먼지처럼 보잘것없게만 느껴졌다.

그날 나는 업무 미숙으로 지점장님께 혼쭐이 났다. 그때는 누군가 조금만 혼내도 눈물부터 주르륵 떨궜다. 자존감이 먼지에 가까울 때였다. 멘탈은 너덜너덜해지고 눈물만 하염없이 쏟아졌다. 팅팅 부은 눈으로 텅 빈 사무실에 앉아 훌쩍거렸다.

조금 진정되어 집에 가려고 하는 찰나 지점장님 뒷자리에 놓여있던 책이 눈에 들어왔다. 호기심에 뒤적거리며 내용을 훑어봤다. 그런데 첫 장을 자세히 읽어 보니 뒤의 내용이 궁금해졌다. 결국, 나는 그 자리에 서서 새벽이 다 될 때까지 책 한권을 다 읽어 버렸다. 그 책은 《공병호의 자기경영노트》였다.

《공병호의 자기경영노트》는 2001년도에 출판된 책으로 '담금질을 많이 할수록 좋은 칼을 만든다. 고(苦)는 좋은 칼을 만들기 위한 담금질이다', '자기경영의 핵심은 시간관리다', '80/20의 법칙을 이해하고 실천에 옮기자. 핵심에 집중하자' 같은, 가슴을 울리는 굵직한 내용들로 내 머리를 땡그랑하고 울렸다.

업무지식으로 무장되지 않았던 나는 고객이나 경쟁자가 강편치를 날리면 무방비 상태로 녹다운되던 때였다. 잘해 보려고 노력해도 바쁜 선배들은 내게 관심도 없었다. 본인들의 업무를 처리하느라 눈코 뜰 새가 없었다. 나에게 멘토 역할을 해 줄 수 있는 선배는 없었다.

또한 그 당시 나는 누군가 책을 권하면 힘들다고 손사래부터 쳤다. 교과서 이외에는 책을 보지 않았던 나였다. 학교 졸업 날짜가 잡히고 제일 먼저 버린 게 책이었다. 졸업장 때문에 어쩔 수 없이 보았던 책이었다. 때문에 책만 보면 고통스럽고 벗어나고 싶은 기분이었다.

그러나 그날 《공병호의 자기경영노트》를 보곤 나는 서서히 변화하기 시작했다. 아침에 일찍 일어나기 시작했고, 주말에는 책을 사서 읽곤 했다. 친구들과 의미 없이 술 마시며 노는 시간도 줄였다. 드라마를 보는 것으로 귀중한 시간을 때우는 일도 하지 않았다. 회사일이 힘들 때도 친구들에게 달려가 술 마시며 하소연하지 않았다. 마음이 힘들어지면 서점으로 가서 책을 보면서 나를 위로했다.

회사일이 힘들어 마음이 울적하면 퇴근 후 서점을 찾게 되었다. 힘든 하루를 끝내고 어떤 날은 안도감을, 어떤 날은 우울함을 안고 간 서점은 내게 유일한 안식처였다. 내 힘든 마음을 따뜻하게 위로해 주는 것은 책밖에 없었다.

내가 고른 책들은 나를 보며 '힘들었지? 괜찮아', '인생은 다 그래. 너도 할 수 있어', '남들도 다 힘든 시기를 버텼어', '그들도 하는데 너라고 왜 못 하니', '시간이 지나면 좋아질 거야'라고 따뜻하게 위로해 주는 것 같았다. 그 시기엔 책이 나의 멘토였고 엄마였고 친구이자 선배였다. 학교 다닐 때는 교과서도 어쩔 수 없이 보았던 나였다.

나는 처음부터 어려운 책을 보지 않았다. 가볍게 자존감을 살리거나 마음을 다스리는 책들로 시작했다. 자기계발에 대한 책들은 시중에 나오기가 무섭게 달려가서 샀다. 그런 식으로 나는 나의 황폐한 의식에 물을 주기 시작했다.

결혼을 하고도 나의 유일한 취미는 독서였다. 어떻게 하면 나를 가치 있게, 더 성숙하게 만들까 생각하면서 취미 독서를 즐겼다. 책을 보면서 나는 과거에 비해 좀 더 너그러워졌고 마음에 여유가 생겼다.

그러던 어느 날 도서관에서 두 번째로 나의 책 인생을 바꿔 줄 책을 만났다. 김태광 작가의 《마흔, 당신의 책을 써라》다.

"책 쓰기는 퍼스널 브랜딩의 가장 효과적인 도구다."
"성공한 사람이 책을 쓰는 것이 아니라 책을 쓴 사람이 성공한다."
"평범한 사람일수록 책을 써라."
"책 쓰기는 진짜 공부다."

책에는 이렇게 머리에 박히는 내용이 들어 있었다. 그동안 책 쓰기는 한 번도 생각하지 못했다. 이런 방법이 있다는 사실도 몰랐고 알려 주는 책도 만나지 못했기 때문이다. 또한 좋은 책들을 보며 나도 언젠가 죽기 전에 책을 한번 써 봐야지, 막연한 희망만 품었었다. 《마흔, 당신의 책을 써라》처럼 당장 책을 써야겠다는 메시지를 받지 못했다.

갑자기 가슴이 두근거렸다. 나는 내가 읽은 책들로 인해 인생의 목표가 가치 있게 바뀌었다. 또한 삶의 질 역시 10년 전에 비해 달라졌다. 책을 읽으면서 나의 그릇이 커졌다는 것도 느낀다.

그런 나처럼 내가 책을 써 누군가에게 도움을 줄 수 있다고 생각하니 가슴이 뜨거워졌다.

책 쓰기를 하면서 내 지식과 경험도 더 깊어지고 넓어지리라 생각하자 책 쓰기는 내 인생에서 꼭 필요한 목표가 되었다. 지금은 2018년에 책 쓰기를 목표로 잡았고 꼭 이루리라 결심했다. 그리고 그동안의 취미 독서가 이제는 생존 독서로 바뀌었다. 책을 다독하고 중요한 부분에는 형광펜으로 줄긋기, 메모 등을 생활화하고 있다. 좋은 부분과 기억해야 할 부분은 노트에 따로 필기해 놓기도 한다. 예전에는 생각도 못한 습관이다.

아직은 내가 원하는 모습으로 성장하지 못했다. 내가 생각하는 나와 현실의 나는 괴리가 있다. 하지만 책 읽기로 인해 변화하고 발전하면 언젠가 나 스스로 만족할 수 있는 사람이 될 수 있다고 믿는다. 나는 계속 성장할 것이다.

내가 10년 전에 비해 성장했듯 나의 경험을 바탕으로 누군가의 인생을 좋은 방향으로 변화시키고 싶다. 그래서 나를 퍼스널 브랜딩 할 책을 낼 것이다. 한 권으로 만족하지 않고 매년 1권씩 책을 쓸 생각이다. 책 읽기보다 책 쓰기가 더 큰 공부가 되기 때문이다. 꾸준한 책 쓰기는 나를 발전시키고 성장을 원하는 누군가를 가치 있게 만들 것이기 때문에 나는 차근차근 준비할 것이다. 그래서 반짝반짝 빛나는 미래를 만들어 갈 것이다.

가족과 함께
유럽 배낭여행 떠나기

"이번 여름휴가 어디로 가니?"

"저는 이번에 엄마랑 둘이 괌으로 가요."

"저는 친구들이랑 동유럽으로 배낭여행 가기로 했어요."

"언니는 어디로 가세요?"

"나는 아직…."

요즘 젊은 후배들에게는 여행이 생활화되어 있다. 내가 처음 회사에 입사할 때와는 분위기가 많이 바뀌었다. 우리 때 해외여행은 신혼여행 갈 때나 갔다. 신혼여행을 해외로 못 가면 평생 해외로 가는 비행기를 타기 힘들다며 기를 쓰고 해외로 가는 분위기였다. 해외도 유럽보다는 동남아 위주였다. 그런데 요즘 회사 동료나 후배들과 이야기해 보면 1년에 적게는 한 번, 많게는 두세 번씩 해외로 여행을 간다. 휴가철이 되어 휴가이야기를 하려고 하면, 외국여행이 아닌 경우 나처럼 말끝을 흐리게 된다.

친구 부부가 신혼여행으로 유럽 배낭여행을 갔단다. 한 번씩 친구의 카카오 톡을 볼 때면 여행 중 사진들이 올라와 있다. 그럴 때면 동경의 눈으로 보게 된다. 이유는 아직 내가 배낭여행 경험이 없어서다. 친구와 친구 남편은 배낭만 달랑 메고 초행길에 여기저기 물어 가며 여행을 즐겼다고 한다. 배낭만 메고 초연하게 현재를 떠나는 느낌이란 어떤 것일까? 간혹 일상으로 인한 스트레스가 심할 때면 혼자서 상상해 보곤 한다. 시크하게 배낭 하나만 달랑 메고 비행기에 올라타는 나의 모습을 말이다. 하지만 이내 머리를 흔들며 생각을 지운다.

'우리 부서는 바쁜데 길게 휴가 내서 눈치 보기 싫어.'

'영어도 못하는데 무서워.'

'경제적으로 시간적으로 여유가 생기면 그때 가지 뭐….'

이렇듯 나는 남들이 다 해도 나는 할 수 없는 이유가 참 많은 사람이었다.

나는 신혼여행을 남편과 동남아로 갔었다. 그 뒤로는 남편과 여행다운 여행을 다녀 본 적이 없다. 시부모님과 함께 사는 탓에 항상 부모님을 모시고 가거나 이동하기 쉬운 국내로만 여행을 다녔다. 또한 직장에 매인 몸이라 유럽여행 같은 긴 일정은 꿈꾸기가 힘들었다. 그래도 막연히 언젠가 한 번쯤 가 봐야지 하던 것이 벌써 결혼 12년 차가 되었다. 아이들도 벌써 초등학생이 되었다.

남편 회사는 장기간 휴가를 내기 힘든 시스템이다. 이런저런 일정을 맞추기 힘들어 남편과 함께 가는 여행은 포기하게 된다. 그런 사정을 아쉬워하면서 나는 딸아이와 둘이서 가까운 동남아는 가끔 가곤 했다. 그렇지만 좋은 경치나 관광거리를 볼 때면 남편과 아들도 같이 왔다면 하는 아쉬움을 느꼈다. 여행 중에 가족끼리 오는 여행객들을 볼 때면 그런 생각이 더 간절해져 살짝 우울해지기도 했었다. 그래서 더 열심히 여행에 집중했다. 일하느라 여행도 못 가는 남편의 마음은 어떠할까 싶어 우울한 생각은 접었다.

새로운 여행지는 영감과 아이디어를 준다. 우리나라가 아닌 곳에 당도했을 때는 하늘의 색깔부터 다르게 다가오고 공기의 냄새조차도 특별하고 새롭다. 또한 우리나라와 달리 남의 시선에서도 자유롭다. 일탈이 주는 매력이다. 새로운 곳의 사람들의 표정과 생활 모습, 옷차림까지도 유심히 관찰하게 된다. 그 나라의 문화유적을 볼 때면 그곳의 역사를 이해하게 되고 사람들의 생활방식도 관련이 있구나, 라고 느낀다. 우리나라에서 볼 수 없는 인상 깊은 모습은 잊을세라 사진에 담고 눈에 담고 마음에 담는다. 또다시 찾겠다고 기약도 하게 된다.

예전에 가까운 일본으로 자유여행을 갔었다. 일본어를 모르지만 스마트앱을 사용해서 큰 어려움 없이 잘 다녀왔다. 초행길이라 다니는 내내 낯설고 두려웠다. 하지만 스마트폰의 도움으로 극복할 수 있었다. 유명 관광지나 길 찾기, 맛집 찾기 등은 국내에 있다고 느낄 정도로 편리하게 해낼 수 있었다. 요즘은 앱이 잘 발달되어 있어 외국이라는 생각이 들지 않을 정도로 유용한 정보를 활용하는 게 가능하다. 기술의 발달이 정말 놀랍다. 그리고 확실히 다녀오면 시야도 넓어지고 생각의 폭도 커지는 것 같았다.

새로운 환경과 문화는 내가 사는 곳이 전부가 아니구나, 하는 깨달음을 준다. 좋은 것을 배우고 응용할 수 있는 기회를 만들어준다. 또한 돌아와서는 다음번에 또다시, 라고 도전의식을 갖게 해 준다. 처음엔 나도 낯선 곳을 두려워하고 눈에 익은 편한 곳만 좋아했다. 그래서 내가 사는 동네 외에는 일부러 찾지 않았다. 새로운 곳은 불안했고 변화는 불편했다. 지금은 부동산 투자를 하며 낯선 곳도 공부 삼아 많이 다니지만 예전에는 새로운 것에 대한 거부감이 컸다.

그러나 현재 나는 생각이 많이 바뀌었다. 새로운 세상을 보고 듣고 느끼고 소통하기엔 우리의 시간이 짧은 것 같다. 건강하게 내 발로 다닐 수 있는 인생이 앞으로 40년이라고 해도 세상은 넓고 갈 곳은 많다. 다음으로 미루면 또 언제가 될지 모른다는 생각이 든다. 시간이 되고 여유가 될 때는 잘 없다. 시간은 만들어야 하고 없는 시간은 쪼개야 한다.

그래서 나는 큰 결심을 하게 되었다. 부럽기만 했던 유럽 배낭 여행을 계획하고 있다. TV로만 보고 남의 일이기만 했던 유럽이 목표다. 내년 가을쯤에는 꼭 다녀올 작정이다. 유럽여행을 위해 아침마다 30분씩 영어공부도 하고 있다. 남편과 아이들과 함께 외국에 갔을 때 유창하게 외국인과 대화도 하고 우리 가족 여행길을 리드하고 싶기 때문이다. 아이들 앞에서 당당하게 영어를 쓰는 모습도 보여 주고 싶다. 아이들에게는 매번 영어공부를 하라고 하면서 엄마가 영어를 못해 어리바리하면 체면이 서지 않는 일이다. 이렇게 결심하고 목표하지 않으면 언제 갈지 알 수가 없어 우선 내년 가을엔 꼭 가겠다고 다짐했다.

여행 가기 전 시간을 내어 네 가족 유럽여행에 어울리는 배낭과 신발을 사야겠다. 남편은 모르고 있지만 미리 예약하면 따라가지 않을까 고소한 상상도 해 본다. 아이들이 자라면서 이렇다 할 여행 추억도 없었다. 직장생활을 하느라 네 가족이 함께 여행을 가 본 일은 다섯 손가락 안에도 안 든다. 그러니 아이들이 더 자라기 전에 좋은 추억을 만들고 싶다. 단순히 가까운 곳이 아닌 유럽으로 용기 내서 함께 간다면 아이들이 자란 후에도 어릴 적의 소중한 추억이 될 것이다.

생각해 보면 실천해야겠다, 라고 마음먹기 전에는 이뤄지기 힘든 엄청난 일이었다. 그런데 이렇게 마음먹고 나니 곧 실현되어질 꿈같다. 우리 가족의 유럽 배낭여행은 내 인생 버킷리스트의 시작일 뿐이다. 모든 것은 마음먹기에 달렸다. 사람도 생각의 크기만큼 성장한다. 마음을 먹고 안 먹고의 차이가 단순하게 꿈만 꾸는 소망과 꿈이 아닌 현실이 되는 실행의 차이를 낳는다. 나는 오늘을 계기로 꿈을 꾸고 이루는 사람으로 살 것이다. 안 되는 핑계부터 찾기보다 되는 방법부터 찾는 사람이 될 것이다. 종이 위에 쓰면 이루어진다고 했던가? 나는 지금 종이 위에 쓰고 있다.

'2019년 9월 우리 가족 유럽여행 가다!'라고.

·05·

변화하는 시대에 꿈과 도전의 가치를 알리는 사람 되기

+ 천 미 연 +

전미연 치과의사, '정성가득 수치과' 원장, 자존감 성공학 코치, 마음 코칭 전문가, 자기계발 작가

치과의사로서 10년째 본인의 병원을 운영하고 있다. 높은 자존감 덕분에 평범한 삶을 성공한 삶으로 탈바꿈할 수 있었다. 자신의 경험을 통해 낮은 자존감으로 힘든 시간을 보내는 사람들을 돕고자 한다. 저서로는 《또라이들의 전성시대 3》이 있으며 현재 '자존감'에 관한 개인저서의 출간을 앞두고 있다.

Email mgagamel@naver.com   Blog blog.naver.com/mgagamel
Homepage www.soodental.kr   C·P 010.2236.9015
Instagram meeyeonjeon

세상에 꿈과 도전의 가치를 알리는 사람 되기

우리가 가장 많이 듣는 말 중 하나는 "목표를 가져라. 꿈을 가져라. 계획을 세우고 실행하라."라는 식의 말이다. 도대체 어떤 것이 목표고, 어떤 것이 꿈이며 계획은 어떻게 짜는 것일까. 실행이야 계획이 있다면 행하면 되는 것이니 덜 어렵지 않을까.

마흔. 불혹의 나이가 되어서도 나는 항상 꿈, 목표를 갈망하며 산다. 물론 계획을 갈망하지 않는 것은 아마도 실행 의지가 크지 않거나 계획적인 종류의 사람은 아니기 때문일 것이다. 아니면 목표 설정이 안 되니 계획에 대해서는 한 번도 생각해 보지 않았을지도 모른다.

나는 인생의 꿈, 목표를 찾기 위해 자기계발서를 읽었다. 조금 한가해지면 어김없이 방황하고 목표라는 것을 갈망했다. 그러나 어떠한 자기계발서도 꿈을 가져라, 목표를 가져라, 라고 말할 뿐 그것을 어떻게 찾는지 알려 주지는 않았다. 하고 싶은 것, 되고 싶은 것이 꿈이라고 하지만 그것이 그렇게 명확한 사람이 몇 명이나 될까.

그때는 몰랐으나 지금 돌아보니 나의 어린 시절에도 꿈이 있었다. 진정한 꿈도 있었고, 아니면 꿈을 말해야 하는 자리에서 어쩔 수 없이 찾아 말한 꿈도 있었다. 기억나는 나의 첫 꿈은 시인이었다. 초등학교 3학년쯤에 윤동주 시인의 〈별 헤는 밤〉을 읽으면서 그 시에 푹 빠져들었다. 그 긴 시를 열심히 외우려고 노력했던 시간이 뇌리에 남아 있다.

그 이후로 시인이 되려는 노력은 전혀 하지 않았지만 나는 여전히 시를 사랑했다. 유행하는 시집들을 구매하고 혼자 책상 구석에 앉아 열심히 읽었다. 시간이 지나면서 그 꿈은 마음 한구석에 묻혀 버렸다.

두 번째로 기억나는 꿈은 중학교 시절의 꿈이다. 어느 수업시간 혹은 수련회에서 각자의 꿈을 발표하는 시간이 있었다. 난 그 시절 꿈을 진지하게 생각하지 않았다. 하지만 대답은 해야 했기에 흔하디흔한, 정체도 불명인 '과학자'라는 꿈을 말했다. 도대체 과학자의 정체는 무엇인가. 그 시절 내게 과학자의 이미지란 만화영화에 나오는 과학자가 전부였다. 〈로봇 태권브이〉, 〈마징가 제트〉, 〈독수리 오 형제〉 이런 만화들에는 전부 과학자가 등장했다.

이런 과학자가 인상 깊었다면 아마도 나는 기계공학과를 가지 않았을까? 그러나 내가 인상 깊게 본 만화와 캐릭터는 〈개구쟁이 스머프〉와 그 안에서 악역을 담당한 '가가멜'이다. 가가멜은 지금 기준으로 보자면 화학자이겠고, 그 시대로 보자면 연금술사 정도일 것이다.

항상 평범함에서 조금 벗어난 것을 좋아하는 나는 주인공 스머프보다는 악역을 맡은 가가멜이 너무나 멋져 보였다. 빨갛고 파란 액체들에 재료들을 섞으면 연기가 풀풀, 펑 하고 폭발. 너무나 매력적이었다. 얼굴은 까맣게 그을리고 머리는 보글보글 타 버린 상황들. 나는 평범하게 대답한 '과학자'라는 꿈 이후로 가가멜 같은 과학자를 상상했었던 것 같다.

우연인지 필연인지 나는 대학입시에서 통계학과에 지원했는데 똑 떨어지고 2지망인 화학과에 붙었다. 이것이 꿈이 이루어진 것인지 아닌지는 알 수 없으나 신기한 일임에는 틀림없는 것 같다. 많은 자기계발서에서 꿈과 목표를 정확하게 설정하라는 말이 이런 의미인 것 같다. 이 꿈인지 아닌지도 모를 '과학자'라는 꿈은 이루어진 것인지 아닌지 알쏭달쏭한 상태로 마무리되었다.

그다음으로 세 번째 기억나는 꿈은 화학과 4학년 때였다. 해놓은 것은 없고 졸업은 코앞에 다가와 있는 상태에서 생각하게 된 꿈이었다. 앞의 둘과는 다르게 조금은 내 의지가 포함된 꿈이 아닐까 싶다. 하지만 이 또한 아주 명확하게 내가 좋아하는 것이라거나 하고 싶은 것은 아니었다. 그냥 우연히 든 생각이었다.

졸업하고 무엇을 해야 하나 몰두해 있을 때, 뇌리에 스치는 생각이 있었다. 자랑스러운 엄마가 되자. 이 생각이 문득 든 이후, '어떤 엄마가 자랑스럽지?'라는 생각을 했다. 아마도 그냥 회사원이나 전업주부 엄마를 자랑스러워하지는 않겠지.

이런 단순한 생각에서 나는 의사가 되기로 결심했다. 그리고 4학년 때 수능을 다시 공부하고 치대에 들어가게 되었다. 난 초능력자인가? 난 뛰어나게 공부를 잘하지도 않았고, 수능 준비를 아주 오래 한것도 아니었다. 졸업시험에 미리 신청해 놓은 자격증 시험을 2개나보고 수능은 한번 봐 보지 뭐, 이런 마음이었다. 꿈은 생각보다 쉽게 이루어지는 것일까?

그렇게 또 깊게 생각하거나 갈망하지 않고 의사가 되었다. 그리고 결혼하고 아이를 가지고 키우며 어느덧 불혹의 나이가 되었다.

누군가의 관점에서는 너무나 운이 좋게 보일 수도 있을 것이다. 또한 누군가의 눈에는 열정도 없이 어쩌다 이루어 온 맥없는인생일 수도 있다. 나의 관점에서는 꿈을 꾸긴 꾼 것 같고 이루어지긴 이루어진 것 같다. 인생은 멀리서 보면 희극, 가까이서 보면비극이라는 말이 있다. 이 말이 너무나 딱 맞는 인생이 나의 인생이다.

내 인생은 멀리서 보면 어쩌다 이루어진 인생같이 보일지도 모른다. 하지만 나는 매 순간 편히 잠을 못 이루고 열정적으로 살았다. 만약 누군가가 나에게 다시 20대로 돌아갈 수 있는 선택권을 준다면, 나는 당연하게 거부할 것이다. 20대, 30대에 눈물을 흘리며 힘겹게 하루하루를 살았던 그 기억이 여전히 생생하다. 그런 과정을 버티고 도달한 지금의 40대다. 내가 무슨 열정으로 힘겨운 그 시절을 보냈는지, 글로 채우기에는 영 설명할 길이 없다.

세상 대부분의 사람들은 나와 같은 인생을 살아간다. 고생을 좀 더 하고 덜하고, 돈을 조금 더 많이 벌고 덜 벌고 정도의 차이만 있을 뿐. 거의 모든 자기계발서는 각자 젊은 시절의 엄청난 어려움을 겪고, 꿈과 희망으로 그것을 극복한 이야기들을 담고 있다.

나 같은 평범한 사람, 고생은 했으나 그 정도 고생은 누구나 하는 그런 인생을 살아온 사람들은 그런 책에 공감할 수 없다. 얕은 바닥을 찍을 정도의 고생을 거쳐 한 가지 목표에 몰두하며 달려온 인생에 강렬한 갈망이나 열망이 생길 리 만무하다. 그런 책을 아무리 많이 읽는다 해도 그런 강렬한 열망은 생기지 않는다.

그러나 모든 인간의 내면에는 무엇인가를 이루고 싶은 열망이 존재한다. 강렬하지 않아서 자주 바뀌고, 조금 어려움이 닥치면 금방 포기하게 되는 그런 작은 열망들을 가지고 있다. 나 역시도 몰두하고 집중할 수 있는 꿈을 가지고 싶다. 그러나 정말 하고 싶은 것이 무엇인지, 모든 것을 바쳐서 몰두하고 이루고 싶은 일이 무엇인지 잘 모른다. 그냥 이것도 조금 해 보고 싶은 것 같고, 저

것도 조금 해 보고 싶은 것 같다. 그래서 대부분 이것도 조금 배워 보다 말고, 저것도 조금 시도해 보다 말게 된다. 제대로 하는 것 하나 없이 이것저것 건드려 보다가 끝나는 것이다.

이런 상황들을 몇 번 겪다 보면 우리는 자기 자신을 제대로 하는 것 하나 없는 사람이라는 이미지를 덮어씌워 매도하게 된다. 부모님들이 흔히 자식에게 덮어씌우는 잘못된 이미지이기도 하다. 그럼으로써 우리는 스스로를 하찮게 여기는 길로 들어서는 것이다.

돈 들여 가르치는데 제대로 하는 것 하나 없이 또 다른 걸 배우고 싶다고 하는 것이 자식이다. 이것이 부모님이 자식을 보는 입장이다. 좋아하는 것, 하고 싶은 것이 그렇게 쉽게 찾아질 리 만무하다는 걸 알기 쉽지 않다. 결국, 좋아하는 것을 찾게 되었을 때는 하고 싶다고 말하기 어려운 상황에 놓여 있게 된다. 그렇게 포기하는 것에 익숙하게 되는 것이다.

우리의 대부분은 이런 과정을 거쳐 어른이 된다. 나 역시도 부모님의 응원이나 칭찬보다는 구박이나 잔소리를 듣는 것이 더 익숙한 환경에서 자랐다. 그리고 불혹, 옛날로 치자면 할머니 할아버지 소리를 듣는 나이에도 꿈 타령이나 하고 있는 인생이 되어 버린 것이다.

나는 평범한 사람 중에서는 조금 많은 시도를 하고 그것을 이루며 살아왔다. 그러나 아직도 꿈에 목말라하고 열정을 그리워한다. 세상의 평범한 사람들, 나같이 열정에 목말라하는 사람 혹은 아무 목표도 없고 꿈도 없는 사람들에게 꿈과 목표를 가지고 살아가는 방법을 알려 줄 사람도 있어야 하지 않을까.

어려움을 극복한 성공 스토리가 아닌, 평범한 인생에서의 꿈과 목표의 중요성, 평범함 속의 작은 열망들을 인지하고 이루어 가는 방법을 세상에 알리는 사람이 되고 싶다. 내가 읽은 많은 책 중에 어쩌면 이런 책이 있었을지도 모른다. 너무나 평범하고 별거 없어서 나에게 인지되지 못했을 수도 있다. 평범함이라는 것은 그런 것이다. 있어도 없어도 잘 인지되지 않는 것이다. 그래서 세상에서 가장 어려운 것이 평범하게 사는 것일 수도 있다.

이러한 평범한 이야기를 강렬한 인상을 줄 수 있는 책으로 써내고 전파하는 사람이 되어 보겠다. 평범함을 비범함으로 표현하는 것. 이것이 내가 이루어야 할 가치일 것이다. 꿈 없이 멍 때리는 사람들, 꿈을 찾고 싶어 방황하는 사람들. 공무원이 되는 것이 꿈인 줄 아는 사람들에게 희망이 되고 싶다.

네팔 트레킹하기

2년 전, 어느 날 전화를 하는 중에 친구가 물어봤다.

"이 촛불 집회는 뭐야?"

"응? 내가 그걸 어떻게 알아."

"넌 대학도 오래 다니고 좀 알 줄 알았지."

이것이 내가 2016년 처음 촛불 집회에 관심을 가지게 된 순간이다. 고등학교만 졸업하고 나보다 훨씬 행복하게 잘살고 있는 친구의 질문이었다. 나는 대학을 두 번, 10년이나 다녔지만, 우리 둘의 대화 수준은 별반 차이가 없었다.

나에게는 전형적인 TK 출신으로 골수 박근혜 지지자인 부모님이 있다. 박근혜 탄핵 시 꼰대 짓을 부리던 정치인들은 아빠의 대학 동기들이다.

나는 사회현상과 무관한 이과에, 한술 더 떠 여대를 나왔다. 대학을 다닐 때 친구들과 사회 문제에 관한 대화는 단 한 번도 나눠 본 적이 없다. 주제가 애인, 쇼핑이 아니면 즐겁게 먹고 마시며 노는 생활이 전부였다.

두 번째로 다닌 치과대학도 아주 조금 나았을지 모르나 거의 오십보백보 수준이었다. 인턴 시절, 인턴에게 금지된 행동 중 하나가 '신문 보지 말기'였다. 각 과 방에서 인턴은 절대 신문을 보면 안 되었다. 이 얼마나 시대착오적인 발상인지.

내가 인턴을 1970년대 혹은 1980년대에 했느냐 하면 아니다. 나는 무려 2002년 월드컵이 열린 해에 인턴을 했다. 전두환, 박정희 시대도 아닌 21세기에, 20대의 한참 젊은, 공부 꽤 했다는 의사들의 사고 수준이었다. 그때도 이상했고 지금 생각하면 더 이상하고 무식한 행위다. 하지만 난 그런 곳에서 대학생활을 했다.

대학을 10년이나 다녔고, 사회 지도층이라 불릴 수도 있을 의사라는 계층에 속해 있는 내가 친구의 질문 하나에 무너져 내리는 순간이었다. 그 순간까지 나는 내 의지이든 아니든 골수 한나라당이었고 정치에 대해서 전혀 생각해 본 적도 없었다. 노무현 대통령께서 서거하시던 순간도 나는 별로 기억나지 않는다. 그냥 안타깝다는 느낌 정도가 그 중요한 정치적 순간에 내가 가진 경험의 전부다.

친구의 질문에 나는 처음으로 촛불 집회라는 것에 관심이 갔다. 광우병 등등 여러 번의 촛불 집회가 있었지만 난 단 한 번도 관심을 가져 본 적이 없었다. 조금의 검색 중 내가 발견한 것은 문재인이라는 정치인이었다. 아마도 그의 순수하고 강인한 인상과 행동 때문이었으리라.

　　그가 몇 명의 동료들과 네팔 트레킹을 하고 얼마 안 있어 촛불 집회가 시작되지 않았나 싶다. 많은 언론에서 문재인 대표의 네팔 트레킹 사진을 실어 주었고, 나는 많은 멋진 사진들을 접할 수 있었다. 그 사진들에서 이 번잡한 세상과는 격리된, 오염되지 않은 깨끗한 세상을 볼 수 있었다. 신들의 세상일 것 같은 그 깨끗하고 고독한 세상에 우리나라의 모든 짐을 짊어지고 있는 것 같은 나이 지긋한 한 남자가 담담한 모습으로 앉아 있었다. 이 모습은 아무 생각 없이 살아온 나에게 적잖은 충격을 주었다. 사십 평생을 한나라당을 찍어 온 나 자신이 너무나 보잘것없어 보였다. 사십이라는 나이가, 치과의사라는 직업이 모두 부끄러운 현실로 다가왔다.

　　그렇다고 2년이 지난 지금 내가 사회 문제에 관심이 많거나 어떤 참여를 하고 있느냐고 묻는다면, 역시나 아니다. 사람은 잘 변하지 않는다. 지금도 나는 신문이나 뉴스를 잘 안 보는, 사회에 그다지 관심이 없는 부류다. 그러나 지금은 세상이 어떻게 돌아가는지는 가끔씩 들여다보고, 아이들에게 설명해 줄 정도의 상식은 유지하고 산다.

나는 왜 네팔 트레킹을 하고 싶은 걸까? 40년간 너무 많은 불의를 모른 척했던 나 자신을 회개하려고? 아니면 혼자 세상을 다 짊어진 것처럼 고독을 코스프레 하러 가려고 하는 건가? 무엇이 되었든 간에 두 가지 다 정답은 아니다.

나는 그 맑고 신의 세상 같았던 곳에 홀로 담담히 앉아 있던 문재인 대표의 모습이 그냥 너무 멋졌다. 그 사진 한 장에 무엇이라 말로 표현할 수 없는 강렬함을 느꼈다. 아이를 키우고 직장을 다니며 너무나 번잡하고 바쁜 일상 속에 있던 나에게 그 맑고 깨끗한 세상과 고독한 느낌은 신의 세상을 살짝 훔쳐 본 것 같았다. 문재인 대표는 거기서 돌아와 정치에 다시 나서고 대통령이 되었다. 아마도 그 신의 세상에서 자신의 일생을 반추하고 새로운 다짐과 각오를 하며 돌아온 것이 아닐까 싶다.

그 시점의 나는 워킹맘으로서 너덜너덜해진 정신과 육체를 가지고 있었다. 십 몇 년을 직장과 가정에 나를 온전히 내맡긴 채 살고 있었다. 세상이 어떻게 돌아가는지, 내가 무엇을 하고 살아가는지 생각할 겨를도 틈도 없었다. 그냥 눈앞에서 발생하는 일들을 처리하느라 아등바등 살기도 너무 바쁘고 힘겨운 시절이었다.

항상 젊은 우리들의 도움을 필요로 하는 양가 부모님, 엄마가 아니면 절대 안 됨을 외치는 딸 둘, 어른이면서도 왜 나의 도움을 필요로 하는지 이해할 수 없는 남편까지. 나를 둘러싸고 매일 나를 외쳐대는 주변 상황으로부터 벗어나고 싶었다. 하지만 나는 그 현실을 절대 벗어날 수 없음을 잘 알고 있었다.

　네팔에 앉아 있는 문재인에게서 나는 그가 나와 같은 상황에 처해 있음을 느꼈던 것 같다. 본인은 원하지 않는데, 모든 곳에서 그를 필요로 하고 강렬하게 그를 원하는 현실. 그가 아니면 아무도 그 문제를 해결할 수 없다는 것. 그리고 그 모든 것을 알고 피할 수 없다는 것을 아는 그가 그 짐을 짊어질 결심을 하는 순간이라는 것을 그 사진에서 알 수 있었다. 그는 돌아왔다. 그리고 앞으로 나아갔다.

　나는 그가 앉았던 그 자리, 그가 걸었던 그 길을 걸어 보고 싶다. 그는 그 짐을 떠맡겠다는 결심을 하고 돌아왔다. 하지만 나는 그 짐을 지고 10년간 열심히 살았던 나 자신에게 모든 것을 털어 버리고 자유롭게 살 권리를 부여하고 싶다. 십 몇 년간 나 자신을 포기하고 열심히 살았던 시간에 대한 보상을 받을 시기가 왔다는 것을 내 주변 모든 사람에게 선포하고 싶다. 나의 헌신에 대한 보상, 선물로 나는 네팔 트레킹을 떠난다고 나의 어깨 위에 짐을 얹었던 모든 이에게 외칠 것이다.

　10년이면 강산도 변한다는 그 10년이 지나면 내 인생이 변화할 때가 온 것이다. 인생의 절반을 지나고 있는 현시점에서 나는 내 인생을 돌아보고, 새로운 삶을 꾸려 갈 각오와 다짐을 한다. 이제 가족을 위한 삶이 아닌 온전히 나 자신을 위한 삶을 새로 이루어 나갈 것이다.

세상을 겪을 만큼 겪고 모진 풍파를 이겨 내고 도달한 40대의 삶이다. 40대에 새로 이루어 가는 나의 삶은 20대에 만들어 갔던 인생과는 다른 모습일 것이다. 어설프고 풋풋한 20대의 젊음과는 다른, 성숙하고 단단하고 매력적인 삶을 만들어 갈 것이다.

나의 후반부 인생은 네팔 트레킹으로 시작한다.

미국에서 1년간 살아 보기

이 제목을 접하면 대부분의 사람들은 '애들 영어공부 시키러 미국에 가려나 보다' 내지는 '영어공부 하러 가려고 하나? 마흔에 영어공부라니 영어 열등감이 있나 보다' 이런 반응을 보이지 않을까 싶다.

나는 왜 미국에 가서 1년을 살아 보고 싶어 할까? 물론 우리 딸들은 내가 안 시켜서 영어를 못한다. 인정한다. 한국에서 영어를 잘하기도 쉽지 않고, 내가 무엇을 열성적으로 시키는 스타일도 아니어서 못한다.

그러면 40대, 그것도 영어와 전혀 무관한 직업을 가진 아줌마가 새로운 인생에 도전하려고 뒤늦게 영어공부에 올인이라도 하려는 걸까?

나는 2003년부터 2년 정도 미국에서 살았다. 결혼하자마자 유학 중인 남편을 따라 직장을 때려치우고 미국으로 날아갔다. 그당시 고된 인턴 생활로 없던 천식이 생길 만큼 몸이 만신창이가 되어 있었다. 또한 치과는 모든 과의 지식이 합쳐져야 좋은 진료가 가능하다. 그런 특성상 내가 굳이 한 과의 레지던트를 안 해도 훌륭한 의사가 되는 데 지장이 없다고 생각했다. 부모님께서 일평생 일하고 살 것인데 지금 잠시 쉬어 보는 것도 나쁘지 않다. 그러니 지금을 즐기라는 조언해 주신 것도 결정에 큰 영향을 미쳤다. 또한 언제 내게 마음 놓고 놀아 볼 기회가 있겠는가. 지긋한 할머니가 되었을 즈음?

이렇게 나는 미국 생활을 시작했다. 주어진 돈을 가지고 1년이라는 한정된 시간을 그냥 놀고먹으며 살기로 한 것이다. 사십 평생 쉼 없이 열심히 살아온 내 인생을 돌이켜 볼 때, 정말 아무것도 안 하고 놀고먹었던 유일한 기간이 아니었나 싶다. 물론 이 2년 중 임신과 출산의 기간을 빼면 실질적으로 놀고먹은 기간은 몇 개월 안 된다. 또한 가만히 있지 못하는 성격 탓에 거기서도 미국 치과의사시험 1차, 2차에 합격했으니, 놀고먹었다는 것은 거짓일 것이다. 그래도 외형상은 백수의 생활이었다.

행복한 시기였음에 틀림없다. 드넓은 캠퍼스 안에 있는 아파트에 거주하면서 멋진 아이비리그 대학을 내 집 앞마당 삼아 돌아다녔다. 대학 도서관을 우리 집 도서관인 양 드나들었다. 지역의 공짜 영어 수업도 들어 보았다. 유학생 부인들과 캠퍼스 잔디에 앉아 다도를 배우는 호사를 누리기도 했다.

이런 행복하고 여유 있는 미국 생활을 2년이나 했는데 다시 미국에서 살아 보고 싶은 이유는 뭘까. 그 시절의 여유와 행복을 다시 느껴 보고 싶어서일까?

지금 돌아보면, 내가 살았던 2년의 미국 생활은 장소만 미국에 있었던 것이다. 나의 모든 삶에는 한국인이 들어와 있었다. 한국말을 하고 한국 음식을 먹으며, 성당의 한국인 커뮤니티에 참여한 생활이었다. 내가 만나는 현지인은 우체국 직원, 마트 캐셔, 음식점 서버 수준을 벗어나지 못했다. 나는 취직을 위해 혹은 유학을 위해 그 어떤 영어공부를 해 본 적도 없었고 영어를 사용하지도 않는 직군에 속해 있었다. 나는 미국의 생활영어가 아닌, 단순히 돈 쓰기 위한 영어만을 구사할 수 있었다.

한 번은 한국으로 무엇인가를 보내야 해서 우체국을 가야 했다. 치과대학을 졸업하고 인턴을 마친 이 시기의 나는 치대 공부를 마치기에도 너무 바빴다. 영어공부는 먼 달나라 별나라 이야기일 뿐이었다.

처참한 영어 실력에 리스닝 실력이라고는 발바닥인 상황에서 나는 우편을 보내러 우체국에 갔다. 이때 내가 세운 돈 쓰기 영어 계획은 '하고 싶은 말만 하기'였다. 우체국 직원이 나에게 무엇인가 열심히 물었다. 나는 질문과 무관하게 "이 짐을 한국으로 보내겠어."라고 말했다. 또 직원이 뭐라 뭐라 계속 말했다. 나는 다음으로 "EMS로 보내 줘."라고 했다. 뭐라 뭐라 말하는 직원에게 나는 그의 말과 상관없는, 내가 하고 싶은 말만 계속했다. 알아듣든가 말든가. 돈 받는 네가 알아서 해. 이런 태도로. 그렇게 무사히 짐을 보내고 집에 왔다. 이것이 당시 나의 생활 수준이었다.

지금 생각해도 나의 미국 생활에는 아쉬움이 남는다. 그렇다고 그 시절의 내가 무엇을 더 열심히 하고 현지에 푹 빠져 살아볼 수 있는 것도 아니었다. 임신과 출산을 하며 영어공부를 한다고 여기저기 쫓아다닐 기력도 없었다. 또한 그렇게 조금 영어 실력을 늘린다고 여기 와서 써먹을 일도 별로 없었다. 기껏 힘들여 배워도 결국에는 외국 여행에서 돈 쓰는 상황 영어를 조금 잘한다는 것 이외의 의미가 있었을까.

그렇게 그냥 잘 놀고먹자고 결론을 내고 시간을 보냈다. 하지만 왠지 모를 헛헛함이 있었다. 아마도 열정을 불태워 어학연수를 하고 영어를 유창하게 하고 싶은 그런 바람이 마음속에 있었을 것이다. 결혼하고 애 엄마가 되는 시점에 자신에게 모든 열정을 쏟는 싱글라이프가 부럽기도 했을 테고.

그때는 몰랐고 지금은 아는 사실이 있다. 그 행복한 백수 시절이 나의 암흑기의 시작을 알리는 시점이었다는 것이다. 그 이후로 나는 점점 침몰해 갔다. 토끼 같은 아이들과 오순도순 사는 삶이 불행했다기보다는, 두 아이를 키우며 직장을 다니는 일이 상상 이상으로 힘들었다.

결혼생활이라는 것이 온전한 나 자신을 포기하고 살아야 한다는 사실을 몰랐다. 가정과 직장 생활 둘 다 한다는 것은 직장에서 일하고 집에 와서 쉬는 생활이 아니었다. 아침에 직장으로 출근하고, 퇴근하며 가정으로 다시 출근하는 투잡의 생활이었던 것이다. 아무리 다른 사람의 도움을 받아도 벗어날 수 없는 우리 안에 갇혀 있는 기분이었다. 주변에서는 너만큼 편하게 아이를 키우고 많은 도움을 받는 애 엄마가 어디 있느냐고 한다. 물론 맞는 말이다. 나는 내 시간을 마음대로 사용할 수 있었다. 애를 봐 줄 사람도 이중 삼중 백업이 되어 있었다. 애를 잘 봐 주는 남편도 있었다. 그렇다고 나의 힘듦이 상쇄되는 것은 아니었다. 평생 혼자 나만을 위해 살다 나 아닌 다른 사람을 위해 사는 시간이 절대적으로 많은 삶에 적응하기란 그렇게 만만하고 쉬운 일은 아니었다.

그렇게 10여 년의 암흑기를 잘 버티고, 이제 나는 밝은 세상으로 나왔다. 아이들은 다 컸고 나에게 껌딱지처럼 붙어 있는 시간은 끝났다. 더불어 아이들을 맡기느라 여기저기 부탁하고 '을'로 살아야 했던 많은 관계도 청산되었다. 내가 희생하고 헌신한 많은 시간이 아이들의 성장과 더불어 자유라는 보상으로 돌아왔다. 미래에 대해 불안을 품은 20대의 자유가 아니라, 모든 것을 온전히 이뤄 놓은 안정된 자유다.

다시 미국이라는 나라를 방문해 그 시절을 돌아보며 현지의 삶을 만끽해 보고 싶다. 가능하다면 학교도 다녀 보고, 영어 실력도 발전시켜 봐야겠다. 시기가 너무 늦어지지 않아 아이들이 학창 시절에 미국 학교를 다녀 보는 기회를 가질 수 있다면 더 좋겠다. 성인이 되기 전 아이들이 넓은 세상을 경험해 볼 수 있다면 일생의 소중한 자산이 될 것이다.

또다시 가진 돈으로 놀고먹는 백수 생활을 1년간 하고 올지도 모르겠다. 그러면 또 어떠리. 20년 가까운 시간을 뛰어넘어 비슷한 생활을 해 보는 것도 멋진 경험일 것 같다. 너무 늦지 않은 시기에 나는 미국으로 가서 1년간 마음껏 즐기고 돌아오겠다.

4차 산업 혁명 시대 직업관 변화를
교육하는 사람 되기

4차 산업 혁명 시대의 직업관은 어떤 것일까. 잘 와닿지 않는 다. 그렇다면 구시대적 직업관의 대상은? 지금 나의 직업이다. 전형적인 구시대적 직업관을 대표하는 직업이다. 의사, 공무원, 은행원, 회계사, 약사 등이 대표적인 직업군이다. 그것이 좋은지 나쁜지를 말하려고 하는 것은 아니다. 그러나 시대가 변하고 있고, 우리는 변화하는 시대에 살고 있다. 이것은 변하지 않는 사실이다. 여기에 발맞추어 나아가야 한다.

나는 의사다. 모든 사람이 되고 싶어 하는 직업 중 손가락 안에 들어가는 직업일 것이다. 의사, 은행원, 공무원 모두 성경에 나오는 직업이다. 그만큼 오래된 역사를 가졌다. 그 말은 구시대적 직업이라는 뜻이다. 요즘 뜨고 있는 IT 업종들, 로봇, 인공지능과 관련된 직업은 성경에 나오지 않는다.

좀 어처구니없는 분류일지도 모르겠다. 그러나 나는 난해한 4차 산업이라는 말도 잘 모르겠고, 그에 따른 직업관은 더더욱 어렵다. 그냥 쉽게 '오래된 직업은 구시대적 직업관을 가졌다.'라고 말하면 일반화의 오류에 빠질 수 있다. 그러나 그 오류는 나중에 고치면 된다. 일단 일반화하고 그 특성을 이해해 보자.

구시대적 직업관의 으뜸으로 의사를 꼽을 수 있는 이유는 무엇일까. 단지 오래되었다는 이유만은 아닐 것이다. 의사는 아픈 사람을 고치는 직업이다. 사람이 죽고 사는 일에 매달린다. 아마도 이것은 신의 영역이 아닐까. 그래서 보수적이다. 배움은 도제제도를 통해 이루어진다. 엄격한 규율 문화를 가지고 있다. 많은 것을 새로 개발하지만 쉽게 받아들이지는 않는다. IT 신문물, 새로운 기계가 나오자마자 사용하는 사람을 우리는 '얼리어답터'라 부른다. 그러나 의료기기는 남들이 다 써 본 뒤 구매하는 경향이 있다.

구시대적 직업관은 나쁘고 4차 산업 혁명 시대의 직업관은 좋다? 이런 말을 하려는 것이 아니다. 구시대적 직업관이 나쁘지도 않을뿐더러 의사라는 직업을 폄하할 생각도 없다. 세상은 변하고 있고, 우리는 이것을 알아야 한다는 것이다. 세상은 빠르게 변화하고 있는데 우리 젊은이들은 여전히 의사, 공무원, 회사원이 되려고 매진한다. 부모님이 주입한 목표일 수도 있다. 아니면 취직도 어렵고, 집을 구하고 먹고사는 일이 힘든 현실에 적응한 결과일

수도 있다. 그럼에도 불구하고 너무 근시안적 행동방식이 아닐까 싶다.

내가 의사가 된 것은 안정된 직업, 수입 이런 이유는 아니었다. 나는 나의 아이들이 자랑할 수 있는 멋진 엄마가 되고 싶었다. 이유야 뭐가 되었든, 난 도전해서 성공했다. 쉬운 직업이 있으랴마는, 의사 역시 쉬운 직업은 아니다. 동료들은 이런 말을 한다.

"내 눈앞에서 사람이 죽는 일 말고 더 큰일은 없다."

의사는 교수, 큰 병원 의사, 동네병원 의사, 이 정도로 분류할 수 있다. 이 모든 분류와 무관하게 의사의 특징은 오는 환자를 치료하는 것이다. 수동적인 업무 한계를 가진다. 그리고 사람이 사람을 1:1로 치료한다. 확장성이 없다.

요즘은 인터넷의 발달로 의료 정보도 풍부하고, 병원 광고도 넘쳐 나는 정보 홍수의 시대다. 그러나 인터넷을 이용해 광고한다는 방법이 발전한 것이지 근본적인 직업의 작동방식이 바뀐 것은 아니다. 광고하고, 병원을 크게 만들어 시스템을 갖추고. 겉모습은 화려하다. 하지만 뜯어보면 그냥 그 안에서 여러 명의 의사가 1:1 진료를 하는 것이다.

얼마 전 이세돌과 알파고의 바둑 대결이 화제가 되었다. 많은 사람이 이세돌이 이긴다는 데 내기를 걸었다. 하지만 결과는 알파고가 완승했다. 인공지능 시대의 개막을 알리는 사건이라 할 수 있었다. 이미 인공지능이 많이 발달했지만, 이 대결로 가시화되었다. 점점 더 많은 일이 인공지능, 로봇 신문물에 의해 대체될 것이다. 의사의 진단도 의사보다 컴퓨터가 더 정확한 시대가 이미 왔다. 이 시대에 우리는 무엇을 해야 할 것인가.

여전히 공무원 시험공부를 하고 의사가 되기 위해 발버둥 치고 있어서는 안 될 것이다. 우리는 새로운 도전을 해야 한다. 젊다면 더더욱 도전하고 실패도 해 보고 이루어 나가야 한다. 나에게 '20대로 돌아가면 무엇을 할 것이냐'라고 묻는다면, 나는 구글 인공지능 팀에 들어가 보고 싶다. 젊음은 그런 것 아닌가. 무엇이든 도전해 볼 수 있는 것. 실패를 두려워하지 않고 불가능에 도전해 보는 것.

요즘 명예퇴직자들이 공무원 시험에 도전해 합격자 명단에 이름을 올리고 있다. 열정은 이런 것이다. 20대에 공무원이 되어서 평생 자리만 지키고 있을 것인가. 그것이 가슴 뛰는 꿈이고, 젊음을 쏟아부을 일인지 의심스럽다.

불가능한 것을 꿈꾸고 도전해 본다. 안 되면 말고. 실패한다면 그때 보이는 또 다른 길을 열심히 가면 된다. 평균수명은 점점 길어지고 있다. 보험 등을 계획할 때 이전에는 80세를 생의 끝 기준으로 했다. 하지만 요즘은 100세, 120세까지 바라보며 꾸준히 증가하는 추세다. 그렇다면 20대부터 시작한 공무원 생활을 60세까지 하고 나머지 인생은 어떻게 살 것인가. 40년간 공무원으로서 자리를 지키고, 퇴직 후 40년의 시간은 연금을 받으면서 여가 시간만 보내며 살 것인가? 듣기만 해도 지루하고 따분하다.

나의 직업도 무척이나 지루하다. 물론 아픈 사람을 낫게 해 준다는 보람은 있다. 나의 일은 항상 병원에 앉아 아픈 사람이 오는 것을 기다리는 것이다. 세상 모든 직업이 이렇게 반복되는 일상임에는 틀림없다. 그렇게 직업을 유지하며 가족을 부양하고 살아가는 것이다.

그렇다면 다들 그렇게 사니까, 그게 인생이야. 이렇게 인정하고 꼭 같은 일을 반복하며 살아야 할까. 나는 아니라고 생각한다. 주변을 둘러봐라. 건물마다 병원이 있다. 꼭, 내가 고쳐 주지 않아도 아픈 사람을 고쳐 줄 의사는 차고 넘친다. 공무원, 회사원. 나 아니어도 그 일을 할 사람은 넘쳐 난다. 그 자리에 들어오기 위해서 발버둥 치는 사람들은 줄 서있다.

나는 이제 지루한 일상을 박차고 나와 가슴 뛰는 일을 찾아 나설 것이다. 멋진 엄마 코스프레는 벗어던지기로 했다. 이제 무료하게 병원에 앉아서 환자를 기다리는 일, 그런 보람은 기존의 의사들, 새로 의사가 되려고 갈망하는 젊은이들에게 넘기겠다.

4차 산업 혁명 시대가 무슨 말인지 와닿지 않는다. 4차 산업 혁명 시대를 말하는 사람 중, 의대를 나오고 컴퓨터 백신을 개발한 안철수가 있다. 의사라는 구시대적 직업에서 IT 업계라는 새로운 직업에 도전하고 성공했다. 여기에서 멈추지 않고 정치에까지 도전하는 대담함을 가졌다. 그러나 4차 산업 혁명 시대를 외치는 그의 말도 무슨 소린지 모르겠기는 마찬가지다.

1차 산업 혁명 시대인 농업사회는 2차 산업 혁명 시대인 산업화와 대량생산 시대로 전환되었다. 이 시기에는 변화에 빠르게 적응한 사람들이 부를 선점했다. 또한 2차 산업 혁명 시대인 산업화 시대는 3차 산업 혁명 시대인 서비스, IT산업 시대로 전환되었다. 이 시기의 닷컴 열풍에 현재의 거부들이 탄생했다. 빌 게이츠, 스티브 잡스, 워런 버핏, 마크 저커버그 등 모두 이 변화를 선점한 사람들이다.

우리는 4차 산업 혁명 시대의 최전방에서 혁신기술을 개발하거나 아이템을 선점하지 못할 수도 있다. 3차 산업 혁명 시대를 성공적으로 개척한 유수의 기업들이 이미 많은 자원을 4차 산업에 투자하고 있다. 하지만 모든 사회 구성에는 다양한 역할이 존재하게 되어 있다. 기업의 역할이 있고, 그와 다른 각 개인의 역할도 있다.

지금은 3차 산업 혁명 시대에서 4차 산업 혁명 시대로 전환되는 시기다. 1차, 2차 산업 혁명 시대와는 비교도 안 될 만큼 세상은 빠른 속도로 변하고 있다. 각 사회구성원으로서 우리는 이 변화에 발맞춰 나아가야 한다.

내가 가려는 길이 어떤 길인지 알 수 없다. 보이지 않는다. 하지만 재미있을 것이라는 확신이 든다. 그리고 이것이 4차 산업 혁명 시대의 직업에 부족할 수도 있다. 또 다른 구시대적 직업관의 형태로 나타날 수도 있다. 그러나 한술에 배부를 수는 없다. 한 걸음 한 걸음 앞으로 나아가다 보면 4차 산업 혁명 시대 속으로 걸어 들어갈 것이다.

변화가 두렵다고, 어떤 일을 해야 할지 모르겠다고, 4차 산업 혁명이 무엇인지 모르겠다고 하는 것은 다 핑계다. 그것이 안 보이고 모른다고 병원에 앉아 환자를 기다리는 일만 계속 할 수는 없다. 안 보이면 찾을 것이고, 모르면 배울 것이다.

나는 새로운 일을 찾을 것이다. 전통적인 구시대적 직업의 핵심에 있었던, 모든 사람이 가지고 싶어 하는 직업을 박차고 변화할 것이다. 변화를 완성하고 사람들에게 세상의 변화를 알릴 것이다. 우리 젊은이들이 변화하는 세상에 뛰어드는 열정적인 사회를 만드는 선봉에 설 것이다.

부모님께 사랑한다 말하기

"부모님께 사랑한다 말하기."

이렇게 말하면 사람들은 "그게 뭐 어려워?" 아니면, "좀 쑥스럽긴 하지." 정도의 반응을 보이지 않을까? 아니면 아주 드물게는 부모님과 원수 같은 관계도 있을 수 있겠다.

나에게 '부모님께 사랑한다 말하기'는 어떤 의미일까. 나는 태어나서 한 번도 부모님께 사랑한다고 말해 보지 않았다. 그리고 또한 내가 기억하는 시절부터 부모님께 사랑한다는 말을 들어 보지 못했다. 그보다 더 어렸을 때는 어땠는지 모르겠지만 크게 다를 바 없었을 것 같다. 보통의 가정이 어떤 모습인지는 모른다. 드라마를 봐도 가족의 일상의 모습에는 옥신각신 애정은 있다. 하지만 사랑한다고 말하는 것은 흔하지 않다.

말할 수 있는데 안 하는 것과 말하지 못하는 것은 다르다. 나는 안 하는 것이 아니라 못 하는 것이다. 왜 못 할까?

우리 가족은 겉보기에는 무척이나 화려하다. 어렸을 때의 나는 친구들이 꽤 부러워하는 그런 환경을 가졌었다. 부모님 모두 잘난 것으로는 어디 내놔도 부족하지 않았다. 아빠는 서울대 정치과를 졸업했다. 다행히 정치를 하시지는 않았다. 지금도 이름만 대면 알 만한 회사에서 내가 초등 저학년 때부터 임원을 하셨다. 엄마는 유명한 여대 수석 입학으로 1960년대에 신문에 나온 화려한 이력을 가지고 있다. 1970년대에는 전문직을 가진 엘리트 여성이었다. 친척들의 이력도 화려하고, 자식들 역시 다 잘산다. 아빠는 좋은 학교를 나왔고 사업 수완도 있으셔서 돈도 잘 벌었다.

우리 집은 마당이 50평이나 되었다. 마당에는 아주 조그만, 관리 안 되는 연못도 있었다. 아빠가 유통업에 종사하셨기 때문에 냉장고에는 항상 신기한 식품들이 가득했다. 그러나 이런 모든 것은 외형에 불과하다. 우리 집 속을 자세히 들여다보면, 개인주의로 모든 것을 설명할 수 있다.

우리 집에는 아들 둘과 내가 있다. 우리 엄마는 아들 넷에 딸하나, 외동딸이다. 집안이 전체적으로 여성성 결핍 상태라 할 수 있다. 나는 가족들과 정말 객관적인 사실에 치중한 이야기 이외의 감정을 드러내는 이야기는 안 한다. 속상했던 일, 힘든 일로 위로를 받아 본 적이 없다. 우리의 대화는 그냥 딱 사실에 한정되어 있다. 어렸을 때의 나는 그런 것에 크게 동요하지 않았다. 하지만 나도 모르는 사이에 내가 애정 결핍이라는 감정 장애를 갖고 있음을 알게 되었다.

내가 대학을 다니면서 처음 알게 된 것은 구워 먹는 삼겹살과 애정 결핍이라는 장애를 가졌다는 사실이었다. 하지만 나 역시 어느 정도 개인주의의 가족력을 가지고 있었기 때문에 크게 상처받지 않으려 노력했다. 하지만 세상에 마음 안 아프고 사는 사람이 어디 있겠는가. 나도 남들 아픈 만큼 아픈 것이 아닐까. 스스로 위로를 하며 살아왔다. 나는 여성성 가득한 가정을 그리며 꿈꿨다. 그리고 지금은 딸 둘을 낳고 매일매일 서로 사랑한다 말하며 살고 있다.

그때도 지금도 주위 사람들은 나를 애정 듬뿍 받고 자란 부잣집 외동딸이라 생각한다. 그리고 그 말이 틀린 말은 아니다. 나는 좋은 환경에서 잘 자랐다. 하지만 개인주의 분위기의 가정환경은 나에게 애정 결핍이라는 장애를 주었다. 그 애정 결핍은 나를 외롭게 했지만 한편으로는 나에게 세상을 살아가는 강력한 힘을 주었다.

내가 만든 나의 생존전략은 '감정 허세'다. 우리는 흔히 허세라고 하면 왠지 거짓이 가득한 모습을 생각한다. 맞다. 허세는 가짜 모습이다. 잘난 척, 있는 척, 똑똑한 척 등등 우리는 많은 허세를 접하며 살고 있다. 그리고 대부분 좋은 모습으로는 기억되지 않는다.

나는 '감정 허세'라는 멋진 허세를 만들었다. 이 감정 허세는 행동 허세와 다르다. 우리가 싫어하는 많은 허세들은 행동 허세라고 할 수 있다. 잘난 척하는 행동, 있는 척하는 행동, 똑똑한 척하는 행동 등이다. 이 행동으로 우리는 허세를 눈으로, 감정으로 만나게 되는 것이다.

감정 허세는 눈에 보이지 않는다. 잘난 척 허세는 그냥 나 혼자 잘난 척하는 감정이다. 이것은 행동으로 드러나지 않는다. 내 속에서 나의 감정이 잘난 척하는 것이다. 행복한 감정 허세는 힘들고 외로울 때 내 안에서 마음껏 허세를 부린다. '나 행복해' 하며 마음껏 허세를 부려도 아무도 눈치채지 못한다.

내가 좋아하는 감정 허세들은 똑똑한 감정 허세, 행복한 감정 허세, 잘난 감정 허세, 멋쟁이 감정 허세 등이다. 아무도 내가 허세 가득한 사람인 줄 모른다. 아주 가끔 나는 행동 허세를 보여주기도 한다. 잘난 척 행동 허세 한두 번 한다고 누가 뭐라고 할까? '그래. 너 정말 잘났다' 이 정도 비난 한번 받으면 그만이다. 하지만 자주 하면 안 된다. 왕따로 가는 지름길이기 때문이다.

아이들이 조금 자라고 나서는 마음껏 행동 허세를 부린다. 나는 아이들에게 절대적인 엄마라는 존재다. 아이들과 나는 온전히 마음이 통하는 관계다. 아이들도 나도 서로의 앞에서 허세쟁이가 된다. 감정 허세, 행동 허세 모두 우리를 즐겁고 행복하게 만든다. 집에서 서로가 잘난 척도 마음껏 해 보고, 예쁜 척도 마음껏 해 보는 것이다. 우리는 서로 그다지 예쁘지도 잘나지도 않았다는 것을 잘 안다. 그러면 또 어떤가. 꼭, 예쁘고 잘난 사람만 예쁜 척, 잘난 척하고 살라는 법은 없지 않은가?

우리는 자신을 아름답고 행복하게 만들어 주어야 한다. 내가 세상에 태어난 이유는 나의 삶을 가장 아름답게 가꾸어 가기 위함이다. 이것은 부모님, 선생님, 그 어떤 누구도 해 줄 수 없는 일이다. 그들이 더 좋은 환경, 더 큰 사랑으로 조금 편하고 마음 따뜻하게 만들어 줄 수 있을지는 모르겠다. 하지만 그것은 환경이 조성된 것일 뿐, 결코 나 자신의 것이 아니고, 언제든지 사라질 수 있는 것이다. 내가 만들어 가는 것만이 나의 것이다.

행복해지는 것은 어렵지 않다. 항상 힘든 마음을 붙잡고 "힘들어, 힘들어." 한다고 어려운 일이 해결되지는 않는다. 힘든 일을 겪고 있을 때 잠시 잘난 척 감정 허세를 부려 보자.

'그래, 세상에 나만큼 잘난 사람 있으면 나와 보라 그래. 내가 이렇게 힘든데 다른 사람들은 얼마나 힘들겠어? 나같이 잘난 사람이니까 이만큼밖에 안 힘든 거야!'

물론 조금 있으면 잘난 척 감정 허세는 사라진다. 하지만 이렇게 한 번 두 번, 하루 이틀을 보내면 힘든 일은 해결되어 있거나 곧 해결된다.

만약 내가 감정 결핍에 매몰되어 있었다면 어땠을까. 내가 가진 풍요로운 환경, 나의 좋은 유전자, 나를 사랑하지만 절대 표현하지 못하는 부모님. 이 모든 것에 감사할 줄 모르고 불평불만을 일삼으며 여기저기에 사랑을 구걸하고 다녔을 것이다. 물론 아직 나에게는 '사랑'이라는 단어가 낯설다. 그것은 아무리 내가 경험을 해도 이해할 수 있는 단어가 아니다.

세상에 많은 사람들이 사랑을 외친다. 그러나 정작 세상에는 진정한 사랑을 행하고 있지 못한 사람이 더 많다. 어떤 사람들은 자기 자신에 대한 욕심과 탐욕을 사랑으로 착각하고 산다. 또 다른 사람들은 남에게 베푸는 사랑이 아니라 남이 자신에게 베푸는 사랑만을 탐하기도 한다. 비록 나는 부모님에게 사랑을 표현하지 못하는 감정표현 장애가 있기는 하지만 부모님이 나를 사랑한다는 것은 확신한다. 사랑은 굳이 말로 표현하지 않아도 알 수 있는 감정이기 때문이다.

내가 이 감정표현 장애에 대한 불평과 피해의식을 늘어놓자면 책 한 권도 쓸 수 있다. 그러나 내 안의 사랑을 갈구하는 감정 허세는 세상의 사랑을 다 받은 것처럼 느끼고 싶어 한다. 가끔 한 번씩 마음껏 허세를 부려 본다.

여전히 나는 세상에 부족한 것 없는 부잣집 귀한 외동딸로서 잘살고 있다. 나에게는 우리 부모님의 감정표현 장애와 나의 애정 결핍 장애를 이해해 주는 진실 된 친구가 몇 명 있다. 가끔 힘들

때 현실의 나는 친구들의 위로를 받는다. 감정 허세로부터 마음의 위로를, 진실 된 친구들로부터 현실의 위로를. 이렇게 나는 오늘도 힘든 현실을 열심히 살아간다.

뻔하지 않은 길을
걸어가면서
최고의 독서 동기부여
코치 되기

+ 정 지 웅 +

정지웅 독서 동기부여 코치, 고민 상담가, 독서 강연가, 잠재의식 연구가

'평범한 사람일수록 꿈과 미래는 평범하지 않아야 한다.'는 신념으로 독서를 통해 삶을 바꾼 20대 청년이다. 책의 조언을 따라 브라질월드컵 및 리우올림픽 통역, 항공사와 대기업 입사 등 본인이 원하는 인생을 마음껏 펼쳐 왔다. 자신이 경험한 책의 힘을 널리 알리고 많은 이들의 성공을 돕고자, 독서 동기부여 코치라는 꿈을 꾸고 있다. 현재 '삶을 바꾸는 독서습관'을 주제로 개인저서를 집필 중이다.

C·P 010.4155.1015

대한민국 최고의
독서 동기부여 코치 되기

당신의 꿈은 무엇입니까? 사람들에게는 저마다 목표하는 인생이 있다. 무언가 되고 싶고, 무언가 하고 싶은 일을 하면서 사는 그런 삶 말이다. 얼마나 멋지고 아름다운 인생인가? 하지만 나에게는 한동안 꿈이라는 것이 없었다. 아니, 다시 말해 찾지 못했었다.

물론 지금까지 아예 삶의 목표가 없었던 것은 아니었다. 어렸을 때는 요리도 못하면서 요리사가 되고 싶어 했고, 태권도 선수로서의 삶도 상상했었다. 중학교 때는 남들 따라 외고 입시를 준비하며 외고에 입학하는 게 꿈이었다. 고등학교 때는 남들이 알아주는 좋은 대학교에 가는 것이 꿈이었다. 그리고 대학교에 입학하고는 이름난 대기업에 취업하는 것이 목표였다.

하지만 스무 살이 되고 대학생활을 하다 보니 깨달았다. 내가 꿈이라고 생각하고 달려왔던 것들은 나를 위한 것들이 아니었다.

남들이 옳다고 생각하는, 남들이 인정해 주는 그런 것들이었다. 너무도 당연한 올바른 길이었다. 누군가 정해 둔, 이렇게 살아야만 한다는 정답처럼 만들어진 길이었다.

그것도 모르고 이렇게 치열하게 공부하면서 시험 결과에 따라 울고 웃으며 살아왔다. 마치 시험과 좋은 곳에 들어가는 것이 내 인생의 전부인 것처럼 말이다. 내 주변 친구들도 그렇고 상당수의 내 또래들도 그럴 것이다. 그도 그럴 것이 아무도 진짜 인생에 대해서 이야기해 준 적이 없었기 때문이다.

그럼 왜 갑자기 이런 생각이 들었을까? 왜 스무 살이 되고 나서야 깨달은 것일까? 대학생이 되면 자연스레 깨닫게 되는 것일까? 그 답은 내가 독서를 시작했기 때문이다. 누군가는 나이가 들어감에 따라 자연스레 철이 들고 생각이 많아지기 때문이라고 생각할 수도 있다.

그러나 나의 대답은 분명하다. 책을 읽었기 때문에 깨달을 수 있었다. 책이 아니고서야 절대 나는 깨우칠 수 없었다. 통학하는 길에 할 게 없어서 펼쳐 봤던 책이, 시간이 아까워 읽기 시작했던 책이 나를 가르친 것이다. 사람들은 말한다. 책을 읽는 게 대체 뭐가 도움이 되는지, 글자를 읽는다고 인생이 달라진다는 것인지, 라고 말이다.

그들에게는 책 읽을 시간에 시험을 준비하고, 한 시간이라도 더 일하는 것이 중요하다. 나 역시 그랬다. 책이라고는 과제가 아니고서야 쳐다보지도 않았다. 과제였어도 인터넷에서 찾은 줄거리와 결말만 읽었을 뿐, 손에 책을 들고 읽지는 않았다.

하지만 다시 한 번 말하지만, 책은 그랬던 나를 온전히 바꾸어 버렸다. 그리고 지금, '대한민국 최고의 독서 동기부여 코치'라는 꿈을 꾸게 해 주었다. 남들이 바라고 인정해 주는 꿈이 아닌, 진짜 나를 위한 첫 번째 꿈이다. 그래서인지 요즘 너무도 생생하게 꿈을 꾸고 있다. 그리고 매일매일 바쁘지만 행복하다. 진짜 나를 위해 시간과 노력을 들이는 것인지라 전혀 힘들지 않다.

이 꿈을 만들기까지 꽤 오랜 시간의 축적이 필요했다. 앞서 언급했듯, 독서는 나에게 아주 중요한 전환점이 되었다. 실천하는 힘, 상상하는 힘, 긍정적 마인드, 자신감 등등 나에게 많은 것을 선물해 주었다. 이것들은 나의 원동력이 되어 주었다. 나는 이 원동력으로 주어진 과제와 목표한 것들을 차근차근 해결해 나갈 수 있었다.

하지만 가장 큰 고민이었던 '내가 좋아하고 즐길 수 있는 일'을 찾는 것은 너무도 어려웠다. 끊임없이 나에게 질문했다. 대체 어떤 일을 해야 나만의 길을 걸어가는 것이냐고 말이다. 답답할수록 더욱 책에 매달렸다. 책이 나에게 분명히 답을 줄 것이라고 확신했다. 그래서 '스스로와의 대화', '다양한 경험' 등 책의 조언을 열심히 따랐다. 나와의 대화를 위해 혼자서 영국만 한 달간 여행도 해 봤다. 항공사 일을 해 보기도 하고 올림픽 통역에도 도전했다. 한 가지 얻어걸릴까 하는 심정으로 이런저런 다양한 일들을 시도했다.

하지만 그 답은 좀처럼 쉽게 나오지 않았다. 그리고 닥친 건 4학년 취업준비생이라는 현실이었다. 나는 더욱 발버둥 쳤다. 대기업에 들어가서 뻔한 인생을 살고 싶지 않았다. 아직 목표를 찾기도 전인데 사회가 정해둔 틀이 나에게 가까이 오는 게 너무도 싫었다. 하지만 시간이 지날수록, 그렇게 자신 있었던 내가, 다시 사회가 정해둔 틀에 점점 갇히고 있었다. 취업 공고를 보며 유명한 기업일수록 더욱 욕심이 생겼다. 나는 취업 준비에 모든 힘을 쏟고 있었다.

그렇게 지금의 회사에 입사했다. 물론 대기업과 회사원으로서의 삶을 무시하는 것은 아니다. 나는 그저 남들 따라, 사람들이 인정하는 곳에 들어가고, 그곳에 만족하는 그런 수동적인 삶을 살고 싶지 않았을 뿐이다. 입사 후 1년간은 여느 신입사원이 그렇듯, 적응하는 데 온 힘을 쏟을 수밖에 없었다. 잠을 일부러 몇 시간씩 더 잤음에도 긴장한 탓인지 피곤했다. 모든 순간이 모르는 것, 실수투성이였다.

그 와중에 정말 감사하게도 책은 항상 내 옆에 존재했다. 지방에서 근무하고 있기 때문에 평일에는 약속이 없다. 아니 있을 수 없다. 난 성남에서 태어나 쭉 살아온 성남 토박이다. 청주라는 곳에서는 회사 동료 외에 아무도 알지 못했다.

사람들은 혼자 지방에 내려가서 어떻게 지내느냐고 묻는다. 또한 외로워서 어떻게 견디느냐고 묻는다. 나는 여기에 명확하게 대답할 수 있다. "오히려 혼자 있는 시간이 있었기 때문에 책을 놓지 않을 수 있었다. 책 덕분에 사회와 업무에 빠르게 적응할 수 있었고, 흔들리는 멘탈을 다잡았다. 그 덕분에 힘든 일과 외로움을 견딜 수 있었다."라고 말이다. 그리고 무엇보다 나의 진정한 첫 번째 꿈을 찾을 수 있었다.

작년 말부터 갑자기 '책 쓰기'라는 주제의 책들이 눈에 들어오기 시작했다. 읽으려고 읽은 것이 아닌데, 읽는 책마다 이상하게 책 쓰기란 내용이 껴 있었다. 그리고 가랑비에 옷 젖듯, 나도 모르게 책 쓰기에 점점 가까워지고 있었다. '에이, 책을 어떻게 써', '책 써서 뭐 해'라는 생각들이 '나도 한번 써 볼까?', '책을 쓰면 어떤 기분일까?'라는 생각들로 바뀌기 시작했다. 이렇게 책은 나에게 또다시 새로운 길을 안내했다. 그리고 얼마 지나지 않아 이 생각이 버킷리스트가 되었다. 지금 이 버킷리스트가 실현되고 있다.

책 쓰기를 준비하려고 보니, 나를 돌아보는 것이 필요했다. 내가 어떤 삶을 살아왔고, 어떤 삶을 원했고 앞으로 무엇을 원하는지 생각해 봤다. 그러다 깨우쳤다. 나는 책으로 나를 바꾸고 삶을 바꾼 사람이다. 그래서 이 소중한 경험을 다른 사람과 공유하고 싶다는 생각이 들었다. 독서는 시간 낭비, 돈 낭비라는 아주 위험한 편견을 깨고 싶다. 그런 사람들에게 '나는 이렇게 해서 바뀌었다. 당신이라고 못 할 게 없다.'라고 전하고 싶다. 그리고 꼭 직접 보여 주고 경험하게 하고 싶다. 나의 책을 읽고, 조언을 듣고, 한 명이라도 그 기적을 경험할 수 있다면 너무도 뿌듯한 삶이 아닐까?

책을 읽지 않아도 사는 데 큰 문제가 되지는 않는다. 그럼 왜 책을 읽으라고 하는 것일까? 독서를 이해 못하는 사람들의 표현을 빌려 보자. '책이 밥 먹여 주는가?', '책만 쳐다보고 있으면 돈이 나오는가?' 내 대답은 '그렇다', '확신한다'다. 책을 읽으면 나의 내면과 생각이 바뀐다. 그러면 내가 뱉는 말들과 행동들이 달라지고, 결국은 나의 삶이 달라진다. 이 원리를 아는 사람과 알지 못하는 사람의 오늘은 비슷할지 몰라도 내일과 내일모레는 확연히 다를 것이다.

나도 책을 많이 읽지 않았다. 나보다 훨씬 많이 읽은 사람이 허다하다. 나보다 성공한 사람들도 무수히 많다. 그럼에도 불구하고 '독서 동기부여 코치'란 꿈을 가지게 된 건, 같이 성장하고 싶기 때문이다. 나의 경험을 공유하고 그들도 직접 경험하게 되고, 그로 인해 모두가 독서의 힘을 깨닫는 것 말이다.

내 나이 현재 스물여섯 살. 지금부터 진짜 나를 위한 여행을 떠나 보려 한다. 머지않아 나와 마주할 수 있는 날이 오기를 바란다. 지금까지 책을 안 읽었든 많이 읽었든 전혀 중요하지 않다. 나와 함께 인생의 새로운 기적을 써 보자. 나 또한 써 내려가야 할 것들이 많이 남아 있다. 전혀 두렵지 않으며 어떤 일이든지 이뤄 낼 것이다. 항상 책과 함께하는 삶을 살 것이기 때문이다.

퍼스트 클래스 타고
마음껏 해외여행하기

누구나 한 번쯤은 상상해 봤을 것이다. 길게 늘어진 이코노미 석 대기 줄을 제치고 당당히 퍼스트 클래스에 탑승하는 장면을 말이다. 그 좌석에서는 당연히 대우가 다르다. 음식과 마실 것이 다르며, 제공되는 기본 물품들도 다르다. 그리고 무엇보다도 누워서 갈 수 있다는 점이 가장 큰 매력이다.

글을 쓰는 지금, 나는 상상한다. 공항에 들어설 때부터 어깨 쫙 펴고 걸어 다니는 나를. 나는 사람들의 부러운 시선을 받으며 먼저 탑승할 것이다. 사람들은 속으로 '나이도 어려 보이는데 퍼스트 클래스를?', '금수저인가?'라고 생각할 것이다. 그러면 난 눈빛으로 답할 것이다. '아니요, 내 돈으로 타는 거예요', '저 젊은 부자거든요. 자수성가했어요.'라고 말이다.

난 여행을 좋아한다. 가까운 동남아부터 저 멀리 남미까지도 다녀왔다. 물론 여행을 싫어하는 사람도 꽤 있겠지만, 난 비행기를 타는 것이 너무나 좋다. 공항에 가는 길이 너무도 설렌다. 하지만 그 기대감이 잠깐 주춤할 때가 있다. 비행 몇 시간이면 피곤해지기 때문이다. 실제 비행 중에 나는 좁은 자리 때문에 다리가 저리고, 허리와 엉덩이에 통증을 느낀 적이 많다. 목적지를 여행할 생각으로 꾹꾹 버티지만, 도착 시간이 왜 그리도 길게 느껴지는지. 그럴 때마다 나는 '퍼스트 클래스에 탄 사람들은 누워서 편하게 가겠지?'라는 생각을 자연스레 하게 된다.

그래서인지 나는 비행기에 타고 내리면서 항상 그 자리에 앉아 있는 사람들과 자리의 형태를 본다. 그러고는 생각에 잠긴다. '저 사람들은 무엇을 하는 사람들일까?', '이 사람들은 어떤 물품을 받는 거지?' 이런 생각들은 결국 한 가지 결론으로 끝나게 된다. '나도 꼭 한번 퍼스트 클래스 타고 여행을 가 보리라.'

앞서 퍼스트 클래스를 얘기했지만, 그 이면에는 여행을 마음껏 하고 싶은 마음이 도사리고 있다고도 할 수 있다. 비용 걱정 없이 언제든 하고 싶은 여행을 하는 것이다. 그리고 이왕 가는 거 더 편하고 고급스럽게 간다면 금상첨화 아닌가?

여행은 왜 항상 기대되는 것일까? 여행을 생각할 때면 괜스레 마음이 설렌다. 왜 그럴까? 나는 그 이유가 여행이란 것이 쉽지 않기 때문이라고 생각한다. 즉, 한 번 갈 때 비용과 시간이 꽤 필요하기 때문에 더욱 기대감이 큰 것이다.

그래서 나는 이러한 삶을 마음껏 누리면서 살고 싶은 것이다. 돈과 시간으로부터 자유로운 인생 말이다. 퍼스트 클래스를 타고 가고 싶은 곳, 원할 때 가는 게 얼마나 멋진 삶인가?

나는 여행에서 많은 것을 얻었다. 책은 눈으로 읽으면서 세상을 경험하게 해 주었다. 하지만 여행은 발로 뛰면서 세상을 경험하게 해 주었다. 직접 보고 듣고 느끼면서 지금의 나를 만들어 왔다. 그래서인지 나는 힘닿는 데까지 세계 이곳저곳을 누비면서 평생 배우고 싶다.

지금부터는 여행을 마음껏 하고 싶은 이유에 관해 조금 더 이야기해 보겠다. 여행에서 찾는 의미는 사람마다 다양하다. 저마다 관광, 휴식, 출장 등 여러 가지 이유로 여행을 할 것이다. 나에게 여행이란 '배움'이다. 알지 못하고, 생각해 보지 않은 것들을 경험하는 것이다. 그게 사소한 것일지라도 깨달음을 얻었다면 그건 결코 사소한 배움이 아니다. 사람들이 '여행으로 견문을 넓혀라!'라고 말하는 것이 이런 이유일 듯싶다.

물론, 여행은 휴식이기도 하다. 유명 관광지에서 사진을 찍고 추억을 남기는 것도 중요하다. 그래서 여행을 가면 필수 관광지, 유명 관광지를 가는 경우가 많다. 나 역시 관광지에서 사진으로 추억을 남기는 것을 좋아한다.

하지만 이것이 여행의 궁극적 목적이 되지는 않는다. 겉모습보다는 그 속을 경험하고 싶기 때문이다. 그래서 나는 사람 구경을 하거나 현지인처럼 일상을 보내려고 한다. 여행을 준비할 때는 진짜 가 보고 싶은 명소 몇 개만 찍고 아무것도 계획하지 않는다. 종일 아무 곳으로나 걸어 다닌다. 골목길도 구경하고 아무 건물이나 들어가 보고, 영화도 본다. 뻔하지 않은 것들을 하는 것이다. 그러면 계획하지 않은 곳에서 마주하는 것들이 많다. 이 뜻하지 않은 길에서 진짜 모습들을 만나는 것이다.

이런 것들이 나에겐 너무도 소중한 재산이 되었다. 유명 관광지만 보고 다녔다면, 절대로 배울 수 없었던 것들이었다. 브라질 여행에서는 즐겁게 사는 사람들을 보며 삶의 목적에 대해서 생각해 보게 되었다. 남미 여행에서는 거대한 자연 앞에서의 작은 인간의 모습을 바라보게 되었다. 또한 전혀 모르는 이들에게 베푸는 모습을 보며 열린 마음을 몸소 느꼈다. 영국에서는 주변 사람과 일상의 소중함을 경험했다.

조금 더 자세히 얘기해 보겠다. 브라질 사람들은 돈을 버는 것에 집착하지 않는다. 그들에게는 우선순위가 돈이 아니기 때문이다. 가장 중요한 것은 가족, 친구, 일상 등 물질이 아닌 정신적인 것들이다. 그래서 이들은 가족과 식사하는 것에 큰 행복감을 느낀다. 하루하루 즐기며 사는 것에 의의를 둔다. 반면, 우리나라에서는 하루 몇 시간 더 일하더라도 악착같이 돈을 모으는 것이 중요하다. 반대의 환경에 처음엔 혼란스러웠고, 브라질 사람들을 비방했다. 하지만 그것은 나의 고정관념이었다. 내가 정답이 아니기 때문이다. 브라질 여행하면서 나는 그들로 인해 살아가는 진짜 이유, 삶의 목적에 대해 깊게 생각해 볼 수 있었다.

또 한 가지, 런던에서 자전거를 빌려 발 닿는 대로 갔던 적이 있다. 다니다 보니 정말 관광지 하나 없는 현지인들의 동네까지 가게 되었다. 공원에서는 놀러 온 가족들을 구경하고, 장터가 열린 곳에서는 물건을 사고파는 사람들을 구경했다. 이곳저곳에서 마주치는 사람들과 인사도 나눴다. 그때는 마치 내가 그 지역의 주민인 것처럼 느껴졌다. 그러나 이어 타지에 혼자 떨어져버린 것 같은 낯선 감정을 느꼈다. 문득, 한국에 있는 가족과 친구들 그리고 그곳에서의 소소한 일상이 생각나고 그리웠다. 그때 나는 그동안 너무 사소해서 그냥 지나쳤던 것이 무엇보다 소중하다는 것을 몸소 배웠다.

여행에서의 가장 큰 배움은 나를 알아 가는 것이라 할 수 있다. 여행을 하다 보면 본인 스스로와 마주하는 순간들이 많다. 나의 지나온 과거와 현재 그리고 나아갈 미래를 생각하고 그리게 된다. 물론 여행이 아닌 일상에서도 이런 기회들은 만들 수 있다. 하지만 여행에서의 그것은 오롯이 하나에만 집중할 수 있어 그 의미가 묵직하다.

나는 퍼스트 클래스를 타고 다니는 세계 여행가가 될 것이다. 그리고 그 첫 번째 비행은 2019년이 될 것이다. 만약 젊은 친구가 퍼스트 클래스에 앉아 있다면 인사해 주셔도 좋다.

지금 막 글을 마무리하다가 또 다른 버킷리스트가 생각나서 적어 본다.

'퍼스트 클래스 여행가의 세계여행 일지' 출판하기.

이 책은 그 어느 책보다도 보고 배운 것들이 생생하게 기록되어 있을 것이다.

가족 모두 내 지원으로 해외여행 가기

해외여행을 하는 사람들은 무척 많다. 인천공항은 언제 가나 사람들로 붐빈다. 특히 연휴 때는 불경기임에도 매번 사상 최대의 이용객 수를 기록한다. 공항에서 사람들을 지켜보면, 여러 부류의 사람들을 마주하게 된다. 친구와 둘이서 가는 사람, 단체관광 혹은 가족끼리 여행 가는 사람들, 그리고 심심치 않게 나 홀로 여행자들도 볼 수 있다. 사람들의 얼굴에는 설렘과 기대감으로 가득하다. 각자의 일상에서 잠시 벗어날 수 있다는 것만으로도 얼마나 기쁜 일이겠는가?

나는 공항을 적게 이용한 편은 아니다. 생각하는 기준마다 다르겠지만, 그래도 주위 사람들보다 꽤 해외를 나간 편이라고 생각한다. 그런데 매번 갈 때마다 마음 한편에는 미안함이 있었다. 집에 있는 가족들 때문이다. 여행을 간다는 설렘도 가득하지만, 나만 즐기는 것 같은 미안함도 컸다. 그래서인지 공항에서 가족 단위의 여행객들을 마주치면 부럽기도 하다.

한편으로는 나도 모르게 웃음이 지어지기도 한다. 그들의 행복감이 전달되기도 하고, 가족들과 함께했던 여행의 추억이 떠오르기도 하기 때문이다. 그리고 이내 가족들과 오는 여행을 상상하기도 한다.

그러나 상황이 쉽지 않다. 일상에서 자유로운 사람들이 얼마나 있겠는가? 우리 가족은 나를 포함해 4명이다. 혼자 여행 가는 것도 이런저런 이유로 일정을 잡기가 쉽지 않다. 그런데 가족 네 명의 스케줄을 맞추려면 오죽할까. 가족이 다 같이 움직이려면 몇 달 전부터 날을 조정해야한다. 그러나 날만 잡는다고 갈 수 있는 것도 아니다. 비용 문제도 있다. 가족여행이다 보니 혼자 다닐 때처럼 가난하게 다닐 수는 없지 않은가? 결국, 이것저것 따지다 보면 일정이 취소되고 만다. 그렇게 가족여행은 해외가 아닌 국내 가까운 곳으로 잠시 바람 쐬고 오는 것으로 변경되고 만다.

쉽지 않은 여건 때문에 나는 가족과의 해외여행을 버킷리스트로 정했다. 가족 구성원 모두가 비용과 시간의 자유를 얻어, 세상의 멋있는 것들을 보고 맛있는 음식들을 맛보길 소망한다. 그리고 그 여행의 경제적인 지원을 내가 함으로써 그동안 나에게 했던 투자가 결코 헛된 것이 아니었음이 증명할 것이다.

최근 '건강'이라는 주제로 인해 이 버킷리스트를 더 빨리 실현해야 할 이유가 생겼다. 여행이란 무엇보다 건강할 때 하는 것이 좋다. 여행은 상당한 체력을 필요로 한다. 같이 움직이는 사람들이 체력에 문제가 없어야 너도나도 즐거운 여행이 되는 법이다. 상상해 보라. 같이 여행하던 사람이 갑자기 몸살이 나서 눕거나, 다쳐서 거동이 불편하다면? 옆에서 지켜보는 사람은 마음이 불편하다. 같이 즐기면 배가 될 것을 혼자 즐겨야할 수도 한다. 그러면 여행에서 오는 즐거움은 이내 미안함으로 사그라지기 마련이다.

이러한 이유로 나는 목표한 시간을 좀 더 앞당겨야 한다고 생각했다. 최근 한 달 사이에 발생한 두 번의 사건이 원인이었다. 하나는 십년지기 절친한 친구가 사고를 당한 일이었고 또 하나는 엄마가 응급실에 실려 간 것이었다. 이 사건들로 인해 건강의 소중함에 대해 다시 생각해 보게 되었다. 그리고 버킷리스트의 기한을 2년으로 당겼다. 조금이라도 건강할 때 하루빨리 꼭 실현하고 싶어졌다.

사건이 발생한 건 불과 2주 전이었다. 그날도 일상처럼 외근을 다니고 있었다. 친구들은 카카오 톡으로 축구 이야기가 한창이었다. 그런데 신나게 떠들어야 할 이 친구가 말이 없었다. 친구들은 일하느라 바쁜가 보다 했다. 나도 업무 중이라 못 볼 때도 많고, 뒤늦게 보는 경우가 대부분이었다.

그런데 그때 그 친구에게서 카카오 톡이 날아왔다. 친구의 어머니였다. 고압 감전 사고를 당해서 지금 수술실에 있다는 것이었다. 거래처에 들어가려고 차를 세우고 무심코 눌러 봤던 문자에 너무 놀랐다. 나는 펑펑 울면서 살아만 있게 해 달라고 기도했다.

친구는 너무도 밝고 쾌활했다. 그런 친구가 하루아침에 사고로 쓰러졌다는 게 너무도 가슴 아팠다. 평생 우리 옆에서 웃고 떠들 것만 같았던 친구를 잃을 수도 있을 것 같아 너무 무서웠다.

정말 다행스럽게도 친구는 보란 듯이 살아났고 장기들도 크게 다치지 않았다고 한다. 화상을 좀 심하게 입었을 뿐. 친구가 살아난 게 정말 너무도 감사했다. 공교롭게도 글을 쓰는 오늘이 친구의 병간호를 해 주러 가는 날이다. 오늘 하루만이라도 친구가 아픔을 덜 느꼈으면 좋겠다.

두 번째는 엄마가 아파서 쓰러진 사건이다. 엄마는 두통과 너무도 친하다. 두통 때문에 평일이든 주말이든 꽤 자주 고생했다. 그런데 최근에 이사를 오고 나서 두통이 급격하게 심해졌다. 몸을 일으키지도 못하고 매일같이 토해냈다. 평소처럼 잠깐이면 괜찮아지겠지 했는데, 결국엔 터져 버렸다. 엄마가 근무 중에 응급실로 실려 간 것이다.

나는 청주에서 근무하고 있어 엄마의 사정을 잘 알지 못했다. 엄마는 주말이면 조금 괜찮아졌다가 평일이 되면 증세가 심해졌다. 그 탓에 주말에만 본가에 올라오는 나는 심하지 않은 엄마의 모습만 본 것이다. 하지만 누나의 전화를 받고 역시나 놀라지 않을 수 없었다.

그날도 어김없이 외근을 다니고 있었다. 누나와의 통화를 마치고 나는 울고 말았다. 며칠 사이에 차에서 두 번이나 울음이 터졌다. 당시 나는 심적으로 너무나 불안하고 겁이 났다. 무엇보다 엄마의 병명을 알 수 없다는 것이 무서웠다. 필요한 온갖 검사들을 다 받았다. 그러나 결과는 똑같았다. 원인이 없었다. 다행스러웠지만 한편으로는 더 무서운 병이란 생각도 들었다. 이후, 엄마의 건강은 조금 호전되었지만, 여전히 증세가 왔다 갔다 한다.

아무래도 엄마의 두통의 원인은 스트레스라고 생각되었다. 늘 강해보이는 엄마여도 직장에서의 스트레스는 상당할 것이다. 지금 나의 작은 소망이 있다면, 빠른 시일 내에 엄마가 직장을 그만두셨으면 하는 것이다.

단기간에 두 번의 사건을 겪으면서 나는 단 하나의 생각만 들었다. '하루라도 빨리 성공해야겠다.' 더 젊고 건강할 때 성공해서 돈과 시간으로부터 자유로워지는 것이다. 그리고 무엇보다 조금이라도 더 건강할 때 효도하는 것이 중요한 목표로 다가왔다.

엄마, 아빠도 더는 힘들게 일하시지 않았으면 좋겠다. 나에게 투자한 그 이상의 것들을 받으면서 여생을 즐겁게 사셨으면. 엄마, 아빠가 티를 내지는 않지만, 무엇보다도 원하는 해외여행을 자유롭게 다니는 삶을 선물해 드리고 싶다.

내가 목표하는 이 버킷리스트는 단지 우리 가족 네 사람에서 그치지 않는다. 친가와 외가 식구들 그리고 할머니, 할아버지까지 포함해서 잡은 목표다. 글을 쓰는 지금도 상상하고 있다. 모두가 즐거운 추억을 쌓고, 나에게 감사의 한마디를 해 주는 모습을 말이다.

마냥 허무맹랑한 꿈으로 끝내지 않을 것이다. 비용까지 계산해 두었다. 이 목표는 2020년에 반드시 이루어질 것이라 확신한다. 그 때쯤이면 엄마, 아빠 모두 일을 그만둔 상태일 것이다. 2020년 인천 공항에서 이 글을 다시 읽으며 뿌듯해하는 내 얼굴을 그려 보며 글을 마친다.

전 국민 독서 프로젝트 실시하기

'왜 책을 읽지 않는 것일까? 책은 왜 재미없을까?'

과거 TV 프로그램 중 〈책 책 책 책을 읽읍시다〉라는 프로그램이 생각난다. 어렸을 때라, 내용이 세세하게 기억나지는 않는다. 하지만 책을 추천하고 도서관도 짓고 했던 내용이었던 것 같다. 당시 무슨 바람이 일어 방송에서까지 독서를 독려하는 프로그램을 진행했을까? 그런데도 이렇게 독서율이 최저치를 기록하고 있는 이유는 무엇일까?

모두가 알다시피, 지금은 볼 것들이 너무도 많아졌다. 검색 한 번으로 필요한 정보를 찾고, 읽으려고 노력하지 않아도 저절로 정보들이 눈에 들어온다. 우리는 보고 읽을 것들이 너무도 넘쳐 나는 시대에 살고 있는 것이다.

또 한 가지 이유. 우리의 현실이 여유롭지 않다는 것이다. 학교에서는 공부와 시험의 압박을 받는다. 사회에서는 먹고살 돈을 벌어야 한다는 압박을 받는다. 그 누가 시간이 남아돌고, 돈이 여유롭다고 책을 사서 읽겠는가?

물론 나도 책을 읽지 않았다. 아니 전혀 읽어야 할 필요성을 느끼지 못했다. 책을 읽지 않는 사람들 역시 과거의 나의 생각과 비슷하리라 짐작된다. 사람들은 책을 읽으면 세상을 보는 안목이 길러진다고 말한다. 책으로 세상을 간접경험 할 수 있다고 말이다. 하지만 이 말은 전혀 동기부여가 되지 않았다.

내가 책을 본격적으로 읽기 시작한 건 스무 살 때부터였다. 중·고등학생 때는 책 읽는 행위가 이해되지 않았다. 책을 무작정 많이 읽으라니 읽고 싶겠는가? 내 눈앞에 닥친 현실은 시험과 대학이라는 큰 관문뿐이었다. 나는 늦게까지 학원에 매여 있었다. 해가 지면 당연히 야간자율학습을 했다. 당시 나의 유일한 낙은 잠깐의 자유 시간에 축구를 하거나 게임을 하는 것이었다.

그랬던 내가 처음으로 책을 읽으려고 시도한 적이 있었다. 고등학생 3학년 때였다. 아직도 책 제목이 어렴풋이 기억난다.《한국인을 위한 교양 사전》이란 책이었던 것 같다. 책 표지는 약간 푸른색이었다.

내가 이 책을 읽으려고 시도했던 이유는 단지 논술 때문이었다. 당시 대학입시의 한 방법인 논술은 수험생들에게 있어서는 큰 관심의 대상이었고, 그 논술을 위해 평소 멀리했던 교양 책에 눈을 돌리게 했다. 나 역시 그 수험생들 중 한 사람이었고, 논술과 관련된 책을 구매했다.

재미있는 건 다음 이야기다. 우리 고등학교에는 1교시 시작 전 0교시가 있었다. 1교시 본 수업을 시작하기 전, 0교시 자율학습 시간을 갖는 것이다. 나는 이 시간에 독서할 생각이었다. 그래서 자리에 앉자마자 책을 꺼냈더니 옆에 있던 친구가 한마디 했다.

"야, 네가 책을 읽어?"

"응. 나 이제 책 읽을 거야. 이런 거 읽어야 논술 잘한대."

"읽다가 잠이나 자지 마."

"아냐, 나 진짜 집중해서 읽을 거야."

대화가 끝나고 친구가 잠시 가방에서 무언가를 찾다가 고개를 돌렸을 땐, 이미 나는 눈을 감고 있었다고 한다. 친구의 표현을 잠시 빌리자면, 사람이 아니고서야 그렇게 빨리 잠들 수 없었다고. 가뜩이나 잠 많은 내가 오전에 그 재미없어 보이는 책까지 읽었으니 환상의 조합 아닌가? 그때 내 기억으로는 난 분명히 책을 읽고 있었다. 그러나 이상하게도 친구가 나를 부른 순간, 꿈에서 읽고 있었음을 깨달았다.

내가 두 번째로 독서를 시도했던 건 추리소설이었다. 정확히 기억나지는 않지만, 국어수업 아니면 어떤 특별한 수업이었다. 학교 도서관에 가서 2시간 정도 수업하는 것이었다. 대부분의 시간이 수업이라기보다는 독서시간이었던 것 같다. 아무튼 잠을 자는 친구들도 있었고, 딴짓하는 친구들도 많았다.

난 시간이 아까워 뭐라도 꺼내 읽었다. 하지만 조금 읽다가 이책 저책 꺼내기 바빴다. 그러던 중 친한 친구에게서 추리소설을 추천받았다. 그리고 추리소설을 읽기 시작한 순간, 새로운 경험을 했다. 너무도 재미있어서 멈출 수도 없고 멈추기도 싫었다.

내 인생 처음으로 책의 재미를 맛본 순간이었다. 결국 책을 빌려 집으로 가져갔다. 시간 가는 줄도 모르고 읽었다. 정신 차려 보면 새벽 2~3시였다. 다음 날을 위해 자야 했지만, 자는 시간조차 너무 아까울 정도였다. 중학교 때 게임에 미쳐 밤새워 게임하던 그때의 느낌을 다시 느꼈다.

나는 한동안 추리소설에 재미를 느껴 단숨에 여러 시리즈를 독파했다. 그러다가 곧 수능이란 큰 시험으로 인해 점점 책과 또 멀어졌다. 계속해서 이어지진 못했지만 아주 짜릿한 경험이었다. 이때의 좋은 경험으로 인해 책의 경계가 낮아지게 된 것 같다. 그리고 대학생이 되어서 책을 본격적으로 읽기 시작하는 데 큰 도움이 되었으리라 생각한다.

나는 책 중에서도 자기계발서를 좋아한다. 그다음 인문, 사회,

경제경영 등을 선호한다. 소설이나 수필 같은 책은 잘 읽지 않는다. 추리소설을 좋아하긴 했지만, 대체로 소설 분야의 책은 가끔 읽는 편이다. 결코 소설을 비판하거나 무시하는 것이 아니다. 소설을 읽으면서도 가슴이 뭉클하고 깨달은 것들이 많다. 또한 사회나 경제경영 관련 도서에서도 많은 정보를 얻고 깨달은 것이 있다.

나는 자기계발서를 가장 선호하고 추천한다. 자기계발서를 읽으면서 나의 많은 것들이 바뀌었기 때문이다. 자기계발서를 선호하지 않는 사람들은 자기계발서가 내용이 뻔한 이야기들로만 가득하다고 한다. 당연히 그럴 수 있다. 내용 또한 정말 뻔한 것들이 대다수다.

하지만 나에게는 그 어느 책보다도 동기부여를 가장 크게 해 주었다. 읽다 보니 왜 뻔한 이야기들이 나오는지 깨달았다. 그것들이 정말 정답이기 때문이다. 정답을 알고도 모른 척 무시하거나, 뻔한 얘기로 치부하며 넘겨 버리기 때문에 그 중요성을 깨닫지 못하는 것이다.

2017년 정부가 발표한 '국민독서실태조사'에 따르면, 성인 10명 중 4명은 1년에 1권도 읽지 않는다고 한다. 이는 통계를 내기 시작한 1994년 이후 최저치라고 한다.

나는 이러한 상황의 가장 큰 문제는 사람들에게 책에 대한 관념이 잘못 박혀 있기 때문이라고 생각한다. 책이 다른 것과 비교해서 우선순위에서 밀려나는 것이다. 왜냐하면 그들의 생각으로는 독서가 취미이거나 교양 활동이기 때문이다. 또는 정보를 찾는 수단이기 때문이다. 그러니 당연히 눈앞에 처한 시험과 과제, 업무보다 중요할 수가 없다.

하지만 책이 인생을 바꿔 줄 수 있음을 알게 된다면? 책이 들려주는 메시지가 나의 미래 자산이라면? 심지어 책이 밥 먹여 주고 돈이 나오게 하는 매개체임을 알게 된다면? 그땐 취미가 아니라 필수가 될 것이다. 필수를 넘어 생존하기 위한 독서로 넘어가는 것이다.

나는 책의 힘을 경험했고, 아직도 경험하는 중이다. 이것을 나누고 싶다. 그래서 나뿐만 아니라 주변 사람들 그리고 전 국민이 책의 힘을 깨달았으면 하는 큰 소망이 생겼다.

누구보다 책을 많이 읽고 삶을 크게 변화시켜서 그렇게 소망하는 것이 아니다. 이 독서의 힘조차 알지 못하는 사람들에게 책의 힘을 알려 주고 같이 성장하고 싶기 때문이다. 몇 명이라도 삶이 바뀐다면 얼마나 보람찬 일이 될지 벌써 기대된다.

'누군가에게 도움이 되는 삶을 살자'가 내 인생의 신조다. 그런만큼 이 버킷리스트는 나에게도 귀중한 선물이 될 것이다.

20대 억대 연봉 자산가 되기

여느 직장인이 그렇듯, 우리는 월급날을 바라보면서 산다. 한 달간 고생한 대가를 받는 것이다. 하지만 기쁨도 잠시다. 통장에 찍힌 금액을 확인한지 며칠이 지나지 않았다. 월세, 전기세, 가스비, 휴대전화 요금, 보험료, 적금 등으로 내 월급은 잠시 내 통장을 스쳐 지나갔다.

이러한 삶은 돈을 좇는 삶이다. 돈을 위해서 일하는 것이다. 책을 읽다 보니 깨달았다. 이런 방식의 삶으로는 큰돈을 만지지 못한다. 평생 돈의 뒤꽁무니만 쫓아다니게 마련이다. 그것이 나쁘다고 말하려는 의도는 전혀 아니다. 다만 나는 조금 더 다르게 살고 싶을 뿐이다. 나는 돈이 나를 따르고, 돈이 나를 위해서 일하게 하는 삶을 살고 싶다.

물론 결코 이러한 부의 자유는 거저 오지 않는다. 이 정도 대가를 받을 만한 피나는 노력이 필요하다. 하지만 어차피 어떤 일을 하든지 노력이 필요하고 고생하기 마련이다. 그렇다면 어차피 고생할 거, 조금 더 고통 받는 게 어떨까? 어차피 바쁠 때 조금 더 바빠진다고 크게 달라질 것은 없다. 사람의 심리가 그렇다.

나는 이 고통을 감내하기로 마음먹었다. 돈을 많이 벌고 싶다. 젊은 부자가 되는 것이 목표다. 그래서 20대가 가기 전에 억대 연봉을 버는 것이 첫 번째 목표다. 아직도 약 3년 정도의 시간이 남아 있다.

이렇게 돈을 벌고 싶어 하는 이유는 무엇일까? 답이 너무도 뻔하지 않은가? 누구나 당연히 돈을 벌고 싶어 한다. 왜일까? 돈이 있으면 공부나 업무 때문에 스트레스를 받지 않아도 된다. 마음껏 먹고 싶은 것 먹고, 사고 싶은 것 살 수 있다.

혹자는 '돈은 삶의 전부가 아니다.'라고 말한다. 맞는 말이다. 돈이 있다고 절대로 마냥 행복하지는 않을 것이다. 하지만 돈이 있다면 행복해지는 게 더 수월한 것도 사실이다. 부담을 덜 느끼면서, 하고 싶은 일 하며 만족감 넘치는 삶을 살 수 있다. 돈의 가치를 잘 활용한다면, 삶의 가치도 올릴 수 있다.

앞서 언급한 당연한 이유 말고 한 가지 더 이야기해 보려 한다. 내가 돈을 많이 벌고 싶은 또 다른 이유를 보여 주고 싶기 때문이다. 아니 다른 표현으로, 증명해 보이고 싶다. 내 결정이 틀리지 않았다는 것을 말이다.

그 결정은 남들과 다른 삶을 사는 것이다. 내가 생각하는 평범한 삶이란 이런 것이다. 첫 번째는 남들처럼 좋은 회사에 들어가고, 높은 직급으로 승진해서 타인에게 인정받는 것. 두 번째는 편하고 안정적인 공무원의 삶을 사는 것이다. 다시 한 번 말하지만, 나는 온전히 개인적인 생각을 말할 뿐이다. 비판하거나 깎아내리려는 의도는 전혀 없다.

나는 억만장자가 되는 것이 목표다. 이런 안정적인 삶을 지향한다면, 은퇴하기 전까지 절대 부자가 될 수 없으리라 생각한다. 그래서 앞으로 더욱 다른 삶을 위해 도전해 보려고 한다.

나는 남들을 따라 하는 것을 싫어하는 성격이다. 이상한 청개구리 심보다. 사고 싶은 신발이 있어도, 사람들이 많이 신고 다니는 것을 보면 사지 않는다. 순식간에 그 신발의 매력이 사라진다. 그렇다고 모든 것을 반대로 하는 정신병자는 아니다. 대체로 조금 그런 편이라는 것이다.

나는 유행하는 것에 크게 매력을 못 느낀다. 유행보다는 '희소성'이나 '약간의 특별함'을 선호하는 편이다.

그 단적인 예가 대학교 전공을 포르투갈어과로 선택한 것이다. 이 이야기의 시작은 중학교 때다. 주변 사람들에게 얘기하면 믿지 않는다. 하지만 나의 기억은 너무도 선명하다.

누나 방 침대에서 전자사전으로 게임을 하고 있었다. (그 당시는 PMP가 나오기 전이라, 전자사전이 인기를 끌었다.) 당시 나는 전자사전이 정확히 무엇인지도 모르면서 그것을 갖고 있는 누나가 마냥 부러웠다. 그래서 누나가 잠시 손에서 전자사전을 내려놓으면 나는 그것을 가지고 놀았다. 전자사전의 여러 기능 중, 내가 할 수 있는 유일한 기능은 게임이었다.

한동안 게임만 하다가 이내 질려버린 나는 전자사전의 아무 버튼을 눌렀었다. 그때 나는 제2외국어 탭을 누르게 되었고, 거기에는 프랑스어, 스페인어, 이탈리아어, 독일어, 포르투갈어 등등 여러 언어가 있었다. 타국의 언어를 처음 들었을 때, 나는 묘한 매력을 느꼈다. 너무 멋있었다. 그때 나는 외국어를 배워 보고 싶다는 생각을 했고, 인터넷 검색을 해 보았다. 스페인어부터 독일어, 프랑스어까지 사람들이 선호하는 제2의 외국어들을 알게 되었다. 찾아본 외국어들은 전 세계뿐만이 아니라 국내에서도 그 언어들로 무언가 하는 사람들이 많아 보였다.

나는 이탈리아어, 포르투갈어, 그리스어 같은, 국내에서 사람들이 상대적으로 덜 선호하는 언어를 배우기로 결심했다. 곧바로 엄마에게 달려갔다. 그리고 외국어를 배워 보고 싶다고 말했다. 하지만 예상 그대로였다. 엄마는 학교 공부나 열심히 하라고 말씀하셨다. 한동안 학원도 알아봤지만, 지금도 보기 힘든 비(非)선호 외국어학원이 그때 있을 리가 없었다. 그 뒤로 나는 혼자 전자사전으로 외국어 공부를 시도했다. 그러나 그것으로 끝이었다.

새까맣게 잊고 있다가 고3이 되었다. 대학 전공을 선택하는 때에 나는 또다시 운명적인 상황을 마주했다. 내가 지원한 대학 중유일하게 외대만 합격한 것이다. 그렇게 나는 포르투갈어과에 진학하게 되었다.

난 매우 만족스러운 대학생활을 보냈다. 첫째, 배워 보고 싶었던 언어를 배웠기 때문이다. 둘째, 남들이 해 보지 못한 것을 많이 해 봤기 때문이다. 남들이 평생 한 번 가 볼까 말까 한 브라질에서 1년을 살았다. 그리고 남미여행도 다녀왔다. 운이 좋아 2014 브라질월드컵, 2016 리우올림픽에서 통역 봉사도 했다.

이런 좋은 경험들을 통해 나는 스스로 많이 성장했다고 자부한다. 사회와 사람에 대해서도 배울 수 있었다. 뻔하지 않은 삶을 살려고 하다 보니, 더욱 큰 기회들을 마주했다. 많은 것을 배우고 성장할 수 있는 길이 있었다. 나는 인생을 살아가는데 길이 하나뿐일 줄 알았다. 그러나 고개를 돌려 보니 수많은 길이 있었다.

그래서 지금도 여러 길을 걸어 다녀 보려고 노력하고 있다. 남들이 가지 않은 길이라 앞이 잘 보이지 않는 길이 많다. 그래도 도전해 보는 것이다. 뻔한 길에서 마주하는 기회들보다 더욱 큰 기회가 있음을 믿기 때문이다.

조금 더 빨리 갈 수 있다면, 돈을 아까워하거나 아끼지 않고 투자하고 있다. 몇백만 원이든, 몇천만 원이든 투자한다. 이 돈은 주식이나 부동산에 투자하는 것이 아니다. 오로지 나에게 투자하는 돈이다. 나를 발전시킬 수 있는 강의를 듣는 것이다.

주변 사람들은 미쳤다고 한다. 당연하다. 어느 정신 나간 놈이 힘들게 모은 돈을 강의를 듣는 데 쏟아붓는단 말인가? 그것도 몇만 원도 아니고 몇 시간에 몇십만 원, 몇백만 원 하는데 말이다.

그렇지만 나는 미친놈이 맞다. 내 꿈과 미래에 모든 것을 걸었다. 한 달에 백만 원씩 저금한 것이 아까워 투자하지 않는다면, 매달 백만 원씩만 평생 저금하는 것이다. 그런 삶은 내가 목표하는 삶이 아니다. 실패로 끝날 것 같더라도 도중에 그만두지는 않을 것이다. 끝까지 가서 실패를 몸소 느낄 것이다.

하지만 실패란 것이 존재할지도 의문이다. 어떤 선택을 하든, 나는 그것을 정답으로 만들 것이기 때문이다.

영어에 대한 마인드와 인생을 튜닝해 주는 1등 코치 되기

+ 이 정 은 +

이정은
YBM 신촌 오픽 스타강사, '미라클 영어스쿨' 대표, 유튜버, 목표 성취 전문 NLP 영국 공인 마스터

전 세계를 무대로 공부하고 치열하게 일하던 20대에 우연한 계기를 통해 영어 강사가 되었다. 1년 만에 억대 연봉을 달성했다. 10여 년 동안 세대를 아우르며 영어를 가르쳤으며 현재는 직장인과 대학생을 대상으로 오픽 (OPIc)을 가르치고 있다. 또한, 영어 때문에 꿈을 포기하는 많은 이들을 돕고자 '영어 튜닝법'을 코칭하고 있다.

Email elle385@hotmail.com

Cafe naver.me/GJbPjhNL

Instagram @jua_opic

Blog naver.me/IFels29d

C·P 010.3089.2204

Youtube youtu.be/F2a8LuVr0Lc

영어로 꿈꾸는 동기부여 강연가 되기

'유창한 영어가 당신의 꿈에 날개를 달아 줄 수 있다.'

대부분의 사람들은 영어가 내 꿈의 발목을 잡고 있다고 생각할 것이다. "영어만 잘했어도 제 인생이 달라졌을 거예요!"라고 말하는 수강생분들을 많이 만난다. 이런 말을 들을 때마다 너무 안타깝다. 영어가 뭐라고 당신의 꿈을 짓밟는단 말인가! 대한민국에서 태어나서 적어도 20년 가까이 영어를 공부하고 연습하고 스트레스 받으면서 사람들은 영어와 애증의 관계가 된 것 같다. 친해지고 싶은데 가까이하기엔 너무 먼 당신이랄까? 이것이 당신의 잘못이겠는가? 영어를 말로가 아니라 글로 배우게 한 교육이 잘못된 것이다.

나는 영어 때문에 찬란한 꿈을 접으려고 아니 접어야만 하는 사람들에게 속 시원하게 영어를 듣고 유창하게 말하는 법을 코칭해 주고 있다. 유창한 영어 소리의 비법을 전수받고 훈련을 받는다면 누구나 짧은 시간 내에 영어를 쉽게 잘할 수 있다. 그냥 몰라서, 안 배워서 모를 뿐이다. 나는 앞으로 대한민국 모든 사람들이 영어 때문에 꿈을 접는 일이 없도록 만들겠다는 소망을 갖고 있다. 그와 함께 대한민국 최고의 영어 동기부여가가 될 것이다.

나는 전 연령을 대상으로 영어를 가르쳐 왔다. 그런데 가르치면서 가장 힘든 점이 학생이 계속 힘을 낼 수 있게 마인드를 변화시켜 주는 것이었다. 영어를 유창하게 하기 위해서는 기계 같은 훈련이 필요하다. 즉, 어느 정도의 기간 동안은 엄청난 시간과 에너지를 쏟아부어야 한다. 마치 다이어트할 때 처음 몇 개월 동안은 혹독한 운동과 철저한 식이요법이 필요한 것과 흡사하다.

그런데 대부분의 사람들은 이 기간을 견디지 못하고 포기한다. 그런 사람들의 마인드를 계속 변화시켜 주고 앞으로 나아갈 수 있도록 말과 행동으로 힘을 주는 것이 중요하다. 예전에 재수생을 가르칠 때 나는 수업시간 처음 30분 동안은 항상 마인드 튜닝 시간을 갖게 했다. 나는 영어뿐만 아니라 모든 일에 있어서 제일 중요한 것은 성공 마인드라고 생각한다. 나는 나의 말과 행동으로 인해 학생의 의식이 변화하고 영어가 튜닝 되어 인생이 튜닝될 때 가장 큰 행복을 느낀다.

일전에 컨설팅 이벤트로 지방에 있는 고등학교에 간 적이 있었다. 거기서 만난 고1 여학생이 자신은 내신은 잘 안 나오는데 모의고사는 잘 본다며 내신을 포기하고 수능으로 대학을 갈 것이라고 했다. 그런데 그때가 1학년 1학기가 지났을 때였다. 즉, 이 학생은 딱 한 번 시험을 보고 그렇게 결론을 내린 것이었다. 나는 너무 어이가 없어서 "죽도록 해 봤니? 죽도록 한번 해 보고 말하자!"라고 했다.

나는 내가 했던 이 말을 까맣게 잊고 내 삶을 살고 있었다. 그러던 어느 날 내가 일하는 곳으로 편지가 왔다. 알고 보니 그 여학생이 내가 있는 곳을 수소문해서 장문의 편지를 보낸 것이었다. 편지의 내용인즉슨 그날 내가 한 말에서 깨달음을 얻어 죽도록 한번 해 보자고 결심했고, 그날 이후 계속 전교 1등을 하고 있다고 했다. 나는 그 편지를 읽고 감동보다는 오히려 기분 좋은 소름이 끼쳤다. 나라는 사람이 이렇게 누군가의 삶에 영향을 끼칠 수 있구나 하고 말이다.

과거의 나는 누군가에게 영향을 끼칠 수 있는 그런 대담한 사람이 아니었다. 항상 조용하고 눈에 띄지 않는 소심한 아이였다. 하고 싶은 말도 당당하게 못하고 집에 와 거울을 보면서 하고 싶었던 말을 했을 정도로. 나는 그런 내가 너무 싫었다. 당당하고 자신감 넘쳐 보이는 아이들을 동경하곤 했다. 당연히 공부도 꼴등이었다. 수업시간에 선생님이 내 이름을 부를까 봐 항상 노심초사했다. 어렸을 때 나는 항상 멍한 아이였다. 하고 싶은 것도 갖고 싶은 것도 없는 그냥 말 잘 듣는 아이였다.

그런 나에게 한 줄기 빛이 되어 준 것이 다름 아닌 영어였다. 영어를 처음 접했던 건 중학교에 가기 전에 어머니가 시켜 주신 그룹과외에서였다. 그 당시의 영어 교육이 그랬듯 나는 알파벳과 문법을 먼저 배웠다. 그러던 중 우연히 교재에 딸려 있는 테이프를 틀었는데 소리가 너무 신기하고 재미있었다. 그 후로 하루에 5시간 이상씩 테이프를 돌려가며 듣고 따라 했다. 아무도 시키지 않았지만 난 그게 너무 재미있었다.

지금 생각해 보면 나는 소리에 굉장히 민감한 아이였던 것 같다. 친구도 별로 없고 모든 것에 멍했던 나에게 처음으로 재미있다는 감정을 느끼게 해 준 영어에 나는 빠져들었다. 그렇게 3개월 정도가 지났을까. 나에게 영어 소리가 너무 편하게 들렸다. 나는 영어에 자신감이 생기기 시작했다. 그렇게 무언가 하나를 남들보다 잘한다고 생각하니 성격이 바뀌기 시작했다. 내가 그렇게 싫어했던 소심한 성격이 점점 나서는 걸 좋아하고 내가 잘하는 걸 뽐내고 싶어 하는 성격이 되었다. 그리고 나는 영어로 인해 3개 국어 통역사란 꿈을 꾸게 되었다.

나는 영어로 인해 자신감을 얻고 당시에는 정말 상상할 수도 없는 꿈을 꾸게 되었다. 나는 나의 성격에 도전하고 나를 이겨 내는 도구로 영어를 택했다. 보다 많은 사람들이 나의 이 같은 경험을 할 수 있도록 도와주고 싶다. 그 당시 나는 내가 느끼기에 형편없었고 부족했다. 하지만 마음 한구석에서는 변화하고 싶은 마음이 매우 컸다. 변화하고 싶다는 마음이라도 있다면 반은 성공한 것이다.

이제부터 중요한 것은 이 마음이 강렬한 열정으로 피어나도록 마인드 튜닝을 하는 것이다. 유창한 영어의 기술보다 중요한 건 자신 안에 있는 마인드 파워를 끌어내고 유지하는 것이다. 그렇게 하면 영어가 더 이상 공부가 아니라 즐거운 놀이가 된다.

우리는 보통 영어라 하면 해야만 하는 것 또는 평생의 숙원이라고 생각한다. 최근에 많은 사람들의 버킷리스트를 보게 될 기회가 있었다. 정말 신기하게도 전혀 영어와 무관한 분야에 종사하는 사람들조차 연령에 상관없이 '영어 잘하기'를 버킷리스트로 꼽고 있었다. 그래서 이유를 물어봤더니 다들 영어와 애증의 관계가 된 사연들을 구구절절 갖고 있었다.

이들이 영어를 정복의 대상으로만 보는 게 안타까웠다. 무슨 바이러스도 아닌데 말이다. 나는 영어가 우리의 삶 속에서 즐기는 대상이 되었으면 한다. 그러기 위해선 이미 잠재의식에 프로그램된 '영어는 어렵고 두려운 존재'라는 마인드에서 '영어는 즐겁고 신나는 존재'라고 마인드 튜닝을 해야 한다. 나는 전 국민의 영어에 대한 마인드를 튜닝하고 영어를 튜닝해서 그들의 인생을 튜닝해 주는 1등 코치가 될 것이다.

부모님과 함께
매년 한 달간 해외여행하기

얼마 전 아버지가 40년간의 직장생활을 정리하셨다. 눈이 오든 비가 오든 술을 먹고 늦게 들어오시든 항상 새벽 6시에 출근하셔서 밤 10시에 들어오셨다. 자식들을 다 출가시키고서도 이 생활을 계속하셨고, 나는 그런 아버지가 안쓰러웠다. 하지만 아버지가 퇴직하신 후 내가 생활비를 드릴 형편이 아니기에 선뜻 그런 말을 할 수 없었다. 아버지는 심장질환으로 스탠스 시술을 한 후에도 딱 3일 입원하시고 바로 출근하셨다. 그래서 한번은 큰마음을 먹고 말씀드렸다.

"아빠! 이제 그만 일하세요! 건강이 중요하지 다 무슨 소용이에요!"

"아니야! 안 아파! 일은 계속해야지!"

사실 아버지는 10년 전 다니던 회사가 부도나는 바람에 3개월

간 무직 상태에 있으셨다. 당시 나도 다니던 회사를 정리하고 이직 준비 중이었다. 그래서 집에 같이 있었던 때라 무직 상태를 불안해하시는 아버지를 곁에서 볼 수 있었다. 무직 상태에서도 기상은 똑같이 5시에 하시고 저녁 6시 전까지는 절대 집 밖에 나가지 않으셨다. 집 밖에 나갈 때도 항상 의복을 갖춰 입으셨다. 창피하셨던 것이다. 남들이 무직 상태라는 걸 알게 되는 게 창피하셨던 것 같다.

집 안에서는 할 일이 없으시니 어찌해야 할 바를 모르고 계속 TV만 틀어 놓으셨다. 그런 아버지 속도 모르는 채 내가 한 번은 "아빠! 내가 헬스라도 끊어 드릴 테니 매일 집에만 있지 마시고 활동 좀 하세요!"라고 했다. 딴에는 안타까운 마음에서 한 말이었는데, 아버지는 "내가 언제까지 이러고 있을 거 같아! 나 다시 일한다!"라며 버럭 화를 내셨다. 아버지는 그때 그 3개월이 지옥 같았다고 하셨다. 그 당시 힘들었던 기억이 있기 때문에 일을 쉽게 그만두지 못하셨다.

다시 들어간 회사의 사장님은 예전의 아버지 거래업체 분이셨다. 가족끼리도 잘 알고 친구처럼 지냈던 분이셨다. 아버지가 워낙 충성스럽고 열심이시니 그분이 아버지께 일을 제안하셨다. 아버지는 처음 회사에 들어가셨을 때 손바닥에 참을 인(忍)자를 계속 새기셨다고 하셨다. 그 회사에 원래 있던 사람들의 텃세도 있었겠지만 친구처럼 지냈던 분을 사장님으로 모셔야 하니 얼마나 힘드셨을까 싶다. 나는 당시 그냥 힘드시겠구나 생각했을 뿐 어느 정도일지는 짐작하지 못했다.

그러던 어느 날 집에 있는 아버지에게 누군가로부터 전화가 왔다. 아버지는 황급히 베란다로 나가셨다. 나는 너무 허둥지둥 나가는 아버지의 모습에 누구의 전화인지 궁금해서 가까이 가 보았다. 바로 사장님 전화였다. 아버지는 전화임에도 90도로 굽실거리며 "네! 네! 사장님! 알겠습니다! 그건 제가 잘 처리하겠습니다!" 하셨다. 그 모습이 나름 나에게는 충격적이었다. 왜냐하면 내가 어렸을 때는 아버지가 지금 사장님에게 "최 사장! 왔어?" 하셨기때문이다. 순간 그동안 얼마나 힘드셨을까 생각하니 울컥했다. 그리고 마음속으로 내가 부자가 되어서 아버지의 자존심을 지켜 드려야겠다고 다짐했다.

아버지는 40여 년의 직장생활로 인해 여행을 많이 못하셨다. 특히 많은 시간 동안 자리를 비워야 하는 해외여행은 거의 못 가보셨다. 간혹 어머니가 모임에서 해외여행을 가실 때면 본인이 그래도 일을 하니 아내에게 여행을 보내 줄 수 있다며 뿌듯해하시고 기분 좋아 하셨다. 아버지는 그런 분이셨다. 지금은 퇴직하시고 예전처럼 힘들어하진 않으신다. 아니 정확히 말하면, 퇴직하자마자 어머니가 교통사고를 당하셔서 힘들어할 겨를이 없으셨다.

지금도 회복 중이신 어머니 옆을 지키고 계신다.

일단 나는 올해의 버킷리스트를 정했다. 어머니가 다 회복하시고 나면 아버지와 함께 해외로 여행을 갈 것이다. 아버지의 퇴직 기념 겸 어머니의 회복 축하 기념으로 여유 있고 행복한 여행을 다녀올 것이다.

나에게 부모님은 네 분이시다. 우리 부모님 외에 남편이 선물해 준 시아버님, 시어머님이 있다. 결혼하고 1년 동안은 사실 나의 부모님이라는 느낌보다 남편의 부모님이라는 느낌이 더 컸다. 어디가 불편하시다, 아프시다 해도 별로 크게 마음이 동요하지 않았다. 그런데 1년이 지나고 2년이 지나고 이제 8년 차에 접어든 지금은 시부모님에게 느끼는 감정이 다르다. 멀리 사셔서 자주 뵙지는 못하지만 가끔 갈 때마다 수척해지시거나 아프시거나 하면 진심으로 걱정되고 마음이 좋지 않다.

시부모님은 남편과 나의 결혼 전부터 음식점을 하고 계셨다. 그런 만큼 해외여행은커녕 국내여행도 쉽지 않으시다. 어머님이 이번에 디스크 수술을 하셔서 어쩔 수 없이 처음으로 3개월 정도를 쉬셨다. 하지만 다시 문을 여셨다. 시아버님도 스텐스 시술을 두 번이나 하신 상태지만 음식점을 놓지 않으셨다. 아프셔도 힘드셔도 자식들에게 부담이 되기 싫다고 하셨다. 이제 그만 정리하시고 인생을 즐기시라고 말씀드리고 싶지만 그럴 수 없는 현실이 좀 슬프기까지 하다. 그래서 나는 더욱 성장해야 한다. 사랑하는 우리 부모님들이 더 행복하고 더 편하게 사실 수 있도록 나는 부자가 될 것이다.

물론 부모님들과 여행을 같이 하는 게 쉬운 일은 아니다. 이번에 짧게 안면도로 모시고 갔었는데, 어디서 묵어야 할지, 밥은 무엇을 먹어야 할지 신경 쓸 일이 너무 많았다. 다들 취향도 다르고 원하는 것도 다르니 모든 걸 만족시키기가 힘들었다. 그래도 맛있다 하시고 여기 너무 멋있다 하실 때 행복했다.

예전에 한 유튜브 방송에서 어떤 유튜버가 부모님들 연세가 팔십이 되실 때까지 매년 해외여행을 시켜 드릴 계획이라고 했다. 돈을 많이 벌어서 나중에 여행을 시켜 드려야지 할 수도 있다. 하지만 연세가 팔십이 넘으시면 힘들어서 즐기지도 못하신다는 것이다. 두 다리 튼튼해서 충분히 많이 보고 즐기고 느낄 수 있을 때 같이 여행해야 한다는 것이다. 나는 그 말에 너무 동감했고 나도 꼭 그래야겠다고 생각했다. 부모님들은 기다려 주시지 않으니까 말이다.

해외여행을 일주일도 아니고 한 달 동안 하기로 결심한 이유는 여유 있고 편안하게 즐기기 위해서다. 부모님을 모시고 가는 여행인데 조급하고 힘들게 하면 힘든 추억이 될 수 있다. 결혼 전에 어머니와 홍콩으로 여행을 간 적이 있다. 그 당시 나는 여행 계획을 짜지 않았다. 그냥 그때그때 필요한 거 있으면 물어보고 부딪쳐 가면서 하는 여행이 더 좋았다.

그런데 부모님과의 여행은 그렇게 하면 안 된다는 걸 그때 깨달았다. 아무 계획을 세우지 않았던 터라 너무 많이 걷기만 하고 중요한 것은 제대로 보여 드리지 못했다. 나중에 남편과 홍콩 여행을 다시 갔을 때 이렇게 재미있는 것들이 많았구나 하며 죄송함을 느꼈다. 그래서 부모님과의 여행은 계획을 잘 짜서 한 달 동안 여유 있게 즐기는 여행을 할 것이다.

여행을 계획할 때 가장 즐거운 때는 여행 전 준비 단계인 것 같다. 여행을 가기 전에 가고 싶은 나라도 부모님과 같이 정하고 같이 책으로 공부도 하며 여행 전부터 즐거운 추억을 쌓고 싶다. 그러면 가기 전부터 여행을 가서 그리고 갔다 와서까지 즐거운 추억을 오랫동안 공유할 수 있으니 말이다. 나는 오늘도 상상한다. 멋진 리조트에서 부모님들과 여유롭고 편안하게 조식을 먹으면서 맛있는 커피 한 잔을 하는 아침을. 이 상상은 곧 이뤄질 것이다.

아이들과 매년 세계여행을 하며
책으로 기록하기

얼마 전 아이들과 도서관에서 책을 읽다가 괜찮은 아이디어를 발견했다. 바로 '나들이 일기장' 쓰기다. 그 책은 동화책 형식으로 나들이 일기장 쓰기에 대해 구체적인 방법을 보여 주었다. 나들이 하고 오면 거기서 본 모든 것을 일기장에 붙이거나 그리는 형식이었다.

일기 쓰기가 좋다는 생각은 늘 했지만 아직 아이들이 어려서 글을 못 쓴다는 생각에 시도하지 않았다. 그런데 '나들이 일기장' 은 너무 좋은 생각인 듯해서 바로 문구점에 가서 일기장과 필요한 준비물을 샀다. 여기에 사진도 붙이고 입장권도 붙이고 하면 나중에 그걸 봤을 때 얼마나 행복한 추억으로 기억되겠는가.

지금도 우리 가족은 한 달에 한 번 국내여행을 하고 1년에 한

번 해외여행을 하고 있다. 나는 여행만큼 좋은 교육이 없다는 걸 경험을 통해 안다. 나는 20대 때 한국에 거의 없었을 정도로 30여 개 나라를 내가 번 돈으로 여행하며 살았다. 그리고 정말 많이 느끼고 성장했다.

아이들에게도 여행을 통해 세상을 보는 힘을 길러 주고 싶다. 대신 학원이나 학습지 같은 건 시키지 않고 그 돈으로 여행을 간다. 이때까지는 아이들이 어려서 비디오카메라로 추억을 담았다. 하지만 아쉽게도 거기엔 아이들이 만든 추억은 없다. 이제는 아이들 스스로 자신의 추억을 '나들이 일기장'에 담게 할 생각이다. 그리고 그 나들이 일기장을 엮어서 아이들이 만든 책을 출간하고 싶다. 그래서 아이들에게 어린 나이부터 작가가 되는 기쁨을 주고 싶다.

나는 항상 좋은 엄마, 현명한 엄마의 길을 고민한다. 어떻게 행동하는 게 좋은지, 어떤 부모가 되어야 하는지 등. 세상에서 가장 어려운 문제인 것 같다. 내가 했던 일 중 가장 힘들고 답을 모르겠는 것이 부모가 되는 일인 것 같다. 하지만 항상 책을 보면서 공부하고 전문가들 방송도 찾아 듣는다. 모르니까 배워야 하기 때문이다.

예전에 한 방송에서 동기부여 강연가 김미경 씨가 "아이가 태어나면서부터 부모도 부모 나이 한 살을 먹는다."라고 했다. 그 말을 듣고 나는 너무 동감했고 마음의 위안을 받았다. "그래! 난 그

때 그냥 한 살이어서 서툴렀고 힘들었던 거야." 하면서 말이다.

나는 첫째 아이를 낳고 나서 심한 우울증에 빠졌었다. 나에게 있어서 임신 기간부터 출산 기간까지는 잃어버린 시간이다. 우울증에 빠져서 아무것도 하기 싫었다. 엄마가 되면 저절로 생길 줄 알았던 모성애가 나에게는 없었다. 아이가 울어서 싫었고 잠을 못 자서 힘들었다. 아이에게 짜증도 많이 냈다. 밥 주기도 귀찮았다. 빨래는 너무 안 해서 썩을 때도 있었다. 지금 생각해 보면 이혼 안 당한 게 용하다.

아이를 갖기 전에 나는 억대 연봉 강사였다. 나는 나의 커리어에 취해 있었다. 그런데 아이 때문에 그 모든 게 없어지고 형편없어진 기분이었다. 그때는 그게 우울증인지도 몰랐다. 그냥 내가 싫고 내 상황도 싫고 아이도 미웠다. 그래서 나는 아직도 첫째 아이에게 너무 미안하다. 항상 더 사랑해 주고 더 안아 주고 싶다.

지금 나는 꿈에 부풀어서 모든 일이 다 즐겁다. 그리고 남편이 놀랄 정도로 체력이 많이 좋아졌다. 예전에는 상상도 할 수 없을 정도의 일을 하루에 다 끝내고 있다. 아이들과도 가능한 한 이성을 놓고 미친 사람처럼 놀아 주려고 애쓴다.

내가 이렇게 우울증을 극복한 데는 친정엄마의 공이 크다. 누워만 있는 딸을 대신해 매일 집에 오셔서 청소, 빨래, 요리, 게다가 아이까지 돌봐 주셨다. 감사하고 죄송했지만 난 일어날 힘이 없었다. 그러다 미국의 대학원에서 휴학 상태를 끝내라는 통보를 받았다. 그간 한 학기를 남겨 두고 휴학 상태에 있었는데 마지막 통보가 온 것이다.

그래서 아이를 친정엄마와 남편에게 맡기고 난 다시 나를 찾으러 미국으로 떠났다. 그리고 내 우울증은 바로 극복되었다. 나는 나를 너무 사랑하는 사람인 것 같다. 지금도 아이들보다 내 꿈을 따라가기 바쁘다. 가끔 아이들에게 미안한 생각이 든다. 하지만 아이들이 나를 보면서 Dreamer(꿈을 꾸는 사람)가 될 거라고 확신한다.

나는 자신이 무엇을 원하고 어떤 사람이 되고 싶은지 계기를 마련해 주는 것이 부모의 역할이라고 생각한다. 난 아이들이 무엇이 되었으면 좋겠다는 생각이 없다. 왜냐하면 아이들이 어른이 되는 미래는 내가 모르는 세상이니까. 내가 감히 규정할 수가 없기 때문이다. 나중에 영어가 필요 없을 수도 있고 공부를 못해도 될 수 있다. 그래서 지금 무언가 가르친다는 게 매우 조심스럽다. 내가 아이를 망칠 수도 있기 때문이다. 대신 자신이 원하는 게 무엇인지는 확실히 아는 사람이 되었으면 좋겠다.

나를 알고 나를 찾는 데 여행만큼 좋은 것은 없다. 아무리 세상이 변하고 미래를 예측할 수 없어도 책과 여행은 여전히 우리의 삶에서 큰 의미를 차지할 것이다. 그래서 아이들과 가능한 한 많은 곳을 여행하고 싶다. 세상에 있는 많은 것들을 보고 느끼고 배우게 하고 싶다. 지금처럼 내가 다 계획하고 나를 따르라 하는 식의 여행이 아니다. 대신 같이 여행 갈 나라의 문화, 역사, 가능하다면 언어까지 공부해서 좀 더 의미 있는 여행을 하고 싶다.

나는 여행을 갈 때마다 그 나라의 기본 회화 정도는 익히고 간다. 물론 내가 외국어에 관심이 많기 때문이기도 하다. 하지만 그 나라의 언어를 조금 알고 여행할 때와 전혀 모르고 여행할 때의 느낌은 완전히 다르다. 이렇게 책으로 공부하고 직접 가서 보고 경험하고 그걸 나들이 일기장에 쓴다면 얼마나 많은 것을 얻을 수 있겠는가. 생각만 해도 너무 즐겁다.

예전에 나는 책을 쓴다는 것은 감히 내가 상상도 할 수 없는 일이라고 생각했다. 정말 나중에 유명해졌을 때 회고록처럼 쓸 수 있는 것이라고 생각했다. 그런데 평범한 사람들도 모두 책을 쓸 수 있다는 것을 알게 되었다. 그렇게 책을 쓰면서 삶의 또 다른 기쁨을 만나게 되었다. 책을 쓰면 내 생각을 좀 더 정리할 수 있게 되고, 더 많이 공부하고 더 많은 책을 읽게 된다.

그냥 여행했을 때와 여행 후 책을 낸다는 건 결과 면에서 전혀 다를 것이다. 만약에 여행한 내용을 책으로 낸다면 모든 사람들이 다 내 책을 읽을 텐데 막 아무거나 쓸 수 없는 노릇이다. 아무래도 그 나라에 대해 더 많은 정보와 느낌을 찾으려고 애쓸 것이다. 그러는 와중에 엄청난 양의 공부를 하게 될 것이다.

나는 우리 아이들이 매년 여행한 곳의 이야기를 책으로 낼 수 있도록 가이드만 해 줄 예정이다. 저자는 우리 아이들이 될 것이다. 그리고 그 책들은 전 세계 언어로 번역되어서 베스트셀러가 될 것이라고 확신한다. 생각만 해도 너무 황홀하다. 내가 아이들에게 해 줄 수 있는 최고의 선물이다. 서평에 Special Thanks to My Mom(특별히 엄마께 감사합니다)이라는 문구만 넣어 주기를 바란다.

전 세계에서
마인드 튜닝 영어 강연하기

나의 20대는 전 세계를 무대 삼아 찬란하고 치열했다. 나는 스물세 살에 처음으로 한국이 아닌 다른 나라를 가게 되었다. 내가 처음 발을 디딘 외국은 공교롭게도 러시아였다. 그 당시 러시아에는 외국인이 별로 없었다. 아시아인에 대한 무차별 공격도 있던 때였다. 게다가 하필 처음 러시아에 도착한 시점이 겨울이었다. 겨울이면 러시아에는 하루에 해가 4시간밖에 뜨지 않는다.

떠나기 전 3개 국어를 완벽하게 마스터하겠다는 불굴의 의지와는 달리 나는 우울함에 빠졌다. 사람들은 너무 차갑고 무서웠다. 학교에 갔다 오면 해가 사라졌다. 계속 밤인 상태인 것이다. 그때 나는 '아, 이래서 러시아 사람들이 술을 많이 먹는구나!'라고 생각했다. 상상해 보라. 계속 어두우면 무엇을 할 수 있겠는가.

하지만 러시아에도 봄이 오고 여름이 왔다. 러시아의 여름은 겨울과 정반대다. 해가 4시간을 제외하고 계속 떠 있다. 완전 극과 극인 나라다. 여름이 되자 사람들은 조금 친절해지고 활기차졌다. 유럽 같은 자유로움이 느껴졌다. 나는 비로소 러시아를 제대로 즐기기 시작했다. 방학 때는 러시아에서 버스를 타고 갈 수 있는 핀란드를 시작으로 북유럽 배낭여행도 했다. 너무나 자유롭고 행복했다. 비록 돈이 별로 없는 학생 신분이라 북유럽에서도 핫도그만 먹고 연명했지만 살아 있는 느낌이었다.

그 짜릿한 경험을 한 후 나는 더 이상 한국에서 일하고 싶지 않았다. 한국에서 아등바등 일하는 것이 갑갑해 보였다. 그래서 대학을 졸업할 무렵 외국에서 일할 수 있는 곳만 찾았다. 간절히 바라면 이루어진다고 했던가. 드디어 외국에서 일할 수 있는 회사에 합격했다.

나의 첫 부임지는 카자흐스탄이라는 나라였다. 떠나기 전 카자흐스탄이 어디에 있는지 어떤 나라인지 모르면서도 마냥 행복했다. 하지만 도착하자마자 나의 모든 환상과 꿈은 깨졌다. 아무것도 없는 허허벌판에 하필 도착한 시점도 겨울이었다. 내가 일했던 회사는 건설 회사였는데 허허벌판에서 아파트를 짓고 있었다. 영하 40도가 넘는 혹한에 밖에 나갈 수도 없었다. 집과 회사만 왔다 갔다 하는, 쳇바퀴 도는 것 같은 생활의 연속이었다. 나는 죄수가 된 기분이었다.

건설 회사에는 보통 여성이 없고, 사람들이 거칠다. 나는 그곳에서 살아남기 위해 거칠어지고 메말라져 갔다. 가족도 친구도 없는 오지에서 나는 점점 지쳐 갔다. 여성으로서 그런 척박한 곳에서 일한 덕분에 조선일보 피플란에 '영하 20도 카자흐의 한국인 건설 처녀'라는 제목으로 기사가 실렸다. 부모님들은 가문의 영광이라고 하셨다. 하지만 난 기사의 내용과는 달리 정신적으로 너무 힘들었다.

그나마 버틸 수 있었던 건 해외 자재 구입 파트에서 일했던 터라 출장을 자주 갈 수 있었다. 그래서 그 나이에 가기 힘든 이란, 두바이 같은 나라에도 가 볼 수 있었다. 하지만 그것은 너무나도 잠깐의 즐거움이었다.

입사한 지 1년 좀 지났을 무렵, 나는 퇴사하기로 결심했다. 나의 오랜 꿈이었던 통역사의 일이 나의 성격과 맞지 않는다는 걸 깨닫게 되었다. 나는 통역사가 반짝이는 주인공 역할을 하는 직업인 줄 알았다. 그런데 주인공의 그림자가 되는 직업이었다. 나는 주인공이 되고 싶었다. 거기에다 그 무렵 나는 러시아라는 나라와 러시아 사람들 심지어 그들의 언어까지 다 싫어지게 되었다. 그냥 거기서 탈출하고 싶었다. 그래서 그곳과 정반대에 있는 미국으로 가기로 결심했다.

카자흐스탄에서 미국 비자를 신청할 때 담당자가 나를 의심의 눈초리로 봤던 기억이 난다. 웬 젊은 아시아 여자의 여권에 러시아, 카자흐스탄, 이란 등의 나라가 찍혀 있고 이제 미국을 간다고 하니 말이다. 스파이인 줄 알았는지 다른 사람들보다 훨씬 질문을 많이 했다.

어쨌든 나는 또 그렇게 아무런 연고도 없는 미국에 홀로 떨어졌다. 미국에 갔을 때 나는 말 그대로 멘붕 상태였다. 오랜 꿈이었던 통역사가 나와 맞지 않는다는 걸 알게 되었으니 말이다. 일단 내가 무엇이 되고 싶은지 알아보고 싶었다. 그래서 무작정 뉴욕에서 할 수 있는 일을 찾았다. 한국에서는 한 번도 해 본 적이 없는 서빙부터 아이스크림 가게 아르바이트 그리고 통역일 등 닥치는 대로 해 보았다. 그냥 아무 생각 없이 나를 찾는 시간이었다.

아쉽게도 나는 그곳에서 무엇이 되고 싶은지 답을 찾지는 못했다. 하지만 나는 지친 마음을 치유할 수 있었다. 뉴욕의 활기참이 나에게 많은 활력을 불어넣어 줬고 나는 그곳에서의 자유로운 삶을 마음껏 즐겼다. 비자가 만료되어서 다시 한국에 돌아와야만 했지만, 뉴욕에서의 삶은 절대 쓸데없는 시간이 아니었다. 나는 세계 어디서든 일을 찾고 살 수 있다는 자신감을 얻게 되었다. 무슨 일이든 그 당시 괴롭고 힘들더라도 나중에 돌이켜 보면 다 의미가 있고 가치가 있다.

20대 때의 치열한 경험이 나의 시야를 넓혀 주고 자신감을 키워 줬다. 뉴욕에서 금수저 친구들이 편하게 놀고먹을 때 나는 치열하게 내 삶을 만들어 나갔다. 물론 그들이 부러웠다. 편하게 공부만 할 수 있는 환경도 부러웠다. 하지만 나의 치열함과 부족함 덕분이었는지 나는 거기서 초·중·고를 나온 친구들보다 영어를 훨씬 잘할 수 있었다. '도대체 무엇이 나를 그렇게 달리게 했는가?' 생각해 보면, 부족함과 성공하겠다는 의지였다고 생각한다. 나는 어렸을 때부터 항상 부족하고 잘 못하지만 '잘하고 싶다!', '성공하고 싶다!'라는 생각을 많이 했다.

중학교 때 학원에서 나만 수학 문제를 못 풀었다. 다른 친구들은 다 풀고 놀고 있었다. 난 그 자리에서 엉엉 울어 버렸다. '왜 나는 안 될까' 하는 생각에 화가 난 것이었다. 그리고 그냥 포기한 것이 아니라 죽도록 한번 해 봤다. 중학생인데 하루에 4시간 정도밖에 자지 않았다. 아무도 그렇게 하라고 시키지 않았다. 그냥 내가 그렇게 한번 해 보고 싶었다.

어렸을 때 죽을병에 걸렸었기 때문에 우리 부모님은 내가 잠자기만을 바라셨다. 다른 집과는 달리 우리 집은 내가 공부하려고 불을 켜면 부모님이 끄기 바쁘셨다. 그렇게 3년을 공부했더니 드디어 지역 내 가장 좋은 고등학교에 입학할 수 있었다.

나는 세 살 때 그 당시 불치병이었던 가와사키병에 걸렸었다. 지금은 일주일 정도 입원하면 낫는 병인데 당시엔 치료법이 없어 거의 죽곤 했다. 그 병은 못된 바이러스가 온몸을 돌아다니며 엄청난 고열을 발생시키다가 결국 뇌로 올라가 죽게 만든다. 나는 그 바이러스가 뇌로 가지 않게 계속 얼음 침대에 누워 있었다고 한다. 우주의 기운이었는지 나는 그 병원에서 처음으로 완치된 환자가 되었다.

내 병의 후유증은 거의 초등학교 때까지 이어졌고 나는 항상 아프고 병약했다. 그러니 부모님이 나에게 바라는 건 건강밖에 없었다. 그랬던 내가 이렇게 도전적이고 적극적인 사람이 된 것은 항상 나의 부족함을 이기고 싶었기 때문이었다. 어렸을 때 나를 알던 사람들은 지금의 나를 보면 다들 놀라곤 한다.

나는 나의 파란만장한 스토리를 갖고 많은 사람들이 힘든 상황에서 벗어날 수 있게 힘을 주고 싶다. 마인드가 바뀌어야 잠재의식이 바뀌고, 잠재의식이 바뀌면 행동이 바뀐다. 행동이 바뀌어야 삶이 바뀐다. 나는 현재 영어 소리 튜닝을 가르치면서 마인드 체인지 수업도 병행한다. 왜냐하면 마인드가 바뀌지 않으면 영어든 다이어트든 운동이든 아무것도 잘할 수가 없기 때문이다. 이런 것들에는 꾸준히 즐겁게 할 수 있는 단단한 마인드가 필요하기 때문이다.

나의 무대는 전 세계다. 단 한 번도 한국에서만 유명해지고 싶다고 생각해 본 적이 없다. 물론 내가 3개 국어를 하고 외국에 대한 두려움이 없어서 그럴 수 있다. 나는 전 세계를 돌아다니며 마인드 튜닝 강연을 할 것이다. 전 세계에서 마인드 강연으로 유명한 멘토들과 어깨를 나란히 하고 싶다. 그래서 많은 사람들에게 삶의 가치와 마인드 튜닝법을 전파하며 즐겁고 여유롭게 살 것이다. 나의 이 바람은 우주님이 들었고 내 내면의식이 들었다. 그러니 곧 이뤄진다.

미래 교육을 할 수 있는
아카데미 설립하기

　나는 아이가 생기면서 성인교육뿐만 아니라 아이들 교육에도 관심이 많아졌다. 과연 현재의 교육 시스템이 미래의 인재를 키울 수 있는지 의문이 많다. 그러다 보니 자연히 다른 나라는 어떻게 교육을 하고 있는지 어떤 철학과 목표를 가지고 교육하는지 많이 찾아보고 읽어 보는 편이다. 며칠 전 EBS에서 '4차 산업 혁명, 미래 교육 방향은?'이라는 주제로 다큐멘터리를 방영한 적이 있다. 나는 이미 4차 산업 혁명에 대비해서 교육 목표를 세우고 실현해 가는 나라들을 보며 소름이 끼쳤다. 그에 비해 우리나라는 하나도 준비하고 있지 않았다.

　나는 우리나라 교육에 불만이 많다. 4차 산업 혁명이 시작되고 다른 선진국들은 발 빠르게 변화를 시도하고 있다. 그런데 우리의 교육은 여전히 암기 위주의 주입식 교육이다. 아이들의 창의

성 교육에 목표를 두지 않는다. 대신 아이들에게 엄청난 양의 암기와 기계식 문제 풀이를 요구한다. 그냥 아무 생각 없이 점수에 연연하고 경쟁에만 심취하게 만든다.

미국에서 대학원을 다닐 때 나는 미국 초등학생 수업을 청강했었다. 수업 분위기는 너무도 자유로운 토론 분위기였다. 그 속에서 아무도 뒤처지지 않게 보조 교사가 항상 아이들을 돌봐 줬다. 수업 중에 크게 문제만 일으키지 않으면 수업 자세나 태도에 대해선 지적하지 않았다. 그 자유롭지만 통제되는 분위기가 너무 부러웠다.

우리나라 초등학생들은 아직도 수학 시간에 구구단을 외워야 한다. 나의 일곱 살 아들도 유치원에서 배웠는지 구구단을 흥얼거리고 다닌다. 재미로 흥얼거리는 거야 좋지만 그것이 꼭 암기해야만 하는 과제라면 문제는 다르다. 미국의 초등학교에서는 수학 시간에 계산기를 갖고 오게 한다. 숫자를 암기하고 씨름하는 시간에 도구를 이용하는 법을 가르치는 것이다.

이제 AI의 기술이 눈부시게 발전하고 로봇이 인간의 삶을 대체하는 시대가 올 것이다. 그런데 여전히 단순 암기를 가르치고 그것을 잘하는 인재가 우리 미래를 주도할 것이라고 생각하니 아찔하다. 그런 교육 속에서 우리 아이들은 더 이상 생각을 하지 않고 무자비한 경쟁에 시달리게 된다.

나는 예전에 8학군에 있는 한 학원에서 초등학생 영재반을 가르친 적이 있다. 그 학원은 초등학교 1학년 아이들에게 토플 시험 단어를 매일 100개씩 외우게 하고 있었다. 토플은 알려진 바와 같이 미국 대학에 입학하기 위해 보는 시험이다. 즉, 대학생용 시험 단어를 초등학교 1학년 학생들에게 암기시키고 있는 것이었다. 나는 기가 막혔지만 소속 강사다 보니 그 시스템을 따라야만 했다.

　　그중 한 학생이 매번 100점을 받았다. 어느 날 내가 그 친구한테 "너 이 단어의 한국어 뜻이 무엇인지 아니?"라고 물어봤다. 그 친구는 모른다고 했다. 외우라니까 생각하지 않고 그냥 외우고 있는 것이었다. 암기해야 결과가 나오는 교육체계다 보니 사교육이든 공교육이든 다들 그냥 아이들의 희생만을 요구하는 거 같다. 나는 그런 교육체계에 환멸을 느끼곤 3개월도 안 되어서 그 학원을 그만뒀다.

　　내가 그 학원에서 초·중학생을 가르쳤던 것도 벌써 10년 전의 일이다. 그러다 최근에 놀라운 경험을 했다. 나는 요즘 성인 대상 영어 학원에서 영어 스피킹을 가르치고 있다. 그런데 어떤 학생이 갑자기 "어! 주아 쌤이다!" 하는 것이었다. 누군지 몰라서 내가 "누구?"라고 했더니, 내가 10년 전에 가르쳤던 학생이라고 했다. 그 학생은 여전히 토익 단어집을 손에 들고 있었다. 10년 동안 같은 일을 되풀이하고 있는 것이었다. 정말 안타깝고 씁쓸했다.

공교육이 하지 않으니 내가 나서서 미래 교육을 대비할 수 있는 교육 시스템을 만들고 싶다. 사교육을 시작했다가 규모를 키워서 하나의 사립학교로 만들 것이다. 이 아카데미에서는 마인드 마스터 교육이 필수 과목이다. 먼저 꿈을 꿀 수 있는 마인드로 튜닝해야 한다. 꿈이 없는 사람은 뭔가 열심히 할 필요도 일찍 일어날 필요도 없다! 하지만 꿈이 있는 사람은 저절로 아침에 눈이 뜨이고 즐겁게 열심히 꿈을 이룬다.

현 교육 시스템의 가장 큰 문제는 아이들이 꿈꿀 수 있는 환경을 만들어 주지 않는다는 것이다. 꿈이 없으니 억지로 공부하게 되고 괴롭게 아침을 맞이하는 것이다. 나는 먼저 꿈을 만들어 주고 알아서 자신이 원하는 걸 열심히 계획하고 이루어 가는 과정을 돕는 아카데미를 만들고 싶다.

1년 후면 나의 첫째 아이가 초등학교에 들어간다. 아직까지 아이 교육에 아무 생각도 없다가 이제 초등학교에 들어간다고 하니 마음이 급하다. 내가 아무것도 하지 않으면 우리 아이는 지금의 교육체계에서 고통을 받아야 한다. 아침부터 밤까지 목적 없이 공부와 씨름해야 한다.

지금처럼 대학이 목표가 되면 대학에 가서 허무해지기 때문에 인생의 목표를 잃게 된다. 나는 중학교 때 우리 지역 내 최고 고등학교를 목표로 공부했었다. 그런데 막상 그 목표가 실현되니 모든 게 허무해졌었다. 그래서 모든 걸 놓아 버렸다. 그러고는 멍하게 3년을 보냈다. 고등학교 때 대학을 목표로 했던 친구들은 보통 대학에 와서 멍하게 보내곤 한다.

진정으로 무엇을 원하고 무엇을 하면 행복할까 계속 고민하게 해야 한다. 그 과정에서 영어가 필요하다면 알아서 즐겁게 영어를 공부할 것이다. 그 과정에서 컴퓨터로 무언가를 해야 한다면 알아서 컴퓨터를 배울 것이다. 먼저 꿈꾸는 Dreamer 양성 교육을 해야 한다. 그리고 우리 아카데미에서는 순위를 매기지 않는다. 자본주의 사회에서 그게 무슨 말인가 할 것이다. 하지만 어차피 서로 다른 분야에서 최고를 꿈꾸는 것이기 때문에 순위를 매기는 것은 의미가 없다고 본다.

예전에 안철수 씨 책에서 공감했던 부분이 있다.

"언젠가는 함께 없어질 동시대 사람들과 좀 더 의미 있고 건강한 가치를 지켜 가면서 살아가다가 별 너머의 먼지로 돌아가는 것이 우리네 인간의 삶이라 생각한다."

내가 우리 아카데미에서 추구하는 가치다. 우리 모두는 잘났든 못났든, 부자든 가난하든, 예쁘든 못생겼든 다 같이 어울려 사는 동시대 사람들이다. 서로 경쟁하고 싸우고 뺏는 것이 아니라 건강한 가치를 지키며 서로 어울려 살 수 있는 법을 가르쳐야 한다.

물론 마인드 마스터 교육뿐만 아니라 수학, 화학, 물리학부터 컴퓨터 공학, 금융, 역사, 예술까지 모든 것을 가르칠 것이다. 하지만 우리 아카데미에서 가르치는 선생님은 없다. 모든 수업은 전 세계 이 분야 전문가들이 올리는 영상으로 하게 될 것이다. 교실에는 단지 가이드해 주는 사람만 있을 뿐이다. 이런 교육 방식은 이미 미국에서 빌 게이츠와 Khan Academy가 함께 실현해 가고 있다.

Khan Academy는 비영리 단체로서 거의 모든 과목과 분야에 관련된 동영상을 무료로 제공하고 있다. 현재 미국 내 몇몇 학교에서는 이 동영상을 집에서 듣게 한다. 학교에서는 이것과 관련된 내용으로 연습한다거나 토론한다. 선생님은 이 모든 활동을 가이드해 줄 뿐이다.

미국 등 여러 선진국에서도 항상 고민하고 있는 문제가 어떻게 하면 낙오자 없이 학교를 이끌어 갈 것 인가다. 그리고 어떻게 하면 학생이 주가 되는 학교를 만들 것 인가다. 우리도 고민해 봐야 하는 문제인 것이다. 나의 미래 교육 아카데미에서는 마인드 마스터 교육을 필수로 Khan Academy 방식을 적용할 것이다. 현재 Khan Academy는 자신의 철학에 맞는 대학교도 설립했다. 이것은 내가 우리 아이들을 위해 그리고 나를 위해 이루고 싶은 꿈이다.

이미 아카데미 이름도 정했다. 'Dream Academy'다. 나는 이 버킷리스트를 적어도 5년 이내에 실현시킬 것이다. 나의 꿈을 생각하니 심장이 두근거리고 설레고 즐겁다. 이게 Dreamer의 길인 것이다.

돈과 시간에서 자유로운
메신저로서의 삶
실현하기

+ 박 선 규 +

박선규　세일즈 전문가, 퍼스널 브랜딩 컨설턴트, 브랜드 마케팅&커뮤니케이션 전략 컨설턴트, 자기계발 작가, 강연가

글로벌기업 CJ의 아나운서 출신으로 자신만의 특별하고 신뢰감 있는 공감 화술을 겸비한 세일즈 전문가이다. 피부 미용사 자격증과 헤어 미용사 자격증을 취득한 이색적인 이력을 바탕으로 중국 베이징에 진출해 피부& 두피 전문 뷰티 센터를 운영하기도 했다. 뿐만 아니라 부드러운 친화력과 탁월한 세일즈 능력으로 1년 만에 억 대 매출을 이루었다. 현재 세일즈 전문가를 양성하며 퍼스널 브랜딩 코치로서 활동하고 있다. 저서로는 《또라 이들의 전성시대 3》이 있으며 '억대연봉 세일즈맨의 비밀노트'를 주제로 개인저서를 집필 중이다.

Email　pskcompany1@gmail.com　　　　C·P　010.3167.8065

1년에 2권씩 책을 출간하고, 세일즈 경영 분야 1인 기업 실현하기

1년에 책을 2권씩 출간하겠다는 것은 나의 첫 번째 버킷리스트다. 작년까지만 해도 책을 쓴다는 것은 꿈에도 생각지 못했던 일이다. 그러나 〈한책협〉의 김태광 대표 코치님을 만나고 난 후 책 쓰기에 대한 자신감을 얻게 되었다. 김태광 대표 코치님은 "선규 씨는 지금까지 40년을 살아왔는데 왜 책에 쓸 내용이 없겠습니까? 성공해서 책을 쓰는 것이 아니라 책을 써야 성공하는 것입니다."라고 이야기했다. 난 그때부터 책을 쓰지 못하는 이유보다는 책을 써야 하는 이유를 더 많이 발견할 수 있었다.

나는 책을 읽는 것을 좋아했다. 지금도 시간만 나면 대형서점에서 책을 즐겨 본다. 어릴 적부터 성공한 사람들의 자서전이나 자기계발서에 관심이 많았다. 인생에 도움이 되고 삶에 지혜를 주며 동기부여가 되는 책을 좋아했다. 그래서 대형서점에서 살펴보

다가 결국 계산대로 가져가는 책들을 보면 거의 대부분 자기계발
서였다.

　나는 항상 성공한 사람들의 자서전이나 자기계발서를 읽으며
나도 언젠가는 성공한 이들처럼 될 것이라고 다짐했다. 지금은 비
록 성공을 이루기 위한 성장 과정 속에 있지만 마치 이루어진 것
처럼 생각하고, 상상하고, 당당하게 행동했다. 그런 모습 속에서
자존감도 높아지고 사회생활을 하는 데도 큰 자신감을 가질 수
있었다.

　내 인생에서 가장 책을 많이 읽고 독후감을 수없이 썼던 적이
있었다. 바로 중학교 1학년 때였다. 나는 서울 세검정 초등학교를
졸업하고, 인근 청운동 소재 청운중학교에 입학했다. 설레는 마음
으로 입학한 중학교의 수업이 시작되었다. 첫 수업 1교시는 국어
과목이었다. 한 미모 하시면서도 조금은 날카로워 보이는 여자 선
생님이 들어오셨다. 교실 뒤쪽에 앉아 있던 짓궂은 친구들이 기뻐
하며 환호성을 울렸다.

　선생님은 매서운 눈빛으로 그중 소리를 제일 크게 지른 학생
을 나오라 하셨다. 그러곤 바로 회초리로 손바닥을 때리셨다. 어
찌나 세게 때리시던지 한 대 맞은 그 아이보다 그 광경을 바라보
던 아이들이 더 놀라 모두 조용해졌다. '중학교는 회초리의 강도
도 다르구나.' 하며 다들 깜짝 놀란 눈치였다. 선생님은 바로 수업

을 진행하셨다. 조금만 수업에 집중을 안 하거나 잠을 자는 학생의 모습이 보이면 가차 없이 회초리를 드실 만큼 무서우셨다. 국어 시간에는 졸거나 수업에 집중을 안 하는 학생이 한 명도 없을 정도였다.

무서운 국어 선생님은 수업을 마칠 때마다 시 한 편을 칠판에 써 주셨다. 그 시를 노트에 받아 적고 여백에 시와 관련된 그림을 그린 후 다음 시간까지 시를 모두 외워 오는 것이 숙제였다. 다음 날 국어 시간이 시작되면 선생님은 한 번도 빠짐없이 5명 정도의 학생을 지목해 시를 외웠는지 확인하셨다. 외우지 못했으면 바로 회초리를 드셨다. 그 훈련 덕분에 노트 한 페이지 분량의 긴 시도 하루에 다 외워 버리는 능력을 모든 학생들이 가질 수 있었다.

또한 선생님은 국내외 문학소설을 계속 읽게 하셨다.《운수 좋은 날》이나《메밀꽃 필 무렵》같은 단편소설은 일주일 안에 읽고 독후감을 써야 했다.《상록수》와 같은 장편소설은 3주 동안 읽고 독후감을 쓰게 하셨다. 평생 살면서 그렇게 많은 시를 외우고, 그렇게 많은 문학소설을 읽으며 독후감을 쓴 적은 처음이자 마지막이었다.

청소년기에 문학 소년처럼 그렇게 매일매일 시를 외우고 음미하거나 소설을 읽고 독후감을 썼던 시간들이 있었다. 그래서일까. 이후 대학시절 음악대학에서 성악을 전공한 나에게 음악적으로 큰 도움이 되었던 것 같다. 지금까지도 성함이 잊히지 않을 정도로 엄청나게 무서우셨던 분. 고은미 선생님. 지금은 제일 감사한 선생님으로 기억하고 있다.

대학 3학년 때, 나는 잠들기 전 일기를 쓰며 하루를 정리하는 습관을 키웠다. 나는 하나님을 믿는 크리스천이다. 때문에 하나님께 기도하는 마음으로 일기를 썼다. 일명 박선규의 기도일기. 하루 동안의 일 중에 기억에 남는 일, 감사했던 일, 기분 안 좋았던 일을 기록했다. 그리고 내가 살고 싶은 미래의 목표와 버킷리스트를 꼼꼼히 작성했다.

그렇게 기도일기를 쓰고 나면 하루 일과가 정리되었다. 하루의 마무리를 잘한 느낌이 들어 잠도 편안하게 잘 수 있었다. 지금도 그 일기장을 간직하고 있다. 그런데 너무나 신기한 건 대학시절 작성했던 기도일기 중의 대부분이 이루어졌다는 사실이다. '운명을 바꾸는 종이 위의 기적'이라는 것이 이런 것일까? 나는 쓰면 이루어진다는 이야기가 거짓말이 아니라는 것을 몸소 체험한 사람이다.

기도일기를 작성하다 보면 좋은 것이 하나 있다. 의미 없이 보낸 시간들을 다시 한 번 확인하게 된다는 것이다. 의미 없이 보낸 시간들을 기도일기를 쓰는 시간에 기억해 낸다면 다음에는 그런 시간들이 줄어들게 되어 있다. 그리고 조금 더 의미 있고 값진 시간을 보내기 위해 노력하게 된다. 그런 의미 있고 값진 하루가 쌓이고 쌓이다 보면 나의 미래의 목표는 조금 더 크게 수정되었다. 나의 버킷리스트 또한 조금 더 크게 확장되는 것을 체험할 수 있었다.

또한 기도일기를 쓰다 보면 소확행(작지만 확실한 행복)을 느끼게 된다. 기도일기에 일부러 행복한 척 쓰지는 않는다. 그냥 오늘 있었던 일들에 대한 나의 생각과 감정을 담을 뿐이다. 그런데 다 작성하고 나면 왠지 모를 행복함이 밀려온다. 기분 좋았던 일, 친구를 도와줬던 일, 나에게 의미 있었던 일 등을 작성할 때면 소소하지만 확실한 행복함이 점점 쌓여 가는 느낌이 들었다.

그러면서 나 자신을 바라보는 반듯한 안목도 갖게 되었다. 다른 사람과의 비교로 인한 불행한 생각을 더 이상 하지 않게 되었다. 나는 항상 하나님께서 나에게 주신 길이 분명 있다고 생각했다. 그렇기 때문에 남들과 비교하는 일은 많지 않았다. 하지만 기도일기를 쓰고 난 후 그것마저도 거의 없어졌다.

사람마다 내면이 성장하는 속도는 다르지만 나는 기도일기를 쓰면서 성장하는 속도가 빨라졌다. 기도일기는 나의 하루하루의 삶을 돌아보며 진짜 나를 알아가는 과정이다. 동시에 미래에 이루고 싶은 꿈을 찾아 가는 여정이기도 하다. 내가 대학시절 작성한 버킷리스트들은 거의 다 갖고 싶은 것들뿐이었다. 그런데 지금은 원하는 것을 갖고 싶다는 버킷리스트들이 모두 다 사라졌다. 그동안 살면서 많은 부분을 이루었기 때문이기도 할 것이다. 하지만 새롭게 정한 버킷리스트들을 보면 이것들을 이루었을 때 나머지 내가 필요한 모든 것들을 얻을 수 있도록 수정되었다. 난 그 방향이 올바른 방향이라고 믿는다. 그렇게 지금도, 앞으로도 그 버킷리스트들을 이루기 위해 한 걸음 한 걸음 나아갈 것이다.

나의 버킷리스트 중의 첫 번째를 소개한다. 그동안 기도일기를 쓰면서 막연하게 가졌던 목표였는데 요즘 아주 구체화되고 명확해졌다. 그것은 바로 1년에 2권씩 책을 쓰며 작가로서의 삶, 강연가로서의 삶을 사는 것이다. 그럼으로써 돈과 시간에서 자유로운 메신저로서의 삶을 실현하는 것이다. 내가 가진 경험과 지식으로 다른 사람의 인생을 변화시키고 도와줄 수 있는 삶을 살고 싶다. 이렇게 남도 돕고 돈도 번다면 얼마나 멋지고 행복한 일인가?

물질적인 만족과 가치 있고 의미 있는 삶! 나는 앞으로의 인생의 초점을 여기에 두고 계속해서 도전하고 성장해 나갈 것이다.

돈과 시간으로부터
자유로운 경제 시스템을 만들기

책을 집필하면서 그동안 살아온 나의 39년의 삶을 돌아볼 수 있었다. 올해 나는 마흔이 되었다. 내가 불혹의 나이가 된 것이 아직은 낯설다. 돌아보면 나의 삶은 그렇게 평탄하진 않았던 것 같다. 늘 고민과 걱정, 미래에 대한 불안함 그리고 아쉬움과 후회가 남는 삶이었던 것 같다.

나는 3형제 중 막내다. 어린 시절 부유하지는 않았지만 그래도 비교적 부족함 없는 가정환경 속에서 자랐다. 아버지는 개인 사업을 하셨다. 북악 스카이웨이 팔각정을 운영하시는 사장님이셨다. 북악 스카이웨이 팔각정은 친할아버지께서 박정희 대통령 시절 국가의 땅을 빌려 만드셨다. 할아버지께서는 '보록원'이라는 조경 업체를 운영하셨다. 그때 당시 서울시의 조경 공사를 대부분 맡아 하셨을 만큼 조경업계에서는 알아줬던 분이었다.

그러던 어느 날 할아버지께서 말을 타고 북악산을 올라가는 꿈을 꾸셨다고 한다. 정상 부근에 도착하니 힘이 들기도 하고 목이 너무 말라 우물을 찾았는데 어디에도 없었다고 한다. 목이 너무 말라 괴로워하며 꿈에서 깨어난 할아버지는 꿈이 하도 생생하고 이상했다고 한다. 그래서 정릉의 친한 스님을 찾아가 꿈 해몽을 부탁했다고 한다. 스님은 그 북악산 정상자락에 사람들을 위한 쉼터를 만들라는 뜻 같다고 하셨다고 한다. 할아버지께서는 고심 끝에 국가의 허가를 받아 팔각정을 지으시게 되었다고 한다.

할아버지는 스님께 찾아가 누가 팔각정을 운영하는 것이 좋겠느냐고 질문하셨다. 그러자 스님은 꿈에서 할아버지가 말을 타고 북악산에 올라갔기 때문에 자식 중에 말띠인 자식이 운영해야 잘된다고 하셨다. 그래서 아홉 남매 중 셋째 아들인 우리 아버지가 맡게 되셨다. 아홉 남매 중 아버지가 유일한 말띠였기 때문이다. 결국 아버지는 할아버지의 지시로 스물여덟 살이라는 젊은 나이부터 북악 스카이웨이 팔각정의 대표로서 사업을 하시게 되었다.

서울의 대표적인 관광명소가 된 팔각정은 서울에서 손꼽히는 드라이브 코스인 북악 스카이웨이 중간 지점에 위치해 있다. 팔각정 뒤로는 북한산의 수려한 경관이 펼쳐져 있다. 그리고 앞으로는 남산과 한강, 63빌딩 등 서울 시내의 아름다운 전경을 한눈에 볼 수 있다. 그래서 지금도 연인들이 많이 찾는 곳 중의 하나다.

아버지가 팔각정을 운영하셨던 70~80년대에는 서울에 이만큼이나 근사한 데이트 장소가 없었다. 웨딩 촬영은 물론이고 결혼 피로연 장소로 이용하기도 했다. 팔각정 내부의 레스토랑에서는 경양식 위주의 음식을 판매했다. 그리고 외부에서는 서울을 상징하는 다양한 기념품을 판매했기 때문에 지방이나 해외에서 온 여행객들로도 넘쳐 났다. 서울타워, 여의도의 63빌딩, 한강의 유람선처럼 서울에 오면 꼭 한 번은 들러야 하는 대표 명소로 손꼽혀 사람들의 많은 사랑을 받은 곳이다.

아버지께서 17년 넘게 운영하시던 어느 날 여러 가지 사정으로 팔각정의 운영권을 국가에 넘기게 되었다. 그때부터 집안의 경제력이 조금씩 기울어지기 시작했다. 2년, 4년에 한 번씩 계속 이사를 다녀야 했다. 이사를 다닐 때마다 집의 평수는 조금씩 작아졌다. 이런 상황에서도 부모님은 3형제가 낙심하거나 자존감을 잃지 않도록 교육하셨다. 어떠한 상황에서도 자신감을 잃지 않도록 마인드 교육을 시키셨다.

가정의 경제적 어려움은 나아지지 않았고, 내가 대학교에 다닐 때 가장 어려웠다. 대학 4년 내내 학자금 대출을 받아 다녀야 했다. 이렇게 경제적으로 어려운 상황인데도 난 미래에 대한 자신감으로 똘똘 뭉쳐 있었다. 현실을 보면 불안하고 낙심되지만 난 잘될 거라 믿었다. 하나님이 나를 크게 쓰실 것이란 믿음이 있었기 때문이다.

어려움 속에서도 나는 항상 하나님의 계획을 발견하려고 노력했다. 틈만 나면 지독하게 자기계발서를 읽으며 반드시 성공하겠다는 의지와 믿음을 키워 나갔다. 회사를 다니면서도 자기계발을 게을리하지 않았다. 늘 자기계발서와 성공한 인물들의 자서전을 읽으며 성공에 대한 희망의 끈을 놓지 않았다.

12년 전 CJ 헬로비전에서 아나운서/기자로 회사생활을 하던 어느 날 대형서점에서 눈에 띄는 책을 하나 집어 들었다. 조엘 오스틴 목사의 《긍정의 힘》이란 책이었다.

조엘 오스틴 목사는 그 당시 미국의 차세대 리더로 급부상하고 있던 목사였다. 하도 잘 웃어서 '웃는 목사'라는 별명으로 유명한 조엘 오스틴은 미국에서 가장 영향력 있는 목사로서 최고의 인기를 누리고 있었다.

나는 책의 첫 장부터 마지막 장까지 순식간에 읽어 내려갔다. 쉬지 않고 한 번에 책 한 권을 읽어 내려간 건 난생처음이었다. 첫 장에서는 '나는 비전을 키우는 사람이다'라는 장제목이 마음을 사로잡았다. '비전을 크게 키우고 기대수준을 높여라. 과거의 장벽에서 벗어나 은혜 속에서 성장하고 은혜를 사모하라'라는 내용이 나에게 치유와 희망, 꿈을 보게 했다. 조엘 오스틴 목사는 이렇게 조언한다.

"매일 아침 일어나 하나님의 은혜를 선포하세요. 겉으로 보이는 상황이 어떻든 간에 당신이 하나님의 은혜를 이미 받았노라고 과감하게 선포하세요. 또 하루의 삶을 살아가는 동안에도 이렇게 선포하세요. 하나님의 은혜로 이 회사의 관심이 내게 쏠리고 있어. 내 모습이 남들보다 돋보일 게 분명해. 밤낮으로 이렇게 선포하고, 변치 않는 믿음으로 그 자리를 기대하세요."

그 이후 난 매일 아침 일어나면 세면대 앞에서 거울에 비친 나의 모습을 보고 늘 선포했다.

"하나님 아버지, 제게 은혜를 주셔서 감사합니다. 지금은 경제적으로 힘들지만 누구보다 부유한 사람이 될 줄 믿습니다. 하나님의 은혜로 기회의 문이 열리고 있습니다. 성공이 제게 다가오고 남들이 자청해서 저를 도울 줄 믿습니다."

늘 이렇게 나 자신에게 선포하고 축복을 해 주었다. 잠자리에 들기 전에도 늘 하루를 정리하는 기도일기를 작성했다. 그러면서 내가 원하는 성공적 미래를 그려 보고 그것이 반드시 이루어질 것이라는 확신을 가지고 잠에 들었다.

되든 안 되든 이렇게 해서 잘되고 성공한 사람이 많다고 하는데 돈 드는 일도 아니고 안 할 필요가 없지 않은가? 나는 늘 성공할 것이라고, 성공적 미래가 마련되어 있는 사람이라고 믿었다.

나는 말의 힘을 믿는다. 늘 올바른 마음을 품고 긍정적이고 좋은 생각을 하니 주위에 좋은 사람들이 모여 들었다. 그리고 내가 생각하고 나 자신에게 선포한 대로 나의 인생이 자석처럼 나의 생각의 방향대로 조금씩 끌려가는 것을 느낄 수 있었다. 말에는 엄청난 창조의 힘이 있다. 말은 우리가 꿈을 이루는 데 매우 중요한 역할을 한다. "나에게 좋은 일이 일어날 리 없어. 내 현실이 이런데 성공은 무슨 성공이냐. 잘될 리 없어. 나는 이번에도 승진이 안 될게 뻔해." 이런 말은 망하는 지름길이다. 우리의 말은 우리를 부유하게도 만들고 성공으로도 이끌고 망하게도 만들 수 있다.

내가 만약 학창시절 가정형편이 어려워졌다는 이유로 부모님을 원망하고 현실을 부정적으로 봤다면 나는 어떤 모습으로 성장해 있었을까? 나는 한 번도 가정형편과 달라진 환경을 원망하거나 낙심한 적이 없다. 경제적 어려움은 생활을 해 나가는 데 있어 조금은 불편한 것이 사실이다. 하지만 살아가는 데는 문제가 되지 않았다. 미래를 구상하고 꿈을 이뤄 가는 데 조금도 걸림돌이 되지 않았다. 오히려 이런 불편하고 어려운 환경이 나를 더욱 강하게 만들고 단단한 믿음을 갖게 해 주었다.

방송, 회사, 중국에서의 사업 경험을 가진 나는 40세를 맞아 인생의 플랜을 다시 짜고 있다. 스물일곱 살에 회사생활을 하면서 계획한 인생 플랜은 80세 사망이 기준이었다. 그런데 이제는 100세

시대 아닌가? 그래서 나의 인생 플랜을 수정하고 있다. 그중의 첫 번째는 돈과 시간에서 자유로운 경제 시스템을 만드는 것. 그것은 바로 책을 쓰는 것이다.

회사생활은 돈과 시간에서 자유로울 수가 없다. 그리고 어떤 회사도 직원들의 미래를 책임져 주지 않는다는 것은 이제 누구나 아는 사실이다. 회사에서 어느 정도 경험과 경력을 쌓았다면 이제는 회사를 나와야 한다. 그러곤 자신이 가지고 있는 지식과 경험을 담은 책을 써서 강의나 강연, 컨설팅으로 수익을 창출하는 수입 파이프라인을 구축해야 한다. 그래서 평생 롱런할 수 있는 시스템을 만들어야 한다.

내가 방송과 회사를 다니면서 경험한 것들, 중국에서 사업을 하면서 터득한 노하우, 그리고 다양한 세일즈 스킬까지 내가 경험한 것들이 책의 주제가 될 것이다. 내가 가진 경험과 지식을 활용해 쓴 책은 강연, 강의, 코칭 프로그램의 밑거름이 되어 남들에게 도움을 줄 것이다. 그리고 이를 통해 다양한 수익을 창출해 낼 것이다. 평생 내가 가진 경험과 노하우로 책도 쓰고 남들도 도와주는 인생을 산다면 멋지지 않겠는가? 나도 이렇게 책을 쓰니 당신도 쓸 수 있다. 두려워 말고 당신도 나와 같이 책을 한번 써 보자!

50세에 세일즈와 뷰티를
결합시킨 아카데미 설립하기

　두 번째 나의 버킷리스트에서 밝힌 바와 같이 내가 가진 경험과 지식을 활용해 책을 쓰고 그 책을 통해 강연과 강의, 컨설팅으로 수익을 창출하기 위해 나는 한 가지 더 준비하는 것이 있다. 그것은 바로 세일즈와 뷰티를 결합시킨 아카데미를 설립해서 전문 세일즈 인재와 뷰티 전문가를 양성하는 것이다.

　나는 세일즈 & 뷰티 아카데미 센터를 대학과 연계할 계획이다. 대학 때부터 가능성 있는 학생을 대상으로 인재를 양성하는 프로그램을 만들어 접근할 것이다. 대학생들은 물론이고 더 나아가 취업준비생들까지도 도움을 주며 사회의 인재로 키울 것이다. 그들을 넓은 세계무대의 우수한 인재로 양성하는 것이 목표다.

　전투경찰로 군 생활을 하던 어느 날이었다. 대전청사경비대 행정병이었던 나는 여느 때와 같이 아침에 근무를 나가기 위해 준비를 했다. 옷을 입고 양말을 신는 그 순간 허리에 강한 통증을 느꼈다. 이후 계속되는 통증으로 앉아 있을 수도 없는 상황에까지 이르렀다. 업무를 도저히 볼 수 없어 행정반장님께 양해를 구하고 인근 병원에 검사를 받으러 갔다.

이후 일주일 정도 통원치료를 받았지만 호전되지 않았다. 의사 선생님은 큰 병원으로 가서 검사를 해 보라고 하셨다. 지금까지 건강하게 군 생활 잘하다 제대를 3개월 남겨 두고 이게 무슨 일인가 싶었다. 내가 소속된 행정파트는 대부분 앉아서 컴퓨터를 활용해 업무를 보기 때문에 허리에 무리가 온 것이라고 생각했다.

전문 치료가 필요한 전투경찰이나 의경은 가락동에 있는 경찰병원으로 가게 되어 있었다. 그래서 다음 날 일찍 나는 경찰병원으로 향했다. 검사 결과는 척추측만증으로 3주 입원 진단이 나왔다. 바로 입원 수속을 밟고 병실이 지정되었다. 나는 난생처음 입원이라는 것을 하게 되었다.

'그래, 이렇게 입원하게 된 김에 휴가라고 생각하고 푹 쉬자.'

아픈 것도 아픈 거지만 보너스 휴가를 갖게 된 것 같아 기분이 좋아졌다. 병실은 모두 6인실이었다. 기존에 입원해 있던 5명의 전경, 의경 친구들이 반갑게 맞이해 줬다. 그날 저녁 함께 병실에서 식사하면서 나에 대한 이야기와 우리 부대에 대한 이야기를 들려주었다. 또한 서로 어떻게 어디가 아파서 입원하게 되었는지 이야기하며 금세 5명의 친구들과 친해질 수 있었다. 게다가 옆 침대 친구는 나와 나이도 같았다. 취침시간이 되어 소등하고 자려고 누웠는데 옆 침대 친구가 이렇게 물었다.

"너 교회 다니냐?"

나는 대학교에 입학하자마자 성가대 솔리스트로 활동했다. 그렇게 교회생활을 하게 되었는데 사실 그렇게 열심히 하지는 않았다. 교회에서 세례도 받았다. 하지만 나에게 하나님은 어렵고 힘든 상황에 놓였을 때 그저 도움을 청하는 분 정도였다.

"응, 교회는 다녀. 왜?"

"내일 아침에 나 새벽기도 가는데 같이 갈래?"

"아니, 난 오랜만에 늦잠 좀 자고 싶다. 이럴 때 늦잠 자 보지, 언제 자 보겠냐?"

그 친구는 이해한다고 했다. 그러면서 본인은 늘 새벽 5시마다 새벽기도 하러 가니까 마음이 있으면 언제든 같이 가자고 했다.

다음 날이 되었고 아침식사 후 오전 치료를 마치고 병실로 돌아왔다.

"박선규는 수간호사님 방으로 오세요."

수간호사 선생님의 호출이었다. 수간호사님은 나이가 한 40세 중·후반 정도 되어 보였다. 화장을 아주 예쁘게 하시는 분이셨다. 수간호사님은 3주간의 치료 스케줄에 대해 상세히 설명해 주셨다.

"3주간 쉬면서 치료 잘 받으면 금방 호전될 거예요."

"네, 감사합니다."

"근데 선규는 하나님 믿니?"

"교회에 다니고 있어요."

"그렇구나. 오전에 물리치료 받고 병실에 돌아오면 심심할 수 있을 거야. 선생님이 테이프 하나 줄 테니 들어 보렴. 유명한 목사님 말씀인데 들어 보면 도움이 될 거야."

"아, 네. 알겠습니다."

지금은 카세트테이프가 거의 없지만 2001년 그때 당시에는 카세트테이프나 CD로 음악을 많이 들었다. 나는 병실로 돌아왔다. 나는 수간호사 선생님이 주신 테이프를 들었다. 말씀이 생각보다 너무 좋았다. 다음 날 오전 물리치료를 받고 왔는데 수간호사님이 또 부르셨다.

"어제 말씀 테이프 다 들었니? 어땠어?"

"네. 어제 바로 들어 봤는데 좋더라고요."

"그럼 이것도 한번 들어 볼래?"

"또요?"

"병실에서 누워만 있으면 뭐 하니? 시간 날 때 좋은 말씀 들으면서 기억에 남는 말씀은 노트에 적어 봐. 도움이 될 거야."

난 앞으로 3주간 병원생활을 해야 했다. 그러니 수간호사 선생님에게 잘 보여야 할 것 같아서 거절할 수 없었다.

"아, 네. 알겠습니다."

난 병실로 돌아왔고, 또다시 수간호사 선생님이 주신 테이프를 들어 보았다. 이번에도 말씀 내용이 좋았다. 이번에는 수간호사 선생님이 말씀하신 대로 마음에 와 닿는 내용들을 노트에 적어 보았다. 수간호사 선생님은 다음 날에도 테이프를 전해 주셨다. 그리고 5일째 되는 날부터는 오전에 하나 듣고 오후에 하나 들으라며 2개씩 주셨다.

입원 후 첫 번째 일요일이 되었다. 교회를 다니는 병실 친구들과 경찰병원 예배당에 가서 예배를 드리고 오랜만에 편안한 일요일 오후를 보내고 있었다. 저녁시간 병실에 누워 있는데 갑자기 복도 쪽에서 찬양이 들려왔다.

"인근 교회의 젊은 목사님과 청년들이 주일 저녁마다 와서 찬양을 부르고 병실에 와서 기도해 줘. 조금 있으면 우리 병실에도 올 거야."

"아. 그렇구나."

"내가 목사님 소개시켜 줄게."

"응."

잠시 후, 어떤 젊은 목사님이 우리 병실에 들어오셨다. 그러곤 내 옆의 친구에게 다가가 인사했다. 그들은 서로의 안부를 물었다. 병실 친구는 새로 입원한 친구라며 목사님께 나를 소개해 주었다.

"안녕하세요. 형제님. 반갑습니다. 저는 이기은 목사입니다. 형제님은 이름이 어떻게 되세요?"

"안녕하세요. 저는 박선규라고 합니다."

그렇게 목사님과 첫인사를 나누며 대화를 이어 갔다. 목사님은 나에게 복음을 전해 주셨다. 그런데 왠지 그 목사님의 말씀이 하나하나 마음에 와 닿으면서 믿음이 갔다.

"하나님의 형상으로 지음 받은 인간은 하나님과 함께해야 진정한 행복을 얻을 수 있습니다. 하나님을 지금 이 시간 진심으로 마음에 영접하는 기도 함께 해 보실래요?"

"네."

목사님은 내 손을 잡고 기도를 해 주셨다. 나는 그 기도를 따라 했다.

"하나님을 나의 구주 나의 주인으로 지금 이 시간 나의 마음에 영접합니다. 지금부터 하나님 품에 갈 때까지 영원히 함께해 주세요. 예수 그리스도 이름으로 기도합니다. 아멘."

그 순간 나는 마음에 엄청난 평안함을 느꼈다. 엄마 품에 포근하게 안긴 것 같은 느낌이 들었다. 지금까지 방황하던 나의 영혼이 제자리를 찾은 듯한 느낌이 들면서 나도 모르게 눈물이 왈칵 쏟아졌다. 목사님이 축복 기도를 해 주시는데 나도 모르게 계속해서 눈물이 쏟아졌다.

"왜 눈물이 나셨나요, 형제님. 어떤 마음이 드셨나요?"

"모르겠어요. 하나님이 진짜 살아 계신다고 느껴지고 제 마음

속에 들어오신 느낌이 들었어요. 그러면서 한 번도 느끼지 못한 평안함을 느끼게 되었어요."

"네. 이제 선규 형제님은 진정으로 하나님의 자녀가 되었습니다. 하나님은 선규 형제님과 늘 함께하시니 어려움이 있거나 힘든 일이 있으면 언제나 하나님께 기도하세요. 하나님이 선규 형제님을 도와주실 겁니다. 제가 다음 주에 다시 와서 신앙생활은 어떻게 해야 하는지 또 말씀은 어떻게 내 삶에 적용해야 하는지 알려드릴게요. 괜찮으시죠?"

"네, 감사합니다."

그렇게 나의 진정한 신앙생활은 시작되었다. 하나님은 나를 경찰병원으로 인도하셔서 수간호사 선생님과 이기은 목사님을 만나게 해 주셨다. 그리고 그분들은 나의 영적인 멘토가 되어 주셨다. 수간호사 선생님의 도움으로 3주간의 입원은 3개월로 늘어났다. 나는 3개월 동안 경찰병원에서 성경 공부, 즉 영적 훈련을 매일매일 받게 되었다. 수간호사 선생님은 일주일에 네 번은 1:1 양육을 받을 수 있게 환경을 만들어 주셨다. 나는 그로 인해 하나님과의 친밀한 관계를 형성하는 데 큰 도움을 받을 수 있었다. 그러면서 곧 복학할 대학을 위해 기도하기 시작했다.

'제대하면 복학해서 후배들에게 내가 느낀 이 말씀을 전해 줘야지. 내가 하나님을 만나 느낀 이 행복을 후배들에게 느끼게 해

줘야지.'

그때부터 나는 대학 복음화를 위해 기도하기 시작했다. 대학생들이 올바른 정체성과 올바른 비전을 가지고 사회에 나와야 세상의 선한 빛으로서 세상을 변화시킬 수 있다는 믿음을 가졌다. 난 지금도 대학 복음화를 위해 늘 기도한다.

그렇게 기도만 했는데 하나님은 대학 3학년 때 나를 예체능대학 학생회장으로 세워 주셨다. 그리고 대학 4학년 때는 총학생회 부회장으로 세워 주셨다. 대학에서 성악을 전공한 나는 대학 졸업 후 아나운서 겸 기자로 직장생활을 시작했다. 그러곤 다양한 부서에서 경험을 쌓았다. 3년 전에는 중국 베이징에서 두피케어와 피부케어를 결합한 종합뷰티센터를 운영했다. 그곳의 네 곳에 가맹점도 오픈했었다.

사드보복 사태로 계속해서 운영할 수 없는 상황에 놓여 한국에 다시 들어왔다. 하지만 나는 그 경험을 바탕으로 앞으로 세일즈와 뷰티 전문가 양성 코치로 활동할 것이다. 그러곤 10년 안에 세일즈와 뷰티를 결합한 아카데미를 설립할 것이다. 6층짜리 건물을 사서 맨 위층은 나의 집으로 사용하고 나머지 1층부터 5층까지는 세일즈 & 뷰티 아카데미 및 뷰티 숍으로 운영할 것이다.

이곳에서 대학생들과 취업준비생들은 물론이고 사회생활을 하면서도 방향을 못 잡아 어려움을 겪는 사람들에게 도움을 줄 것이다. 더불어 그들에게 말씀 안에서 진정한 정체성과 올바른 삶의 이유를 깨닫게 해 줄 것이다. 그러면서 세일즈 인재, 뷰티 인재로 성장해 나가도록 도움을 줄 것이다.

이렇게 내가 가진 경험과 지식으로 인재를 양성하며 평생 세상에 선한 영향력을 끼치며 사는 것이 나의 세 번째 버킷리스트다.

80세까지 현역 메신저의 삶 살기

미국의 39대 대통령이자 2002년 노벨 평화상 수상으로 유명한 지미 카터는 내가 존경하는 미국의 대통령이다. 행동하는 신앙인으로 더욱 알려져 있는 지미 카터 대통령은 재임 기간 동안 단한 번도 주일을 어긴 적이 없었다고 한다. 뿐만 아니라 주일학교교사직을 잠시도 놓은 적이 없었다.

그리고 퇴임 후 그는 더욱 바쁜 나날을 보냈다. 분쟁지역에 달려가서 평화를 호소하고, 아프리카 등지에서 질병 퇴치에 앞장서기도 했다. 집 없는 사람들에게 집을 지어 주는, 사랑의 집짓기 운동인 헤비타트 운동을 이끌었다. 어떤 봉사를 하든 늘 5일 동안만 봉사하는 그에게 어떤 기자가 물었다.

"왜 항상 5일만 봉사활동을 하시는 거죠?"

"난 주일학교 교사입니다. 하나님의 아이들을 가르쳐야 하기 때문에 지금 돌아가야 합니다."

그는 항상 자신이 전직 대통령이나 특사, 헤비타트 운동가로 불리기보다는 주일학교 교사로 불리기를 원했다. 하나님의 자녀로 알려지기를 원했다.

대학교 3학년 시절, 나는 지미 카터 대통령과 같은 삶을 살겠노라고 다짐했었다. 내가 신앙생활을 어느 때보다 열심히 하던 때였다. 그때 인생에 대한 고민도 심도 있게 해 보고, 삶의 목표도 설정해 보았다. 인생을 어떻게 살아야 할 것인지 고민했다. 물론 인생에 대한 고민은 오랫동안 계속되었다. 삶의 목표는 수정에 수정을 거듭했다.

대학을 졸업하고 1년 후 나는 'CJ 헬로비전'이라는 회사에 아나운서 겸 기자로 입사했다. 그때 내 나이는 스물여덟이었다. 대기업에서 신입사원으로 회사생활을 시작하면서 나는 이렇게 다짐했다. '서른여섯이 되면 내가 평생 일할 수 있는 분야를 정해서 사업을 할 거야'라고 말이다.

보통 대기업에 들어가면 충성심이 가득한 회사생활을 하게 된다. 대기업에서의 신입교육은 은근히 기업에의 충성심을 유발한다. 그것이 바로 대기업이 가지고 있는 브랜드 파워라고 생각한다. 신입사원들은 신입교육을 받고 충성직원으로 무장되어 정해진 부서로 이동하게 된다.

대부분의 신입 직원들은 윗분들에게 인정받고 오래오래 회사에 다니는 안정된 생활과 삶을 기대한다. 그래서 취업준비생들이 그토록 대기업, 대기업 하는 것 아니겠는가? 대기업에 다녀야 어디 가서 떳떳하게 직장 자랑도 하고 좋은 배우자도 만난다는 것이 일반적인 생각일 것이다. 하지만 난 생각이 달랐다.

입사하는 순간부터 직장은 절대 평생 내가 다닐 곳이 아니라고 생각했다. 이 직장은 그저 나의 역량을 키우고 새로운 분야를 배우는 흥미로운 곳이라고 여겼다. 이곳에서 배울 수 있는 것을 누구보다 빨리 배우자. 그래서 내가 계획한 대로 서른여섯 살이 되면 나의 사업을 펼쳐 나가자. 그런 생각뿐이었다. 물론 어떤 사업을 할지는 구체적으로 생각하지 않았다. 그저 막연히 그런 청사진만 가지고 있었다. 나의 인생 플랜은 이랬다.

첫째, 35세까지 대기업의 시스템 속에서 체계적인 조직생활과 기업문화를 배운다. 그리고 다양한 경험을 바탕으로 역량을 키워 나간다.

둘째, 36세부터 40세까지는 내가 평생 일할 분야를 선정해서 그 분야의 기본기를 다진다.

셋째, 40세부터 50세까지는 그 분야에서 최선을 다해 열심히 일하며 업적을 쌓는다.

넷째, 50세가 되면 그 분야에서 어느 정도 영향력을 미치는 위치에 오를 것이다. 그러니 50세부터 60세까지 더욱 영향력 있게 일을 추진해 나가면서 후학 양성 시스템인 아카데미 사업의 기반을 마련한다.

다섯째, 60세부터 70세까지는 아카데미를 체계적으로 운영하며 후학을 양성하는 데 힘을 쏟는다.

마지막으로, 70세부터 80세까지는 세계를 다니며 하나님이 그동안 나에게 주신 축복의 증거들을 가지고 선교활동과 전도활동을 한다. 그러다 하나님의 품으로 간다. 이렇게 나의 80세 인생을 설계했다.

그렇게 80세 인생 설계의 청사진을 그리고 시작한 사회생활은 호락호락하지 않았다. 아나운서 겸 기자로 활동했기 때문에 나는 아나운서의 업무만 했던 것은 아니었다. 매일 아침 그 전날 기획한 취재를 위해 현장에 나갔다. 취재원들을 만나 인터뷰를 하는 것은 물론 간단한 촬영은 직접 하기도 했다. 그리고 회사로 복귀해서는 취재한 내용을 정리해 리포트를 작성하고 오디오 더빙을 했다. 그런 뒤, 이날 촬영한 영상을 편집하는 것까지 모두 혼자 해내야만 했다.

그렇게 하루 종일 모든 과정을 스스로 다 해결하고 저녁 8시 뉴스에 맞춰 7시까지 부조정실 뉴스 PD님께 리포트 자료를 드려야 했다. 그러고 나서는 뉴스 진행을 위해 바로 분장실로 가서 메이크업을 하고 의상을 갈아입어야 했다. 남은 시간에는 오늘 들어온 전체 리포트를 읽어 보며 생방송 뉴스를 준비했다.

마감에 대한 압박감과 빡빡한 스케줄, 거기에 생방송 뉴스 진행까지. 생방송 뉴스를 마치고 나면 보통 8시 40분이었다. 정말 매일매일 하루가 정신없이 지나가는 느낌이었다. 그때는 정말 하루 12시간 이상을 일했던 것 같다.

뉴스뿐만 아니라 방송국에서 주최하는 다양한 행사의 사회, CJ그룹 내 크고 작은 행사 사회도 보며 아나운서와 방송 기자의 역량을 쌓아 갔다. 그렇게 2년 정도가 지날 때쯤 나는 다른 부서에 가서 일해 보고 싶은 마음이 들었다. 갑자기 부서를 바꾸겠다는 요청은 쉽지 않은 일이었지만 말이라도 한번 해 보고 싶었다. 마음을 다잡고 보도본부 본부장님께 직접 찾아가 부탁을 드렸다.

"본부장님, 요청 드릴 사항이 있어 찾아왔습니다."

"박선규 님, 무슨 일인가요?"(CJ는 직책 대신 이름 뒤에 '님'을 붙인다. 수평적 조직문화를 위해 만든 CJ만의 '님' 문화다.)

"부서를 옮겨서 다른 일을 좀 해 보고 싶습니다. 어려운 요청인 줄 압니다만 새로운 일에 도전해 보고 싶습니다."

"지금 방송을 잘하고 있는데 왜 갑자기…. 무슨 일이 있나요?"

"아뇨. 무슨 문제가 있어서 그런 건 아니고요. 좀 더 다양한 업무역량을 키워 보고 싶어서 요청 드리는 겁니다."

"아나운서를 하던 직원이 이렇게 부서를 옮기고 싶다고 요청하는 것은 박선규 님이 처음인 것 같네요. 일에 대한 열정이 대단하군요. 알겠습니다. 긍정적으로 검토해 볼게요."

며칠 후 본부장님은 나의 요청을 들어주셨다. 나는 한 달 후 방송광고사업팀으로 부서를 옮기게 되었다. 방송광고 PD로서 지역 광고를 담당했다. 나는 이곳에서 세일즈의 기초를 닦을 수 있었다.

다시 신입사원이 되었다는 마음가짐으로 업무에 임했다. 낮은 자세로 모든 업무를 차근차근 배워 나갔다. 선임 PD를 졸졸 따라다니며 지역 내 광고주분들을 만나 인사하는 것부터 시작이었다. 보도국과는 업무 스타일이 완전히 달라 아주 흥미로웠다. 나는 선배 PD들이 가르쳐 주는 것을 스펀지처럼 빨아들이며 습득했다.

3개월이 지나자 바로 은평구 지역 담당자로 배정되었다. 담당 지역의 다양한 업체들에 방송광고를 제안하고 신규 계약을 체결하는 일이 쉽지만은 않았다. 하지만 날마다 새로운 업체의 사장님들을 만나는 것이 재미있었다. 답답한 회사를 벗어나 외근을 한다는 것도 나에겐 즐거운 일이었다.

담당 업체를 방문해 사장님들을 만나 이야기를 나누면서 점점 사장님들과 친해졌다. 사장님들은 시간이 좀 여유로울 때면 나에게 사업을 하게 된 계기를 들려주셨다. 그런 사실적인 사업 이야기를 어깨너머로 듣는 것이 나에게 간접적인 인생 공부가 되었다. 훗날 내가 사업을 할 때 도움이 많이 되었다.

이렇게 사장님들과 이야기를 나누다 보면 나도 가만있을 수만은 없었다. 나 또한 사장님들에게 이웃 업체들의 성공사례나 요즘 소비자 트렌드에 대해서 이야기해 주었다. 사장님들은 유용한 정보라며 좋아하셨고 귀담아들으셨다. 어떤 분들은 나에게 메뉴 상담, 인테리어 상담, 직원들에 대한 푸념까지 풀어놓기도 하셨다.

당장 방송광고 계약을 하진 않아도 이렇게 나와 친해지는 사장님이 많아졌다. 그 결과 나는 자연스럽게 가망 광고주를 확보할 수 있게 되었다. 그 때문에 나는 몇 달 지나지 않아 매월 6,000만 원 이상의 매출을 올리는 우수사원으로 거듭날 수 있었다.

신규 업체와 방송광고 계약이 이루어지면 광고 제작 기획에 들어간다. 다양한 콘셉트로 광고를 구성하고 기획하는 과정이 창의적이고 아주 재미있었다. 하면 할수록 이 일이 나와 잘 맞는다고 생각했다. 게다가 광고가 잘 만들어져 광고 효과를 본 사장님들이 진심을 담아 고맙다고 인사할 때면 큰 보람을 느꼈다. 이때부터 나는 돈을 벌면서도 사람들에게 감사의 인사를 받을 수 있다는 것을 알게 되었다.

사람들은 자신에게 이익을 주는 콘텐츠에는 기꺼이 돈을 지불하고 좋은 결과가 나왔을 때는 진심으로 감사한다. 이것만큼 즐거운 일이 어디 있겠는가? 사람들은 인정받고 칭찬받을 때 가장 행복해한다. 특히 남자들은 더욱 그렇다. "칭찬은 고래도 춤추게 한다."라고 하지 않는가?

스물여덟 살 신입사원 시절 계획했던 80세 인생 플랜은 이제 변경되었다. 왜냐하면 이제는 100세 시대이기 때문이다. 12년 전에는 80세까지만 살아도 많이 산다고 생각했다. 하지만 요즘은 특별한 지병이 없는 한 80세 이상 산다. 그래서 나는 인생 플랜을 100세로 수정했다.

나는 80세까지 남들에게 나의 지식과 경험을 통해 도움을 주고 나와 관련된 사람들이 성공할 수 있도록 도울 것이다. 이후에는 지미 카터 대통령처럼 자선사업가로서 아낌없이 나누고 베푸는 삶을 살 것이다. 평생 남을 돕고 성공시키며 그렇게 모은 돈으로 자선사업재단을 설립할 계획이다. 이 재단에서 수익이 나오면 모두 어려운 교회와 이웃을 도울 것이다. 사회에 환원하는 구조를 만들 것이다.

나와 뜻을 같이하는 사람들은 내가 만든 재단에서 함께 일하도록 자리를 마련해 줄 것이다. 의식주를 충분히 해결하도록 도울 것이다. 대신 그들도 나와 같이 자신의 경험과 지식으로 남들을 도와야 한다. 번 돈의 일부분으로 지역사회를 도와야 한다.

그 조건에 맞는 사람이 함께한다면 세상을 변화시키는 리더로 성장하도록 만들어 줄 것이다. 남들을 성공으로 이끌어 주는 삶. 그리고 내가 얻은 것으로 나의 어려운 이웃을 돕는 삶. 이것이야말로 참된 행복이고 하나님이 주신 진정한 삶의 이유임을 나는 확신한다.

내 이름을 딴 힐링 토탈 숍 오픈하기

내가 성악을 전공하지 않았다면 나는 '비달 사순'과 같은 유명 헤어디자이너가 되었을 것이다. 나는 어렸을 때부터 엄마의 머리를 만지는 것을 좋아했다. 엄마의 머리를 만지면 마음이 편안해졌고 잠도 잘 왔다.

엄마의 머리카락 만지는 걸 좋아했던 나는 초등학교 3학년 때부터 외모를 가꾸기 시작했다. 아침에 일어나 항상 간단하게라도 샤워했고 반드시 머리를 감았다. 잠자는 동안 머리가 눌렸기 때문에 손질하려면 머리를 감아야 했다. 늘 그렇게 아침마다 드라이를 하고 스프레이도 살짝 뿌려 단정한 머리 모양을 만들고 학교에 갔다. 나는 누가 시키지도 않은, 그야말로 자발적으로 자기 외모관리를 했다. 그 당시 초등학생이 학교에 가기 전에 항상 드라이를 하고 머리 손질을 한다는 건 아주 보기 드문 일이었다.

나는 남들보다 눈썰미가 있는 편이다. 남들이 하는 걸 보면 금세 비슷하게 잘 따라 한다. 나는 수영, 테니스, 스키, 배드민턴, 골프, 볼링 등 대부분의 운동을 수준급으로 잘한다. 모두 제대로 된 레슨을 받아서가 아니다. 기초적인 것만 배우고 나면 스스로 스포츠 TV 프로그램을 보거나 남들이 하는 것을 유심히 보면서 그대로 따라 했다. 그러면 6개월도 안 되어서 보통 사람들이 2~3년 배운 수준만큼 올라갔다. 이것은 하나님이 나에게 주신 재능이라고 생각한다.

그래서인지 초등학교 시절 동네 미용실 원장님들을 자세히 살펴보면서 어깨너머로 머리 손질하는 것을 배운 것이다. 아나운서 시절 분장실에 메이크업 실장님이 따로 계셨다. 실장님은 머리만큼은 내가 손질하는 게 더 낫다며 머리는 스타일링을 해 주지 않으셨다. 초등학교 3학년 때부터 헤어 스타일링을 했으니 오죽했을까. 메이크업 실장님은 방송 프로그램에 남성 게스트가 많이 출현할 때면 가끔 나를 불러 스타일링을 도와 달라고 할 정도로 나의 실력을 인정하셨다.

나에게는 이색적인 자격증이 두 가지 있다. 하나는 피부미용사 자격증, 또 하나는 헤어미용사 자격증이다. 피부미용사 자격증은 2년 전에 취득했고, 헤어미용사 자격증은 작년에 취득했다. 헤어미용사 자격증 같은 경우에는 미용교육학원에 4개월 조금 넘게 다니고 바로 시험을 봐 합격했다.

강사 선생님들은 보통 여자들도 최소 6개월 이상 대개 10개월 정도 배워야 붙을까 말까 한다고 하셨다. 그런데 남성이 5개월도 안 되어 합격한 것은 굉장히 드문 일이라며 칭찬을 아끼지 않으셨다. 그때 학원에서 나는 헤어 신동으로 불렸다.

서른아홉 살에 헤어 실기 아카데미를 다니면서 두피 스케일링, 커트, 드라이, 펌, 염색 총 다섯 가지의 시험과정을 습득하기란 여간 어려운 일이 아니었다. 그때 당시 나는 중국 베이징에서 피부와 두피 케어를 전문으로 하는 스파 숍을 운영 중이었다. 베이징 '싼리툰'이라는 지역의 중국 평수로 500평(한국 평수로는 170평) 정도 되는 고급 스파 숍이었다. 총경리(중국에서는 기업의 CEO를 총경리라고 한다)로서 전체적인 운영을 맡으면서 고객이 오면 원장으로서 고객 상담까지 맡았었다.

스파 숍을 기획할 때, 애초 프랜차이즈 사업을 위해 만든 모델 숍이어서 나는 신경을 많이 썼다. 준비 과정도 1년이나 걸렸다. 오픈 후 2년 정도 운영하면서 가맹점도 네 곳을 추가적으로 계약해 아주 바쁘게 지냈다. 그러던 중에도 한국과 중국을 계속 오가며 틈틈이 피부와 헤어 미용사 자격증 시험 대비 교육을 받았던 것이다. 교육을 받을 때는 정말 자격증 시험을 포기하고 싶을 정도로 힘들었다. 아마도 지금의 끈질긴 인내심은 이때를 지나오면서 생긴 결과물일 것이다.

중국에서 뷰티업종 사업을 하는 데 있어 사실 미용사 자격증이 필요하지는 않다. 하지만 한국에서 뷰티 숍을 운영하려면 반드시 있어야 한다. 그래서 꾹 참고 자격증 시험을 준비했다. 힘든 과정을 거쳐 결국 나는 피부와 헤어 모두 자격증을 취득했다. 지금도 피부와 헤어 합격증을 보면 그때 생각에 마음이 뭉클하고, 아주 뿌듯하다.

작년 1월, 사드문제로 중국과의 관계가 악화되면서 중국에서 사업하는 사람들이 모두 피해를 입는 불행한 일이 벌어졌다. 한동안 언론을 뜨겁게 달구었던, 사드 부지를 제공한 롯데는 말할 것도 없었다. 게다가 중국인들이 한국과 한국인들에게 적대감을 보여 한동안 중국 내 한인사회가 불안에 떨어야만 했다.

급기야 베이징 한인회에서는 가급적 밤에 돌아다니지 말라고 당부했다. 어떤 음식점에는 '한국인 출입금지'라는 팻말이 붙어 있을 정도였다. 특히 사드 보복으로 큰 피해를 입은 사람은 중국 내 가게를 운영하는 한인들이었다. 음식점, 카페, 뷰티 숍 등 한국인들이 운영하는 가게를 대상으로 중국 위생국이나 소방국의 불시 검문이 심해졌기 때문이다. 검문만 오면 위법 사항을 적발했다. 보통 때 같으면 경고 정도로 끝날 사항들에도 벌금과 영업정지를 내렸다.

그때 많은 사장님들이 사업을 접고 한국으로 돌아갔다. 내가 운영하던 곳은 그렇게 직접적인 피해를 입지는 않았다. 하지만 추가적인 가맹 영업이 이뤄지지 않아 유지하기가 너무 힘들었다. 수익 없이 비용만 발생하는 기간이 길어져 나도 결국 한국으로 돌아오게 되었다. 사드문제가 원만히 해결되고 한국과 중국과의 관계가 하루속히 해결되길 기대했지만 그 기간은 생각보다 빨리 오지 않았다.

올해 나는 마흔이 되었다. 정말로 나에게도 마흔이라는 나이가 찾아왔다. 아쉽게도 중국에서의 뷰티 사업을 계속 이어 갈 수는 없었다. 하지만 나는 이것을 계기로 새로운 제2의 인생을 계획하고 살아가고 있다.

〈한책협〉의 김태광 대표 코치가 쓴 《마흔, 당신의 책을 써라》라는 책을 읽고 나는 무릎을 탁 쳤다. "바로 이거야! 이것이 내가 원하는 삶이야!" 내가 원하는 삶이 고스란히 이 책에 담겨 있었다. 가슴이 떨렸고, 엔도르핀이 돌아 잠이 오질 않았다. 책 쓰기를 통해 내가 가진 경험과 지식으로 강연가, 코치, 컨설턴트라는 메신저의 삶을 산다는 것은 진정 내가 바라고 원하는 삶이었다. 남은 인생을 메신저로서 행복하고 활기차게 주도적으로 살아간다면 이것만큼 의미 있고 행복한 일이 어디 있겠는가!

그러기 위해서는 우선 책을 써야 한다는 걸 김태광 작가를 만나고 깨달았다. 〈한책협〉에서는 한 달에 두 번 〈1일 특강〉을 한다. 나는 지난 4월에 참석했었다. 대표 코치로 활동하는 김태광 작가를 〈1일 특강〉에서 처음 봤는데 밝고 환한 미소, 당찬 모습이 아주 인상적이었다. 그는 특강에서 이렇게 말했다.

"자신만의 노하우나 전문성을 담은 책을 쓰면 자신의 브랜드 가치를 높일 수 있습니다. 세상에 자신의 존재를 드러내는 수단 가운데 책 쓰기만큼 효과적인 수단은 없습니다. 책을 써서 여러분들의 분야에서 최고의 전문가로 성장해 가십시오."

사람들은 누구나 평생에 한 번쯤은 책을 써 보고 싶다고 생각한다. 하지만 대부분의 사람들은 성공해야 책을 쓸 수 있는 자격이 생긴다고 생각한다. 나도 그렇게 생각했다. 하지만 나는 〈한책협〉의 〈1일 특강〉을 듣고 내가 가졌던 생각이 착각이었다는 걸 깨달았다. 책을 써야 보다 빨리 성공할 수 있다는 것을 깨달았다. 빠르게 성공할 수 있는 길은 자신의 이름을 세상에 알리는 길뿐이며 세상이 나를 찾으면 성공은 쉽게 이루어진다는 것을 알게 되었다. 작가가 되는 순간 내가 지금까지 경험하지 못했던 멋진 경험들을 누리게 될 것이라 믿는다. 난 이제 작가, 강연가, 컨설턴트로서 멋진 메신저의 삶을 살 것이다.

나는 5년 후에 45세가 된다. 그때 나는 헤어와 두피, 피부를 모두 케어할 수 있는 멀티 케어 스파 숍을 운영할 것이다. 성악을 전공하느라 미뤄 뒀던 꿈, 서른여섯에 잠시 이루었다가 중국의 사드문제로 계속 이어 갈 수 없었던 나의 꿈을 좀 더 성숙해진 모습으로 다시 실현할 것이다. 고령화 시대에 맞춰 더욱 업그레이드해서 말이다.

우리나라도 계속해서 생활수준이나 의식수준이 높아져 가고 있다. 의료기술의 발달로 병이 들어도 90세까지 사는 100세 시대가 도래했다. 반면에 이혼율이 급격히 높아지면서 혼자 사는 사람들이 많아지고 있는 요즘이다. 젊은 사람들도 결혼의 필요성을 크게 느끼지 못한다. 경제적인 어려움 혹은 욜로 라이프를 즐긴다는 이유로 결혼도 늦어지고 있다.

그렇게 혼자 사는 사람들이 많아지면서 개인적 생활수준은 점점 높아져 가고 있다. 생활수준이 높아지면서 삶의 질을 중요시 여기는 사람들이 많아지고 있다. 특히나 건강과 미용에 대한 관심이 커지면서 사람들은 이 분야에 과감히 지갑을 열고 있다. 그야말로 고령화 사회인데 오래 살아도 건강하고 멋지고 아름다운 모습을 유지하면서 살아가고 싶은 것이 인지상정일 것이다.

나는 사람들의 욕구에 맞춘 건강과 미용을 결합한 토탈 케어 스파 숍을 통해 사람들에게 건강과 아름다움을 선사해 줄 것이다. 또한 숍에 온 손님들이 나를 통해 책을 쓰겠다는 동기부여를 받고 노후를 의미 있게 보낼 수 있도록 메신저의 역할도 할 것이다.

나로 인해 누군가 변화하고 성장한다면 가치 있는 인생을 살았다고 말할 수 있을 것이다. 세상에 선하고 긍정적인 영향력을 끼치고 누군가의 꿈이 되는 그런 삶을 소망해 본다.

누군가에게
희망을 줄 수 있는
제2의 삶 시작하기

+ 강 보 경 +

강보경 단식 전문코치, 사찰음식 강사, 자기계발 작가, 동기부여가

23년간 국가대표 하키선수와 코치로 활약했다. 오랜 선수생활을 통해 건강과 몸의 균형의 중요성을 깨달았다. 그 경험을 바탕으로 현재 단식 전문코치로 활동하며 '단식을 통한 건강'을 주제로 강의하고 있다. 또한 사찰음식 강사로서 사람들에게 건강식과 자연식을 강의하고 있다.

1년에 100번 여행 가기

국가를 대표하는 선수로서 시합과 전지훈련을 통해 많은 나라를 가 보았다. 중학생이던 열네 살 때부터 전국을 다니며 시합에 나가고 전지훈련을 통해 여러 도시를 다닐 수 있었다. 해양훈련을 하느라 여러 바닷가에도 가고 겨울방학 때는 전국 스키장도 다녔다.

지금은 해외여행을 가고 싶은 마음은 없다. 한번은 아르헨티나에서 세계 주니어 월드컵 대회가 있었다. 경유까지 합해 총 32시간이 걸렸다. 그뿐만이 아니다. 아제르바이잔도 두바이까지 10시간, 아제르바이잔까지 3시간, 가는 데 13시간이 걸렸다. 눈이 너무 많이 와서 비행기가 안 뜨는 바람에 두바이에서 10시간을 묶여 있기도 했다.

20개국을 다녀서 그런지 나는 개인적으로 외국보다는 한국이 더 좋다. 아직 한국도 안 가 본 곳이 너무 많기 때문에 해외여행

보다는 전국일주 하는 게 소원이다.

우리 신랑은 모텔업종에서 알아주는 사람이다. 서른네 살에 300만 원을 가지고 시작해 현재 모텔 2개를 운영하는 사장님이다. 얼마나 노력파이고 성실한지⋯ 모텔업종에만 14년의 인생을 바쳤다. 그 결과 모텔업계에서 알아주는 사람이 되었지만 아빠로서 남편으로서는 별로다. 남편이 일에 몰두하면서 결혼 시기도 늦어졌었다.

우리는 열한 살 차이가 난다. 하지만 신랑은 워낙 자기 관리에 철저한 사람이기 때문에 그렇게 보이지 않는다. 연애할 때도 첫째가 모텔, 둘째도 모텔⋯ 그래서 우리 신랑은 나와 결혼하고 신혼여행 차 간 사이판이 첫 해외여행지였다고 한다. 아이 둘을 낳고 5년 동안 1박 2일로 여행을 가 본 적이 없다. '돈 벌면 뭐 하노!' 라는 생각을 하면서도 '저렇게 열심히 처자식을 위해 일하니까'하며 내가 그냥 이해하고 만다.

하지만 나는 신랑이 시간이 없다고 여행을 포기할 수는 없었다. 나는 아이들과 해운대에 사는 언니 집을 방문하면서 부산 여행을 하고, 김해 친정집 근처를 돌아다녔다. 아이들에게 집과 어린이집 말고 또 다른 세계를 보여 주고 싶었다.

아이 둘을 데리고 가는 여행은 정말 너무나 힘들다. 친정엄마가 없으면 아이 둘을 데리고는 아무 데도 돌아다닐 수 없다. 천안에서 부산까지 KTX 특실로 예매해도 앉지를 못한다. 출입문 밖에서 놀고 노래를 부르는 아이들 때문이다. 애들 둘이 너무 떠들어서 쫓겨난 적도 있었다. 지인들은 사모님 소리를 듣는 나를 부러워하지만 정작 나는 지인들이 더 부러웠다. 풍족하지는 않지만 주말이면 가족여행을 가고 맛집을 탐방하면서 즐거워하는 모습을 볼 때면 차라리 사모님 딱지를 떼고 싶다.

물론 신랑도 이해하지만 지금 우리 아이들은 항상 제자리에 있지 않다. 학습을 통해 배우는 것보다 경험을 통해서 많은 것을 느끼고 배울 수 있다. 감각적으로 배우는 것은 절대 잊히지 않는다. 그래서 내가 힘들어도 우리 아이들에게 많은 경험을 하게 해주고 싶다.

신랑과 함께한다면 여행이 즐겁고 행복하고 많은 추억이 될 것 같은데 많이 아쉽다. 내가 성공하면 이루고 싶은 것들이 많다. 하지만 첫 번째는 모텔 2개를 다 팔고 건강을 위한 사업을 하면서 가족들과 즐겁고 행복하고 추억에 남는 여행을 가고 싶다. 캠핑카를 사서 한 달에 한 번씩 캠핑을 떠나고 여행을 통해 많은 것을 배우는 그런 아이들로 키우고 싶다.

두 번째로 같이 여행하고 싶은 사람은 바로 사랑하는 우리 엄마다. 엄마 생각만 해도 눈물이 난다. 중학교 때부터 운동하는 딸을 위해 물심양면으로 도와주신 우리 엄마. 내가 주장이 되면서

방학 때면 항상 나와 친구들의 점심과 저녁을 책임져 주셨다. 코치한테 맞고 엉덩이가 온통 피멍이었을 때는 뒤돌아 우시기도 하셨을 것이다.

내가 성공할 수 있었던 것은 다 엄마 덕분이다. 내가 뭐든지 하려고하면 항상 돌다리도 두드려 보라고 하신다. 그러곤 너무 좋다고 흥분하지 말고 신랑과 아이들한테 잘하라고 충고 해 주신다. 그렇게 딸이 잘되도록 항상 기도해 주셨다. 내가 말썽을 피울 때도 엄마는 항상 나의 편이 되어 주셨다. 내가 어떤 일을 하든지 항상 내 편이 되어 주시고 격려해 주셨다.

예전에 동국대 대학원에서 엄마와 같이 캄보디아 여행을 보내줬었는데 너무나 좋았다. 이제 엄마 나이 70세. 아들 딸 키우고 손녀, 손자 키우시는 데 일생을 바치셨다. 내 꿈을 이루고 성공하면, 엄마가 좋아하는 일을 할 수 있도록 만들어 줄 것이다. 함께 여행하면서 좋은 경치, 좋은 음식 등 엄마와의 추억을 만들 것이다.

세 번째는 친정 식구들, 시댁 식구들과 여행하고 싶다. 우리 집은 1남 2녀로 오빠는 사업을 하고 있다. 언니는 해운대에서 살면서 직장을 다니고 있다. 오빠에게는 아들과 딸, 언니에게는 딸만 하나 있다. 나에게는 딸과 아들이 있다.

나는 어렸을 때부터 우리 집에서 손님이었다. 집보다는 밖에 있는 시간이 많았기 때문이었다. 나는 시합 때문에 다른 지역에서 훈련하고 대부분 숙소에서 지내야만 했다. 그래서 오빠, 언니와 많은 시간 보내지 못했다. 어릴 때는 가끔 여행을 갔지만 요즘은 먹고살기 바빠서 가족여행은 꿈도 못 꾼다. 여행 계획을 잡아도 서로 시간을 내기가 여간 힘든 게 아니다. 우리 오빠, 언니의 사는 이야기도 궁금하다. 어떤 생각을 가지고 있고 미래는 어떻게 준비하고 있는지도 듣고 싶다. 과거를 추억하면서 이야기보따리를 풀고 싶다. 버킷리스트 '1년에 100번 여행 가기'에서 우리 가족들과 꼭 1년에 두 번 이상은 여행을 가고 싶다.

그리고 시댁 식구들하고도 여행을 가고 싶다. 신랑은 3남 3녀 중 다섯 번째 아들이다. 우리 형님들과 아주버님은 아주 좋으신 분들이다. 다른 사람들은 시댁 식구들 때문에 힘들어 못 살겠다고들 한다. 그런데 난 너무나 좋은 형님들과 아주버님을 만나서 시댁과 갈등이 없다. 부족한 것이 많지만 그래도 아껴 주시고 이해해 주시고 보듬어 주신다. 나는 항상 감사한 마음으로 시댁 식구들을 대한다.

그런 분들과 함께 여행을 간다면 너무나 행복하고 좋을 것 같다. 시댁 식구들하고의 여행은 조금 빨리 갔으면 좋겠다. 왜냐하면 어머님과 아버님의 연세가 아주 많으시기 때문이다. 아버님 86세, 어머님 81세. 장거리 여행은 많이 힘드실 것이다. 시댁 식구들하고 가까운 곳이라도 같이 갔으면 한다. 이건 내가 성공하지 않고도 할 수 있는 것이기 때문에 머잖아 작은며느리가 추진해 나갈 생각이다.

여행을 가는 목적은 사랑하는 사람들과 좋은 추억을 만들고 인생을 한번 뒤돌아보는 데 있다. 함께 수다도 떨고 잠도 같이 자면서 지나온 추억을 떠올리는 데 있다. 그러면서 미래를 설계하고 잠시 재충전을 할 수 있게 된다.

네 번째는 오생단(오혜숙 생활단식) 지사장으로서 내가 배출한 지사장들과 함께 한 달에 한 번 여행을 가고 싶다. 내가 배출한 지사장들인 만큼 그들에게 동기부여를 해 줄 수 있는 선배 지사장이 될 것이다.

함께 공유하고 함께 잘할 수 있도록 도와주고 나와 같이 성공할 수 있는 길을 가르쳐 주고 싶다. 물론 돈을 벌기 위해 오생단의 지사장이 되었지만 나는 돈이 전부라고 이야기하고 싶지 않다. 고객을 건강하게 만들고 만족시키면 돈과 명예는 함께 따라온다는 것을 일깨워 주고 싶다. 의식 자체를 바꿔 줄 생각이다. 내 식구가 되면 오생단 안에서 혜택과 동기부여가 일어나게 할 것이다. 스스로 자기 발전을 할 수 있도록 도와주는 그런 멘토 같은 사람이 될 것이다.

일하는 게 즐겁고 돈 버는 게 즐거운 하나의 팀으로 만들 것이다. 나는 그런 준비가 되어 있다. 아직은 이룬 게 없지만 시작이 반이라고 생각한다. 부족하면 채우면 되고 나의 장점인 열정으로 충분이 해낼 수 있을 것이다. 서로 남으로 만났지만 언니, 동생처럼 같이 여행을 다니면서 인생을 즐길 것이다.

'1년 동안 100번 여행 가기'라는 목표를 이루기 위해 기본적으로 가는 여행 말고도 또 어떤 사람들과 여행을 갈지는 모른다. 하지만 많은 것을 공유하고 미래를 설계하는 여행이 되었으면 좋겠다. 아직 이루어지지는 않았지만 이루어진 것처럼 생각하니 너무 즐겁고 행복하고 신이 난다. 버킷리스트를 적는 것만으로도 이렇게 가슴이 설레고 행복한지 몰랐다. 상상이 아닌 현실로 꼭 이룰 것이다.

대한하키협회 회장 되기

　나는 열네 살부터 20년 동안 필드하키 선수였다. 할아버지는 유도선수, 아빠는 기계체조를 하셨다. 그 피를 물려받아서 그런지 나는 운동에 소질이 있었다. 나는 김해여중이란 곳에서 테스트를 받았었다. 테스트 결과는 통과. 그때부터 나는 하키와 인연이 닿았다. 공부는 하기 싫고, 운동은 그나마 남들보다 잘했기 때문에 선택한 길이었다.

　코치 선생님께서 하키부에 들어가면 김해여고, 인제대까지 갈 수 있다는 달달한 말로 어린 나를 꼬드겼다. 엄마는 내가 운동하는 것을 반대했지만 아빠는 한번 해 보라고 기회를 주셨다. 나는 시골에 살았기 때문에 시내로 나가려면 많은 시간이 소요되었다. 하지만 하키라는 운동이 너무 재미있어서 먼 거리임에도 좋았었다.

　그 당시 김해여중은 하키 순위가 전국 1위였다. 전국소년체육

대회 등 나가는 대회마다 우승을 거머쥐었다. 나는 중학교 때 예선에서 탈락해 본 적이 없었다. 고등학교에 가서도 항상 상위권 성적을 냈다. 상위권 성적을 내려면 얼마나 많은 고통과 시련이 따르는지 모른다. 한번은 연습게임에서 졌다고 벌로 8월에 물도 먹이지 않은 운동장을 뛰었다.

우리 하키 구장은 꼭 물을 뿌려야 한다. 물을 뿌리지 않으면 화상을 입기 때문이다. 일반부 언니들은 오후에 쓰기 위해 구장에 물을 뿌리곤 했다. 그러면 얼마나 목이 마른지 옷에, 피부에 묻은 물을 마셔 가면서 운동장을 뛰었다.

나는 운동을 잘했다. 개인 연습하면서 피나는 노력을 했다. 당시 나는 집, 운동장, 학교밖에 몰랐다. 정말 모범생이었다. 중·고·대학교 주장을 하면서 리더십 있게 팀을 이끌었다. 항상 후배들에게 솔선수범하는 선배였다. 그래서 고2 때 청소년 대표를 하면서 아시아컵 대회에서 우승하고 결승전에서 결승골까지 넣은 미래가 밝은 선수였다.

그런데 몸 관리를 잘못하는 바람에 슬럼프가 오게 되었다. 종아리 피로염좌였다. 종아리 통증 때문에 달릴 수가 없었다. 가장 중요한 경기인 세계주니어 월드컵 대회에 나가야 하는데 부상으로 못 갈 뻔했다. 하지만 후보 선수로 갈 수 있었다. 월드컵에 가서도 베스트 16명에서 탈락하면서 비디오를 찍어야 했다. 항상 주전이었던 내가 후보 선수가 되니 너무나 가슴이 아팠지만 부상 때문에 어쩔 수 없었다.

세계주니어 대회에서는 우리 대한민국이 우승했다. 다행히 감독님께서 나에게 페널(축구에서의 승부차기) 멤버에 넣어 주셔서 결승전의 기쁨을 함께할 수 있었다. 귀국 후, 이제 이 멤버가 그대로 대표 팀에 들어가야 하는데 나는 거기서 제외됐다. 부상 때문이었다. 그렇게 노력하고 연습했던 게 한순간에 무너져 내려 당시 나는 너무나 괴로웠었다. 대학교에 복귀해서도 다시 예전처럼 실력이 향상되지 않았다. 하지만 나는 최선을 다해 노력했다. 예전보다 더 노력했지만 잦은 부상으로 다시 원점이 되어 버릴 때가 많았다.

나에게는 징크스가 있다. 연습게임은 잘하는데 시합만 하면 아팠다. 감기에 걸린다든지 발목을 삔다든지…. 열심히 시합을 준비했는데 실전에서는 50%밖에 실력을 발휘하지 못하니까 코치님과 팀원들에게 미안했다. 지금은 모든 기억이 추억으로 남아 있지만 그때 나는 참 힘들었다.

대학을 졸업하고 실업팀으로 갔다. 주니어 친구들은 다 대표 선수가 되었지만 난 아니었다. 실업팀에 가서 나는 또다시 성실히 운동했다. 그 힘든 훈련 속에서도 낮잠도 자지 않고 개인 연습을 꼬박꼬박 했었다. 그 결과 1년 차 춘계대회에서 우승했고 개인 득점상을 받았다. 노력은 배신하지 않는구나 생각했다. 그 이후로도 나는 계속 개인 연습을 부지런히 했다.

그리고 나의 성실함을 묵묵히 지켜보셨던 감독님께서 나를 대표선수로서 추천해 주셨다. 운동선수들의 최고의 자리가 대표선수 아니던가! 나는 너무나 기뻤다. 하지만 기쁨도 잠시. 내가 베스트 11에 들어가기란 너무나 힘들었다. 감독님과 나는 전혀 맞지 않았다. 감독님은 예뻐하는 아이들에게만 기회를 주었다.

나는 국가대표 생활이 너무나 싫었다. 올림픽 예선 티켓을 따고 나는 대표 팀에서 나가게 되었다. 꿈에 그리던 대표선수가 되었지만 맞지도 않는 옷을 입었다고나 할까. 더 이상 운동도 하기 싫었고 실업팀에서 나가고 싶었다. 지금의 홍채염은 그때 생긴 병이다. 대표선수로 있는 동안 스트레스를 많이 받았던 것 같다. 이곳저곳이 아프기 시작했다. 그해 중이염 수술까지 했었다.

3년을 실업팀에서 선수생활을 하고 나의 모교인 김해여중 코치로 부임해 아이들을 가르쳤다. 운동하는 것도 힘들었지만 아이들을 가르치는 것도 못지않게 힘들었다. 24시간 동안 아이들을 돌봐야 했다. 나의 시간은 온종일 아이들과 함께해야 하는 시간이었다. 그렇게 코치생활을 2년간 했다. 그러곤 아제르바이잔이란 나라의 대표선수로 1년간 뛰었다.

감독과 코치는 파키스탄분들이었다. 하키 용어는 어느 정도 알기 때문에 운동하는 데는 문제가 없었다. 한국 선수 7명과 그곳에서 생활했다. 그곳의 훈련 방법은 한국의 그것과 너무 많이 달랐다. 내 생에 가장 행복하게 운동했던 것은 바로 아제르바이잔에서였다. 하루하루가 즐거웠고 행복했었다.

나는 수비수였다. 혹은 멀티플레이어라고 불렸다. 모든 포지션을 다 소화해 낼 수 있었기 때문이었다. 나는 수비를 하면서 리드를 했다. 영어, 러시아어를 쓰면서 수비수를 컨트롤했다. 나의 지시대로 움직여 주는 선수들이 너무나 고마웠다. 사람은 무언가 영향력이 있을 때 자존감이 생기고 자신감도 생기는 것 같다. 나는 중·고·대학교 2학년까지 랭킹 3위일 정도로 아주 운동을 잘했다. 그러다 부상과 동시에 자존감, 자신감이 바닥을 치고 있었다. 그때 아제르바이잔에 갔고 나는 회복할 수 있었다. 운동하면서 실패도 해 보고 좌절도 해 보고 다시 재기하기도 하고. 나의 청춘을 모두 쏟아 낸 하키이기에 아직도 가끔 그라운드에서 뛰는 꿈을 꾸기도 한다.

지금 생각해 보면 새로운 것을 추구하고 해 보고 싶은 것은 무조건 도전했던 것 같다. 안 된다고 하면 할 수 있다며 평범하게 살기 싫어했던 사람 중의 하나였던 것 같다. 대한하키협회 회장이 되고 싶지만 나의 경력은 그렇게 화려하지 않다. 대표선수도 2년, 그것도 주전이 아니고 후보 선수였다. 하지만 지금도 그라운드에서 열심히 운동하는 하키선수들에게 평범한 사람도 성공할 수 있다는 것을 보여 주고 싶다.

"하키선수로서 한국 최초로 대한하키협회 회장이 되다." 이렇게 신문 기사에 나오고 싶다. 한국에서 하키는 비인기 종목이다. 하지만 많은 노력들을 하고 있다. 내가 하키선수였기 때문에 힘든 점을 잘 알 수 있다. 특히 유소년 아이들에게는 기회를 많이 주고 싶다. 꿈과 미래를 주고 싶다. 꿈을 가지면 뭐든지 이룰 수 있다고 이야기해 주고 싶다. 공부를 잘하든 운동을 잘하든 중요한 것은 현재에 최선을 다하는 것이다. 그러면 언젠가는 꿈을 이룰 수 있다고 이야기해 주고 싶다.

지금은 점을 찍고 있는 중이고 나중에 그 점들이 모여서 하나의 선이 만들어지면 성공으로 가는 길이 가까워질 거라 생각한다. 꿈은 멀리 있는 게 아니고 내 마음속에 있다. 나는 현역에 있을 때 뚜렷한 꿈이 없었다. 하지만 지금은 분명한 꿈이 생겼다. 나는 그 꿈을 향해 가고 있는 중이다. 당당하게 대한하키협회 회장이 되어서 하키 발전에 기여하고 싶다. 하키인들에게 도움이 되는 그런 회장이 되고 싶다.

부부가 함께 단식캠프 운영자 되기

　신랑을 인터뷰했다. 어렴풋하게만 알고 있던 신랑의 성공 사례이기에 조금 더 구체적으로 알고 싶어서 몇 가지 물어봤다. 신랑은 지방 대학교인 군산대를 나왔다. 스물여덟 살에 서울 강남에 위치한 건설회사에 취직하면서 우수사원으로 뽑혔다. 서울의 대학 출신들도 많았다. 하지만 신랑은 노력과 열정을 다해 지방대 출신이었음에도 회사에서 인정받았다. 주말과 휴일에도 쉬지 않고 현장을 돌아다녔다. 술도 못하는데 밤낮으로 접대를 했다고 한다.

　그래서 병이 생기고 말았다. 서른한 살에 신장에 문제가 생겨 신장 이식수술을 받았다. 다행히 친형이 신장을 이식해 주어서 지금까지 살고 있다. 자신의 몸이 망가지는 것도 모르고 헌신과 노력을 다했으니 참 미련하다.

　신장 이식수술과 함께 회사는 퇴직하게 되었다. 어느 정도 치료한 후, 서른두 살에는 둘째 누나와 울산에서 인테리어 사업을 하면서 3년 정도 있었다. 그리고 서른네 살 12월 말쯤 친고모의 권유로 모텔을 운영하게 되었다. 고모 밑에서 1년 반 정도 있다가 다른 모텔을 신랑이 전세로 운영하게 되었다. 처음의 2배 정도로 매출이 오르자 모텔 주인이 다시 운영하게 되었다.

그 당시 현수막을 걸고 어떻게 손님을 유치하고 어떻게 광고를 해서 사람들이 당시의 모텔을 이용하게 할지 생각했다고 한다. 그렇게 남들이 하지 않은 것들을 시도했다고 한다. 사실 지금도 끊임없이 새로운 무언가를 생각해 내고 어떻게 하면 사람들이 우리 모텔을 이용하게 할지 생각하는 사람이다. 매출이 2배나 뛰었으니 주인 입장에서는 당연히 다시 운영한다고 했을 것이다.

그러다 현재의 엠파이어 모텔을 둘째 누나와 같이 운영하게 되었다. 그 후 둘째 누나는 천안에서 제우스 모텔을 운영하고 있고, 우리는 2개의 모텔을 운영 중이다. 그 외에도 많은 이야기가 있지만 신랑이 인터뷰를 거부한다. 일급비밀이라고 하면서. 별 내용은 없지만 다음에 기회가 된다면 우리 신랑도 책을 쓰게 하고 싶다.

자수성가한 우리 신랑은 나의 멘토이기도 하고 든든한 지원군이다. 신랑이지만 보고 배울 점도 많고 존경스럽다. 사람들에게 인정받고 존경받기가 쉬운 일은 아닐진대 우리 신랑을 보면 충분히 그럴 가치가 있는 것 같다. 남편으로서는 별로지만 아이들의 아빠로서는 80점은 된다.

내가 왜 서두에서 신랑을 먼저 소개했냐면 신랑과 함께 단식 캠프를 운영하고 싶어서다. 이제 우리 신랑도 건강을 챙기면서 살았으면 좋겠다. 내가 가장 사랑하고 나와 평생을 같이할 신랑과 단식캠프를 운영한다면 나에게 날개를 달아 주는 것과 마찬가지일 것 같다. 든든한 지원군인 데다, 어떤 역경이 닥쳐도 내 곁에 신랑이 있으면 이겨 낼 수 있을 것 같다. 그래서 나는 신랑과 함께 단식원을 운영하리라 꿈꾼다. 이 꿈 또한 반드시 이루어 낼 것이다.

나는 도시보다는 시골에서 장독 100개 정도 둔 텃밭을 가꾸며 자연과 함께 살고 싶었다. 산을 좋아하고 좋은 공기를 마시며 자연인처럼 사는 게 내 꿈이었다. 아직 아이들이 어려서 그 꿈을 이루지 못하지만 언젠가는 신랑과 함께 전원주택에서 살 계획이었다. 하지만 그 꿈이 조금 바뀌었다. 바로 단식캠프를 통해 사람들을 치유해 주고 단식을 통해 비움과 채움을 가르쳐 주고 싶어서다.

4월 2일, 나는 첫 단식을 했다. 일주일에 한 번 양평에 사찰음식을 배우러 다녔다. 그곳 사찰 선생님께서 20킬로그램을 감량하셨고 몸도 많이 좋아졌다고 하셨다. 그 당시 나는 뚱뚱하지 않았지만 건강해지고 싶었다. 선생님께 어떻게 몸이 좋아졌고, 몸무게가 감량되었는지 물어보았다. 방법은 바로 단식이었다.

단식만으로 좋아질까! 생각했지만 나보다는 엄마에게 먼저 권

해 주었다. 엄마에게는 고혈압, 고지혈증 등 질병이 있었다. 때문에 엄마를 먼저 단식시키려고 상담했다. 그랬던 게 엄마뿐만 아니라 나와 도연 씨(동네 맘)까지 단식을 하게 되었다. 속는 셈 치고 먼저 나와 도연 씨가 시작했다. 그 결과 나는 10일 만에 7킬로그램이 빠졌다. 도연 씨도 7킬로그램, 엄마는 6킬로그램이 빠졌다.

나는 살을 빼려고 한 건 아니었는데 많이 감량하게 되었다. 감량은 아직도 진행 중이다. 지금은 10킬로그램을 감량했고 키 168센티미터에 몸무게 52킬로그램으로 군살이 하나도 없다. 일반 다이어트는 정말 힘들다. 나 같은 경우 운동을 하면 더 많이 먹는다. 그리고 운동으로 이렇게 감량하기는 불가능하다.

단식의 원리는 이렇다.

1. 내 몸의 온도를 올린다.
2. 내 몸의 간을 맞춘다.
3. 내 몸의 똥 찌꺼기를 뺀다.
4. 내 척추의 좌우균형을 맞춘다.
5. 내 몸의 독을 없앤다.
6. 내 몸의 뼈를 달군다.

50일간의 단식을 통해 나는 어느 다이어트보다 몇 배의 효과를 봤다. 근육은 하나도 안 빠지고 지방만 빠졌다. 피부는 탱탱해지고 얼굴은 꿀피부가 되었다.

나는 15년 동안 감기약을 먹어 본 적이 없다. '몸은 스스로 치유할 수 있다'라고 생각하는 사람이기 때문에 아파도 민간요법으로 병을 고쳤다. 우리 아이들에게도 40도로 열이 올라도 해열제를 먹이지 않는다. 물론 항생제도 먹이지 않는다. 몸은 스스로 치유할 수 있다고 믿기 때문이다. (어렸을 때부터 아이들을 잘 관찰해 왔기 때문에 위와 같은 행동이 가능하다. 절대로 무조건 나와 같이 해서는 안 된다.)

단식이야말로 비움과 채움을 통해 몸과 마음이 건강해질 수 있는 지름길이라고 생각한다. 단식을 통해서 몸도 좋아졌지만 몸매도 예쁘게 변했다. 팔과 다리가 길어서 사람들이 모델이라고 할 정도다. 나는 지금 자존감이 매우 높아져 있다. 어떤 명품보다 지금 나의 몸매가 명품이 되었다. 나뿐만 아니라 엄마도, 도연 씨도 너무나 만족해하고 있다.

건강이 좋아지니 밤을 꼬박 새워도 피곤하지가 않다. 예전의 나는 조금만 몸을 혹사시켜도 홍채염이 재발해서 응급실에 갈 정도였다. 지금은 6시에 일어나서 건강운동 하고 아침을 맞이한다. 단식이야말로 온 국민이 했으면 좋겠다. 이제 향후 10~20년 정도 있으면 아픈 사람들이 넘쳐 난다고 한다. 환경도 오염되고 특히 먹거리는 너무나 엉망이 되어 버렸기 때문이다.

먹거리에 민감해서 그런지 나는 마트를 이용하지 않고 자연드

림 물품 위주로 장을 본다. 유난스럽다고 생각할 수도 있다. 하지만 우리 밥상에 올리는 음식을 생각해 봤으면 좋겠다. 아이들은 조숙증, 아토피 등으로 고통 받는다. 그게 다 혈액으로 인한 병들이다. 겉만 치료해서는 안 된다. 환경으로부터도 영향을 받지만 대부분의 병이 먹거리에서 비롯된다.

나는 단식이야말로 내 몸을 되돌아보고 반성하며 비움과 채움을 통해 치유하는 방법이라고 생각한다. 단식으로 장을 깨끗이 하고 몸을 리셋 상태로 만든 후 사찰음식으로 채움을 가르쳐 줄 생각이다. 사찰음식은 수행을 하는 스님들이 먹는 음식이다. 5,000년의 역사를 가지고 있는 사찰음식에는 세계의 셰프들이 최고의 자연식, 자연을 거스르지 않는 음식이라는 찬사를 보내고 있다. 사찰음식을 배워 나는 비움은 단식으로, 채움은 사찰음식으로 채워 줄 것이다. 내년에 사찰음식 2급 자격증과 1급 지도자 과정을 따 단식캠프에서 많은 사람에게 사찰음식을 선사할 것이다.

내가 사람들에게 이로운 일을 해 줄 수 있다는 사실에 마음이 설렌다. 누군가에게 희망을 줄 수 있는 그런 일을 하게 되면 그 누구보다 행복할 것 같다.

세계 최초의 여성 단식 강사 되기

어렸을 때 나는 말을 더듬었다. 그래서 친구들에게 놀림 받은 적도 있다. 성격은 내성적이고 부끄럼이 많았다. 공부는 못했으나 운동은 남들보다 잘했다. 운동을 하면 활달하고 적극적인 성격으로 변할 줄 알았지만 아니었다. 등굣길에 남학생들이 지나가면 머리를 숙이고 땅만 보고 걸었다. 창피하고 부끄러워서였다. 지금 생각해 보면 왜 그랬는지 웃음만 나온다.

중학교 3학년 때 주장을 하면서도 나의 내성적인 성격은 변하지 않았다. 하지만 운동장 안과 밖의 생활은 완전히 달랐다. 평상시에는 평범하고 소심한 아이였지만 운동장에 들어서면 눈빛부터 달라졌다. 굶주린 사자처럼 딴 아이가 되었다. 집중력도 좋았고 백마처럼 운동장을 휘젓고 다녔다.

고등학교 때도 성격은 변하지 않았다. 남들 앞에 서는 것을 부끄러워하고 말도 잘하지 못했다. 주장을 하면서도 나는 지금처럼 열정적이거나 말을 잘하지 못했다. 지금 생각해 보면 신기하다. 어떻게 내가 주장이 되었고, 팀을 이끌어 나갔는지 의문이다. 단지 항상 후배들에게 모범이 되려고 노력했었고, 선생님께서 무엇을 시키면 군소리 없이 잘해서 그랬던 것 같다는 생각이 든다. 나는 묵묵히 열심히 운동하고 집, 학교, 운동장밖에 모르는 아주 성실한 운동선수였다.

나는 나의 유년시절을 이렇게 평가하고 싶다. 내 안에 잠재력이 있었지만 모르고 살았던 것 같다고. 소심하고 부끄럼 많은 아이였지만 생각해 보면 성공할 수밖에 없는 자질을 갖추고 있었는지도 모른다. 나의 꿈은 하키 국가대표선수였다. 국가대표선수가 되기 위해 열심히 달렸다. 꿈을 이루려 목숨을 거니 태극마크를 가슴에 달 수 있었다. 정말 피나는 노력과 유년시절의 여자아이가 누릴 수 있는 것을 다 포기하고 얻어 낸 결과이기도 하다.

나는 내 안에 있는 잠재적인 장점들을 꿈을 향해 나아가면서 찾은 것 같다. 마흔 살이 된 지금 나는 내가 얼마나 대단한 사람이고 열정이 충만한 사람인지 깨닫고 있다. 아니, 책을 쓰는 날부터 깨달음이 시작된 것 같다. 나는 성공하려면 어떻게 해야 하는지 잘 알고 있었다. 하지만 인내의 고통이 얼마나 큰지 알기 때문에 현재의 생활에 안주해 왔던 것 같다.

《나는 직장에 다니면서 1인 창업을 시작했다》라는 김태광 작가의 책에서 "최선을 다했다는 말을 함부로 쓰지 마라. 최선이란 자신의 노력이 스스로를 감동시킬 수 있을 때 비로소 쓸 수 있는 말이다."라는 말을 읽었다. 나는 그렇게 말할 수 있을 정도로 내 인생을 하키에 쏟았다.

아제르바이잔 국가대표 시절 잠시 한국에서 쉬는 기간이 있었다. 우연히 친한 언니를 통해 MK 화장품 알게 되었고 잠시 영업일을 할 기회가 있었다. 처음 해본 영업일은 생각보다 너무 재밌었다. 나는 다시 아제르바이잔으로 가야만 했지만 포기했다. 그리고 본격적으로 화장품을 판매하기 시작했다. 새로운 고객을 만나고 피부를 개선해 주고 메이크업도 해 주었다. 영업사원을 하면서 좌절도 많이 겪었다. 하지만 운동만 했던 나에게는 마냥 새로운 경험들이었다.

나는 AMI 국제 몬테소리 자격증도 취득했다. 공부한 것을 바탕으로 두 아이에게 스스로 할 수 있는 환경을 만들어 주었다. 집안도 몬테소리 유치원 못지않게 만들어 놓았다. 나는 아이들의 교육에 관심이 많았다. 몬테소리 교육은 내가 추구하는 교육과 너무나 비슷했다. 더 깊게 배워 보기 위해 자격증을 취득했고, 몬테소리 교사도 해 보았다.

스티브 잡스의 스탠퍼드 대학의 졸업식 연설 중에 "현재는 미래로 연결되어 있다. 나는 지금 내가 지나온 과거들은 점이라고 생각한다. 경험의 점. 이 모든 점들을 모아 이제 성공으로 가는 선을 만들 것이다."라는 말이 있다. 그의 말처럼 나는 여러 경험들을 통해 이제 선을 그릴 준비를 하고 있다. 누군가에게 동기부여를 해 주는 그런 사람으로 살고 싶다.

단식을 통해 나의 모든 것이 바뀌었다. 내가 경험한 모든 것을 사람들에게 가르쳐 주고 싶다. 우리는 항상 몸에 끌려 다닌다. 습관적으로 먹고 몸을 혹사시킨다. 단식을 통해 스스로 몸을 주도적으로 이끌 수 있게 해 주고 싶다. 비움과 채움을 가르쳐 주고 싶다.

현재 나는 오혜숙 생활단식의 지사장으로서 많은 사람들에게 단식을 시키고 있다. 단식을 시킬 때마다 너무나 놀라운 일들이 일어난다. 나 또한 다이어트가 목적이 아닌 만성피로 때문에 50일 단식을 했다. 놀랍게도 10킬로그램을 감량했다. 밤을 새우면서 글을 써 내려갈 수 있는 것도 단식으로 인해 가능한 일이었다.

나는 어렸을 때부터 대체의학 자연치료를 좋아했다. '몸은 스스로 치유할 수 있다.'라는 말을 믿는다. 단식으로 인해 인생이 달라졌다. 몸도 건강해지고 명품 몸매도 가질 수 있었다. 평생 내 몸을 돌볼 수 있는 힘을 가지게 되었다. 스트레스와 음식으로 망가져 가는 내 몸을 지킬 수 있었다.

스티브 잡스는 병상에서 자신의 과거를 회상하며 "직원을 고용해 우릴 위해 돈을 벌게 할 수는 있지만 다른 사람에게 병을 대신 앓도록 시킬 수는 없다. 누구라도 수술실에 들어갈 즈음이면 진즉 읽지 못해 후회하는 책 한 권이 있다. 이름하여 '건강한 삶 지침서'다. 아무리 유명하고 부자더라도 건강을 잃으면 모든 것을 잃게 된다."라고 일갈했다.

언제나 도전과 모험과 배움을 좋아하는 나. 나는 단식을 통해 여러 사람의 몸과 마음을 치유해 줄 수 있는 세계적인 여성 단식 강사가 될 것이다.

연 매출 20억 원 달성하기

나는 평범한 두 아이의 엄마다. 신랑은 숙박업에 종사하고 나는 가정주부다. 나는 아이들 잘 키우고, 신랑 뒷바라지 잘하는 부인이길 원했다. 하지만 나에게는 꿈이 있었다. 그 꿈이 뚜렷하지 않았기 때문에 끊임없이 꿈을 찾았다.

작년에 보육교사 자격을 취득하면서 유아에게 관심을 가졌다. 대학원까지 가려고 생각했지만 시간적으로 너무 힘들었다.

우리 아이들에게는 몬테소리 교육을 시키고 있다. 몬테소리 교육은 자율성, 독립심, 예의, 자존감, 운동 조절, 공감, 주의력과 집중력, 정신과 육체의 통합, 이 모든 것들을 주입식이 아닌 경험과 감각을 통해 배우게 해 준다.

요즘 아이들은 내가 어렸을 때보다 많은 경험을 하지 못한다. 환경적으로 사회가 그렇게 만들고 있다. 몬테소리 교육은 직접적인 목표, 간접적인 목표를 세워 향후 초등학교 교육과 연결시켜 준다. 그런 몬테소리 교육에 매료되어 나는 몬테소리 교사가 되기로 했다. 다른 아이들도 가르치고 우리 아이들까지 전문적으로 가르치고 싶었다.

하지만 AMI 몬테소리 자격 공부를 하면서 이건 내가 갈 길이 아니란 것을 깨달았다. 몬테소리는 수학적 개념과 영어, 책 읽기를 가르쳤다. 그런데 이것들은 내가 제일 못하는 과목이기도 했다. 중학교 때부터 운동을 했기 때문에 정규과정 수업을 제대로 받지 못했다. 기초가 전혀 없었다. 자격증 공부를 주에 한 번, 6시간 동안 필기를 하고 앨범을 만들었다. 나에게는 너무나 힘든 작업이었다. 처음 배울 때는 즐거웠지만 시간도 많이 투자해야 하고 몸도 많이 지쳤었다.

매주 화요일에는 양평에 사찰음식을 배우러 갔다. 총 4시간 소요되는 거리지만 사찰음식을 배우러 갈 때는 너무 즐거웠다. 요리를 처음부터 잘한 것은 아니다. 시집와서 배운 모든 레시피는 네이버에서 수집한 것이다. 과거에는 밥도 못하고 음식도 못했다. 하지만 지금은 제법 요리를 잘하는 편이다. 요리학원도 다녔다. 그리고 음식을 많이 하다 보니 제일 싫어했던 요리가 지금은 재미있는 분야로 바뀌었다.

윤지수 원장님은 평범한 분이시다. 그분이 운영하는 이곳은 사찰음식 2급 자격증을 주는 유일한 곳이기도 하다. 7년 동안 여러 스님들에게서 사찰음식을 배우셨다. 지금은 전국 사찰 장아찌 실태 조사를 마치고 논문을 쓰고 계시다. 민간인으로서는 최고의 사찰음식 전문가가 아닐까 싶다.

선생님께서 천안에 사찰음식 지사를 내 보라고 권유하셨다. 선생님은 향후 10~20년 안에 아픈 사람들이 많아진다고 하셨다. 환경적으로 오염되고, 우리의 밥상 또한 바뀌었기 때문이다. 패스트푸드나 간단하게 조리된 음식으로 말이다.

직장생활을 하는 요즘 맘들에게 집밥을 하는 것은 너무나 힘들다. 나는 가정주부인데도 신랑에게 세 끼, 아이들에게 두 끼 해 주는 것도 쉽지가 않다. 재료부터 손질, 양념, 조리과정 등 밖의 음식은 믿을 수가 없다. 이 모든 과정을 알기 때문에 힘들지만 내 가족을 위해 집밥을 해 주고 있다. 예전에는 늙어서 오던 병들에 이제는 나이가 없어졌다. 당뇨, 고혈압, 고지혈증, 치매 등은 모두 혈액으로 인한 병들이다. 조숙증, 아토피 등은 밖의 음식을 많이 섭취할수록 더 심해지리라 생각한다.

나는 음식으로 아이들을 살리고 싶다. 그러기 위해서 어른들의 식습관을 고쳐 주고 싶다. 어른들은 아무런 개념 없이 먹거리를 선택하고 먹는다. 그러면 당연히 자라나는 아이들도 그 영향을 받는다. 어른들이 아이들을 병들게 하는 것 같아 너무나 안타깝다.

사찰음식은 스님들이 수행하면서 먹는 음식이다. 요즘은 대중들도 자연식을 한다. 사찰음식은 본연의 재료의 맛을 느낄 수 있고, 소화가 잘되고 위에 부담이 가지 않는다.

단식을 시작한 것은 만성피로 때문이었다. 쉽게 지치고, 많이 피곤해했다. 가정주부이지만 하는 게 너무 많았다. 신랑에게 세끼 밥도 해 줘야 하고 몬테소리 교사도 하고, 사찰음식도 배우러 가고…. 몸을 혹사시키니 몸은 나에게 "주인님 너무 힘들어요. 쉬고 싶어요."라고 소리쳤다. 그럼에도 불구하고 나는 열심히 내 일을 했다.

단식을 통해 얼마나 내 몸을 혹사시켰는지 알 수 있었다. 단식이 끝나고 난 후, 나는 내 몸을 신호를 들을 수 있었다. 40년 동안 혹사시켜 온 내 몸에게 너무 미안했다. 쓰기만 했지, 몸에게 제대로 된 휴식을 주지 못했다. 단식은 휴식이란 말과 비슷한 것 같다.

몸에게 끌려다녔던 내가 이제 주도적으로 몸의 신호를 알게 되었다. 주도적으로 내가 스스로 치유할 수 있으면 평생 건강하게 살 수 있지 않을까 싶다. 단식으로 엄마, 언니, 주위의 사람들이 건강해졌다. 단식은 정말 놀라운 결과를 낳았다.

단식을 통해 꿈과 목표가 생겼다. 나는 단식 전도사가 되기로 결정했다. 비움은 단식으로, 채움은 사찰음식으로 하면서 사람들을 질병에서 구해 주고 싶다. 기본적으로 먹는 것부터 개선해 주고 싶다. 그리고 단식으로 몸을 리셋 시켜 주고 싶다. 나의 비움과 채움으로 사람들을 건강하게 해 주고 싶다.

신랑과 단식원 운영하기, 세계 최초의 여성 단식 강사 되기 등의 버킷리스트를 실천하려 한다. 단식을 통해 내가 경험했던 것을 사람들에게 전해 주고 싶다. 누구나 건강을 쉽게 지킬 수 있는 힘을 가질 수 있게 해 주고 싶다. 100세 시대, 병상에 누워 있을 것인가, 아니면 노후를 즐길 것인가는 자기 자신에게 달려 있는 것 같다.

'연 20억의 매출 달성하기'를 버킷리스트로 적은 이유는 내 연봉이 높을수록 단식하는 사람들이 많아질 것이기 때문이다. 나의 매출이 많아진다는 것은 곧 건강한 사람들이 많아진다는 말과 같기 때문이다.

좋은 일을 하면서 돈을 버는 일이라면 주저하지 않을 것이다. 나를 만나는 모든 사람들이 건강해지는 그날까지 단식 전도사가 되어 연 매출 20억의 주인공이 될 것이다.

더 나은 세상을 꿈꾸는
자선사업가 되기

+ 이 영 웅 +

이영웅 임상심리사, 자기계발 작가, 동기부여가, 메신저, 강연가

대학교 및 대학원에서 심리학을 전공했으며, 현재 법무부 소속 교도소 심리치료센터에서 재직 중이다. 시작은 자신의 상처를 치유하기 위함이었으나 지금은 많은 이들의 치유를 돕는 것을 목표로 한다. 현재 자신의 경험을 바탕으로 '감정 치유'에 관한 개인저서를 집필 중이다.

Email ywlove2000@naver.com   Blog blog.naver.com/ywlove2000
Cafe cafe.naver.com/ywlove2000   KakaoTalk ywlove2000

꿈과 희망을 주는 메신저 되기

베스트셀러 《백만장자 메신저》에서 저자 브랜드 버처드는 자신의 경험을 파는 메신저가 되라고 역설하고 있다. 여기서 메신저는 자신의 경험과 지식을 메시지로 만들어 다른 이들에게 전달하는 사람, 다른 사람들에게 조언을 제공하고 그 대가를 받는 사람이다.

메신저는 내가 꿈꿔 왔던 직업이다. 지금까지 이런 직업이 있는지 상상도 못했다. 자신의 경험으로 다른 사람들을 돕고 자신도 돈을 버는 직업. 정말 매력적인 것 같다. 무엇보다도 다른 사람을 도울 수 있다는 것에 큰 매력을 느낀다.

주위에는 좌절하고 절망에 빠져 있는 사람들이 정말 많다. 심지어 비관에 빠지거나 삶의 고통을 이기지 못해 자살하는 사람도 부지기수다. 이런 이들을 보면 정말 안타깝다. 그 고비만 넘기면 새로운 삶을 살 수도 있는데 잘못된 선택을 하는 것이 너무 마음이 아프다. 힘든 시기에 조언을 해 주거나 힘을 주는 사람이 한 사람이라도 있었다면 잘못된 선택을 하지 않을 수도 있었을 텐데 하는 생각이 든다.

나도 사춘기 시절인 중학교 때 잘못된 선택을 했다. 어머니와 자주 싸우시고 너무 쉽게 화를 내시는 아버지를 원망하는 마음과 반항심이 컸다. 그래서 고등학교 입시를 준비해야 하는 한참 중요한 시기인 중3 때 공부를 하지 않았다. 그 결과 고등학교 입시에 낙방하고 재수를 하게 되었다. 재수하고 들어간 고등학교에서도 적응하지 못하고 엄청 방황했다. 급기야 우울증까지 걸렸다.

그 시기에 나도 그런 아픈 상처가 있었노라고, 하지만 잘 이겨냈노라고 내게 조언을 해 주는 한 사람이라도 있었다면 어땠을까? 아마도 재수를 하지 않았을지도 모를 일이다. 학교에 부적응하며 기나긴 방황을 하지 않았을지도 모를 일이다.

학창시절 나는 꿈이 없었다. 뭘 하고 싶은지도 몰랐다. 사실 살기도 싫었다. 사는 것이 너무 괴로웠고 왜 사는지도 몰랐다. 학교 공부는 내게 너무나 큰 스트레스였다. 나이 차이가 나 또래관계도 제대로 맺지 못하고 교우관계도 형편없었다. 학교에 가기도 싫었다.

그때 내가 찾은 탈출구는 심리학이었다. 당시 나는 친구들에게 자기표현도 잘 못하고 속에 많은 것을 쌓아 놓곤 했다. 이런 내가 너무 바보스럽게 느껴지고 너무 힘들었다. 그래서 자기주장과 관련된 심리학책을 사서 스스로 자기주장을 하는 훈련을 했다. 옷가게에 들어가서 옷을 입어 보고 사지 않고 나오기, 슈퍼에 가서 1,000원짜리 지폐를 동전으로 바꿔 달라고 하기, 음식점에 들어가서 물 달라고 하기 등을 연습했다.

처음에는 자기주장을 하는 것이 두렵고 많이 떨렸다. 하지만 계속 연습하다 보니 다른 사람들에게 나의 이야기를 하는 것이 편해졌고 자연스러워졌다. 그리고 청소년상담센터에서 상담도 받았다. 고3 때 처음으로 집단 상담이라는 것을 경험했다. 이렇게 나는 서서히 심리학에 빠져들었고 대학에서 심리학을 전공하기로 결심했다. 그때 나의 결정은 탁월했던 것 같다. 심리학을 공부하면서 나를 돌아보고 상처를 치유했기 때문이다. 지금은 다른 사람들의 치유를 돕고 있다.

교정기관 심리치료센터에서 근무하면서 죄를 지었을 뿐 아니라 마음이 아픈 사람들, 아무런 꿈과 희망이 없이 사는 사람들을 많이 본다. 이들에게 꿈과 희망이 있다면 어떨까? 이렇게 자포자기한 삶을 살까? 아마도 그렇지 않을 것이다.

꿈은 가슴을 뛰게 하고 삶에 새로운 희망을 준다. 나도 얼마 전까지 꿈이 없었다. 현실에 맞춰서 삶을 살 뿐이었다. 꿈은 내게 어울리지 않았다. 2002년 한일월드컵에서 우리나라 축구 대표 팀이 4강 신화를 이루어 냈을 때 관객석과 응원단에서 '꿈은 이루어진다'라는 글자가 펼쳐졌다. 우리나라 축구 대표 팀이 4강에 진출한 것은 엄청 기뻤지만 '꿈은 이루어진다'라는 말에는 반응할 수 없었다. 왜냐하면 그때 나는 한 번도 꿈을 가진 적이 없었기 때문이다. '꿈은 이루어진다'라는 것도 나에게는 한낮 무지개를 찾는 허황된 소리에 불과했다.

하지만 지금은 꿈을 믿는다. 상상하면 현실이 된다는 것을 믿는다. 몇 년 전, 꿈을 위해 살기로 결심한 순간부터 가슴이 뛰는 삶을 살고 있다. 내 인생에서 하고 싶고 이루고 싶은 것들을 종이에 적어 가지고 다니면서 시간 날 때마다 본다. 잠자기 전에 내 꿈이 이루어진 모습을 매일 상상한다. 꿈이 이루어진 모습을 상상하면 정말 기분이 좋다. 행복하다. 꿈을 꿀 수 있는 내가 좋다.

꿈이 없는 사람들, 절망에 빠진 사람들에게 꿈과 희망을 주고 싶다. 나의 아팠던 이야기를 나누고 싶다. 포기하지 말라고, 당신도 할 수 있다고 말해 주고 싶다. 혼자서는 살 수 없는 세상이다. 슬픔은 나누면 반이 되고 기쁨은 나누면 2배가 된다고 했다. 내가 가진 조그마한 경험들을 나누고 싶다. 꿈을 가진 사람들, 꿈을 향해 달려가는 사람들이 많아졌으면 좋겠다.

오늘도 나는 꿈과 희망을 나누는 메신저가 되는 상상을 한다. 사람들 앞에서 나의 이야기를 한다. 나의 이야기를 듣는 사람들이 희망과 위로를 얻는다. 그들이 새로운 꿈을 꾼다. 절망에 빠진 사람들이 훌훌 털고 일어난다. 세상이 점점 더 좋아진다.

사실 나는 사람들 앞에서 말을 잘하지 못하고 긴장도 잘한다. 가끔 말하면서 더듬거릴 때도 있다. 하지만 말을 잘하지 못하더라도 진심을 다해 진정성 있게 말할 자신은 있다. 말을 잘하지 못하지만 메신저가 되는 게 나의 사명인 것 같다.

꿈과 희망을 주는 메신저가 된다는 것만 생각하면 가슴이 뛴다. 앤서니 라빈스, 오프라 윈프리, 폴 마이어 같은, 자신의 꿈도 이루고 다른 사람들의 꿈도 이루도록 돕는 성공적인 메신저가 되고 싶다. 나의 강연을 듣기 위해 수만 명의 사람들이 온다. 내 강연을 듣고 수천 수백만의 사람들이 위로를 받는다. 내 강연 내용이 책과 CD로도 만들어져 판매되고 많은 사람들이 내 책을 보고 CD를 듣는다. 나는 사람들에게 선한 영향력을 미치며 사람들은 나로 인해 위로를 얻는다. 꿈과 희망을 찾고 열광한다. 나는 시대의 아이콘이자 꿈과 희망을 주는 메신저가 된다.

서울 한남동에 단독주택 짓기

내가 태어나기 전에 아버지는 서울 한남동에서 큰아버지와 함께 세탁소를 운영하고 있었다. 그런데 세탁소에서 불이 나 큰아버지가 돌아가셨다. 아버지는 얼굴에 화상을 입고 낙향하셨다. 낙향 후에 내가 태어났다. 아버지는 사고 후유증으로 거의 매일 술을 마시고 어머니와 싸우셨다. 하루라도 싸우지 않은 날이 없었다.

아버지가 술을 마시고 들어오시면 거의 어머니와 싸우셨기 때문에 '오늘도 아버지가 술을 마시고 오는 것 아닌가?' 하며 숨죽이고 생활했던 기억이 생생하다. 아버지는 한 번 더 화상을 입으셨다. 그러니까 인생에서 두 번의 화상을 입으신 것이다.

아버지는 내가 초등학교 5학년 때 비닐하우스에서 미니토마토를 재배하셨다. 그런데 겨울에 술을 마시고 옷에 기름이 새고 있는 줄도 모른 채 난방을 하셨다. 그러다 불이 옮겨 붙어 전신화상을 입으셨다. 불타고 있는 비닐하우스의 모습, 불을 끄고 있는 동네 사람들, 병원에서 보았던, 불에 탄 아버지의 모습이 아직도 생생히 기억난다.

내 어린 시절과 10대는 불행하고 힘들었다. 초등학교 5학년, 6학년 때 별것도 아닌 일로 반 애들 앞에서 선생님께 뺨을 맞았던 일, 반 아이의 생일에 다른 아이들은 초대받았는데 나만 초대받지 못했던 일, 초등학교 6학년 때 반 친구들에게 필통을 빼앗기고 괴롭힘을 당했던 일, 고등학교 입학시험에 떨어져서 재수했던 일 등. 어린 시절과 10대 시절이 고통스럽고 힘들었음에도 내가 버틸 수 있었던 건 나를 무척이나 예뻐하시고 사랑해 주셨던 할머니와 할아버지가 계셨기 때문이다. 할머니와 할아버지는 우리와 같은 동네에서 살았다.

나는 아홉 달 만에 조숙아로 태어났다. 인큐베이터에서 한 달 동안 있었다. 태어나서 울지도 않고 젖도 빨지 않아 할아버지께서는 내가 죽을 줄로만 아셨다고 한다. 그런데 건강하게 자라는 내 모습을 보고 무척이나 대견해하셨다. 할아버지가 누나와 나를 업어 키우셨다. 비가 오는 날이면 교무실로 전화해 누나와 내가 택시를 타고 집에 올 수 있도록 하셨다. 비타민도 챙겨 주셨다. 할머니는 유머가 많고 참 재미있는 분이셨다. 할머니 댁에 가면 우리 강아지 왔냐며 나를 반겨 주셨다. 할머니 집에서 잠을 잘 때면 내가 춥지 않도록 꼭 할머니와 할아버지 사이에서 자게 하셨다.

내가 대학교에 다닐 때 할머니가 치매에 걸리셨다. 그때 할머니는 아버지의 이름은 기억하지 못해도 내 이름은 기억하셨다. 나를 사랑하셨던 할머니가 갑작스러운 사고로 돌아가셔서 너무 슬펐다. 할아버지는 할머니가 돌아가신 후 얼마 뒤에 췌장암으로 돌아가셨다. 할아버지는 췌장암으로 돌아가시기 얼마 전까지도 달력에 내 생일을 적어 놓고 기억하셨다. 내가 초등학교 시절 나에게 준다며 논에서 매를 잡아 오시기도 하셨다. 나를 무척이나 사랑해 주셨던 두 분은 지금은 천국에 계신다. 무척 보고 싶다. 두 분을 다시 만나면 사랑한다고 감사하다고 말하고 싶다.

화도 잘 내시고 술만 먹고 들어오시면 어머니와 싸우는 아버지가 어릴 적에는 너무나 밉고 싫었다. 다른 친구들의 집은 화목하게 지내는 것 같은데 우리 집은 왜 그럴까 많이 고민했다. 나도 화목한 가정에서 살았으면 좋겠다고 생각했다. 내 안에는 상처와 세상에 대한 원망과 분노가 가득했다. 세상은 너무 불공평했다. 왜 우리 가족에게만 가혹한 운명이 주어지는지 고민했다.

그러다 급기야 고등학교 때 우울증이 찾아왔다. 처음에는 우울증인 줄도 몰랐다. 매사에 의욕이 없었고 잠만 자고 싶고 죽고 싶은 생각이 자주 들었다. 내가 왜 이러지. 좀 이상하다는 생각은 했지만 그게 우울증인 줄은 몰랐다. 어느 날 TV 광고를 보았는데 내 증상과 똑같았다. 무슨 광고를 하나 싶었는데 우울증 약 광고였다. 그 TV 광고를 보고 내가 우울증에 걸린 것을 알았다.

그날 약국에 가서 우울증 약을 구입해서 먹었는데 효과가 없었다. TV에서 광고했던 우울증 약은 경우울증 약이었고 나는 꽤 심각한 우울증을 앓고 있었던 것이다. 이후, 나는 종합병원 정신과에 가서 진료를 받고 우울증 약을 처방받아 복용했다. 우울증약을 먹어도 잠들기가 힘들었고 죽고 싶다는 생각도 자주 들었다. 하지만 그 힘든 시기를 나는 잘 극복했다.

그 후 상담, 심리학을 공부하면서 내 마음에 대해서 알아 갔고 과거와 화해하고 이별할 수 있었다. 이제는 아버지가 원망스럽지 않다. 운명이 나를 단련시켰고 나를 성숙하게 했다. 많이 아팠지만 이제 모든 것이 감사하다.

시간이 지나면서 화상 후유증으로 화를 잘 내시고 신경이 날카로웠던 아버지도 마음에 안정을 찾으셨다. 누나는 오랜 공부 끝에 공무원이 되었고 나도 공무원이 되었다. 집도 옛날의 아픈 기억을 간직한 한옥을 벗어나 동네 중앙에 단독주택을 지어 이사했다. 환경이 안정되니 마음도 안정되는 것 같다. 농사일로 때로 힘들어하시지만 이제는 아버지의 웃는 모습을 자주 볼 수 있다. 누나는 결혼해서 자녀 둘을 낳았다. 아버지와 어머니는 조카들의 커가는 모습과 재롱을 보며 기뻐하신다.

지금도 만족스럽지만 나에게는 꿈이 있다. 화재로 쫓기듯 내려온 시골 마을이 아닌, 불타 버린 예전 세탁소 자리에 나와 부모님이 살 수 있는 단독주택을 짓고 싶다. 가혹한 운명에 승리의 깃발을 꽂고 싶다. 나와 우리 가족이 운명에 굴복하지 아니하였노라고 말하고 싶다. 서울 한남동 세탁소 그 자리에서 진정으로 행복한 승리의 웃음을 짓고 싶다. 아버지의 못 다 이룬 꿈을 이루고 싶다.

마당이 넓은 2층짜리 단독주택을 지을 것이다. 1층에는 부모님이 살게 하시고 2층에는 나와 내 가족이 살 것이다. 마당에는 아름다운 꽃과 나무를 많이 심어 계절의 변화를 느끼며 산책도 할 것이다. 서울에 사시는 큰어머니 가족들, 작은아버지들, 외삼촌, 외숙모를 모두 초대해 입주 파티를 할 것이다. 바비큐도 해 먹으며 즐거운 시간을 보낼 것이다.

아버지가 패배자가 아닌 승리자였노라고 말하게 하고 싶다. 아버지와 어머니는 불타 버린 세탁소 그 자리에 새로 지어진 단독주택에서 가족들, 며느리, 손주들을 보며 행복한 노후를 보낼 것이다. 부모님께서 서울에 있는 친척들과 더 많이 만나고 재미있는 시간을 보냈으면 좋겠다.

나도 대한민국의 중심인 서울에서 새로운 꿈을 꾸고 행복한 인생을 살 것이다. 많은 것들을 배우고 많은 사람들을 만나며 매일을 파티처럼 살고 싶다. 꿈을 이루고 행복에 겨운 인생을 살고 싶다. 서울에는 많은 기회들이 있다. 사람은 서울로 보내라는 말이 있는데 괜한 말이 아닐 것이다.

인생의 모진 풍파를 많이 겪으셨던 아버지와 어머니가 건강하게 오래 사시고 행복했으면 좋겠다. 이 지면을 빌려, 아버지와 어머니께 나를 낳아주시고 길러주신 것에 대해 감사하다는 말씀을 드리고 싶다. 아버지! 어머니! 사랑합니다. 감사합니다.

주위가 다 환해지는 미인과 결혼해서 행복한 가정 꾸리기

내 나이 38세. 어느덧 가정을 꾸려야 할 시기가 되었다. 여기 저기서 결혼 이야기를 한다. 부모님도 빨리 결혼하라고 성화시다. 빨리 예쁜 며느리와 손주들을 보고 싶으신 모양이다. 하지만 상황에 떠밀려 결혼하고 싶지는 않다. 인생을 함께할 반려자를 만난다는 것은 크나큰 기쁨이고 행복이다. 하지만 정말 내가 사랑하고 나를 깊이 이해하고 사랑해 주는 사람을 만나 결혼하고 싶다.

선박왕 오나시스는 서른일곱 살까지 결혼하지 않았다. 결혼하고 싶은 여성을 만나지 못했기 때문이다. 그러던 어느 날 오나시스는 한 소녀를 보고 심장에 벼락을 맞은 듯한 충격을 받았다. 꿈에 그리던 여자였던 것이다. 오나시스는 3년간의 노력 끝에 40세에 그 여성과 결혼하게 된다.

나도 오나시스처럼 꿈에 그리던 이성을 만나 사랑하고 결혼하고 싶다. 주위가 다 환해지는 미인, 가슴 떨리는 사람과 만나 결혼하고 싶다. 나는 첫눈에 반한, 감히 쳐다볼 수 없을 정도로 가슴 떨리는 사람을 만나 결혼할 것이다. 그리고 아들 하나, 딸 둘 자녀 셋을 낳아 행복하게 살 것이다.

나는 학창시절 좋아하는 여학생이 있어도 감히 좋아하다는 말을 하지 못하는 소심하고 부끄러움이 많이 아이였다. 사실 지금까지 연애다운 연애를 제대로 못 해 봤다. 나는 성공자로 우뚝 서고 감히 쳐다볼 수 없을 정도로 가슴 떨리는 이성들에게서 사랑 고백을 받을 것이다. 결혼이 늦어진 만큼 더 행복한 가정을 꾸리고 싶다.

보건복지부에 따르면 우리나라의 이혼율은 47.4%로 부부 2쌍 가운데 1쌍이 이혼한다고 한다. 미국(51%), 스웨덴(48%)에 이어 세계 3위라고 한다. 요즘 '황혼 이혼', '졸혼'이라는 말도 많이 나돈다. 그만큼 사람들이 갈등과 다름을 참지 못하고 쉽게 헤어지는 것 같다. 나는 결혼식 서약에서 하는 말처럼 내 반려자와 '검은 머리가 파뿌리가 될 때까지', '죽음이 나와 내 반려자를 갈라놓을 때까지' 평생 함께할 것이다.

어린 시절에 우리 집은 화목했던 적이 거의 없었다. 부모님이 자주 싸우셨기 때문에 나는 집에서 편안함을 느꼈던 적이 거의 없다. 때문에 나는 행복이 넘치는 가정을 꾸릴 것이다. 행복한 가정의 모습을 그려 본다.

집은 밝고 아늑하고 편안하다. 누구라도 마음껏 편히 쉴 수 있는 곳이다. 아름다운 음악소리가 들려오고 폭신폭신한 소파가 놓여 있다. 커튼 사이로 아침 햇살이 들어온다. 아내와 내가 거실에서 아름다운 음악 선율에 맞춰 춤을 춘다. 아내와 내가 행복한 웃음을 짓는다. 웃음소리가 집 안 곳곳에 울려 퍼진다. 잠에서 깬 아이들이 거실로 나와 함께 춤을 춘다. 나와 아내, 그리고 나의 세 자녀들은 매일 행복과 자유로움을 만끽한다.

이제 자녀들과 함께 집 밖 잔디밭에서 뛰어논다. 우리 가족이 키우고 있는 반려견 두 마리도 아이들을 따라 나온다. 아름다운 나의 아내가 자녀들과 함께 노는 모습을 보며 행복한 미소를 짓는다.

지금까지 변변한 가족사진 한 장 없었다. 나는 오래오래 소중하게 간직될 가족사진을 찍을 것이다. 가족사진을 찍으며 가족들이 행복해할 모습을 그려 본다. 결혼을 못하고 있는 나를 보며 걱정을 많이 하던 아버지와 어머니가 며느리, 손자, 손녀들을 보며 행복한 미소를 짓는다. 아버지, 어머니, 누나 식구들 4명, 우리 식구들 5명 총 11명의 대가족이다. 모두들 '김치' 하며 사진을 찍는다. 여기저기서 웃음소리가 난다. 가족들의 행복한 모습이 사진에 찍힌다.

가족사진을 찍고 할머니, 할아버지 산소에 인사드리러 간다.

"할머니, 할아버지 저 왔어요. 손자며느리도 왔어요. 증손주들도요. 조숙아로 태어나 죽을까 봐 걱정하셨던 손자 영웅이가 이렇게 커서 증손주들도 셋이나 낳았어요. 키워 줘서 감사해요. 보고 싶어요. 할머니, 할아버지 항상 기억할게요."

저 멀리서 할머니, 할아버지의 대견해하시는 웃음소리가 들리는 듯하다. 할머니, 할아버지가 나를 사랑했듯이 나도 내 아이들을 사랑하겠다고 다짐한다.

10조 원대 자산가 되기

돈은 힘이다. 돈이 없으면 살 수 없는 세상이다. 돈은 많은 것을 가능하게 하고 삶을 윤택하게 만든다. 돈이 충분하면 직장에 얽매일 필요도 없고 자유롭게 여행을 다닐 수도 있다. 그리고 만나고 싶은 사람만 만날 수 있다. 돈은 시간을 아끼게 해 준다.

나는 큰 자산가가 될 것이다. 그것도 아주 큰 자산가가 될 것이다. 큰 자산가가 되어서 떵떵거리며 살고 싶다. 돈이 충분하면 다른 사람에게 아쉬운 소리를 할 필요도 없고 굽실거릴 필요도 없다. 하기 싫은 일을 하지 않아도 된다. 도와주고 싶은 사람들을 자유롭게 도와줄 수도 있다. 우리는 자본주의 사회에 살고 있다. 돈이 전부는 아니지만 자본주의 사회에서 돈의 능력은 어마어마하다. 누구도 그 능력을 부정하지 못한다.

‘2017 세계 부(富) 보고서(WWR)’에 따르면 우리나라에서 현금성 자산을 100만 달러(약 11억 5,000만 원) 이상 보유한 백만장자는 전년도에 비해 1만 5,000명 증가한 20만 8,000명이라고 한다. 전 세계적으로 백만장자는 전년도에 비해 115만 명이 늘어난 1,650만 명이다. 지금도 이처럼 세계에서는 하루에도 수천, 수만 명의 부자들이 탄생하고 있다. 나는 인간의 능력은 무한하며 누구라도 빌 게이츠, 이건희 같은 부자가 될 수 있다고 믿는다. 상상하면 현실이 된다.

　내 컴퓨터에는 내가 정성스럽게 만들어 놓은 ‘보물지도’라는 한글파일이 있다. 내가 이루고 싶은 것, 가지고 싶은 것을 사진과 함께 글로 적어 놓은 것이다. 보물지도의 제일 첫 장에는 마이크로소프트 창업자 빌 게이츠의 사진이 있다. 컴퓨터 바탕화면에는 강철왕 앤드루 카네기의 사진이 있다. 나는 매일 빌 게이츠와 앤드루 카네기의 사진을 보면서 거대한 자산가를 꿈꾼다.

　세상은 우리가 생각하는 것보다 넓고 자원은 풍부하다. 세상은 풍요롭다. 나는 풍요를 꿈꾼다. 나는 세상이 주는 풍요를 만끽하고 싶다. 신께서는 우리에게 넘치도록 채워 주시려 한다. 누구라도 부자가 될 수 있다. 신은 쩨쩨한 분이 아니시다. 세상은 풍요롭고 신은 우리에게 넘치도록 채워 주려 하시는 분이라는 것을 알기 때문에 나는 기꺼이 풍요를 요청한다. 나는 풍요를 선택한다. 나는 내가 원하는 풍요를 누릴 것이다. 나는 우리나라 최고의 부자가 될 것이고 세계적인 재벌이 될 것이다.

부모님께 매달 1,000만 원씩 용돈을 보내 드리고 평생 돈 걱정 없이 살게 할 것이다. 나는 최고급 스포츠카인 람보르기니, 페라리, 벤츠를 타고 다닐 것이다. 뉴욕에 1,000억짜리 빌딩 세 채를 보유할 것이다. 지중해에 별장도 두 채 가지고 있을 것이다. 여름이면 지중해 별장으로 휴가를 떠날 것이다. 그리고 1,000억짜리 전용기 BOEING 757을 타고 세계 일주를 할 것이다. 조카들이 성년이 되기 전에 넓은 세계를 볼 수 있도록 미국과 유럽여행을 보내 줄 것이다. 개인 도서관을 짓고 수만 권의 책을 소장할 것이다. 내 도서관에서 자유롭게 책을 읽을 것이다. 내 이름으로 된 병원과 학교를 짓고 문화재단, 장학재단도 만들 것이다. 세상에 매우 강력한 영향력을 미치는 인물이 될 것이다.

나의 롤모델은 강철왕 앤드루 카네기와 마이크로소프트 창업자 빌 게이츠다. 앤드루 카네기는 천문학적인 돈을 벌었고 그 돈을 사회에 기부했다. 60대 이전의 인생의 전반기에는 부를 축적하며 살았다면 60대 이후의 인생의 후반기에는 사회에 공헌하며 살았다. 빌 게이츠의 삶도 다르지 않다. 빌 게이츠는 세계 부자 1위에 수시로 이름의 올리는 부자이자 세계 부호의 상징이다. 빌 게이츠는 자선사업과 재단 운영을 위해 33년간 몸담았던 마이크로소프트 회장직에서 물러났다. 인생의 후반기를 사회에 공헌하며 살고 있다. 20년 동안 총 350억 달러(한화로 약 38조)를 기부했으며 지금도 꾸준히 기부활동을 하고 있다.

나도 앤드루 카네기와 빌 게이츠처럼 막대한 부를 쌓고 다른 사람들을 위해 사용하고 싶다. 나는 거대한 자산가가 되겠지만 결코 부자로 죽지는 않을 것이다. 앤드루 카네기처럼 재산의 일정 부분만 남기고 내가 가진 돈을 사회에 기부하고 죽을 것이다. 인생의 전반기인 60대 이전까지는 앤드루 카네기와 빌 게이츠처럼 막대한 돈을 벌 것이다. 그리고 인생의 후반기인 60대 이후부터는 비영리재단을 세워 내가 번 돈을 사회를 위해 사용할 것이다. 내 이름으로 된 병원도 짓고, 학교도 지을 것이다.

풍요는 좋은 것이다. 나를 통해 세계로 풍요가 흘러가기를 꿈꾼다. 인생의 서막이 열리고 있다. 가슴 뛰는 인생을 살 준비가 끝났다. 나는 막대한 부를 쌓고 세계적인 재벌로서 자유롭고 멋진 인생을 살 것이다.

세상에 선한 영향력을 끼치는
자선사업가 되기

자선사업가는 잊힌 나의 어릴 적 꿈이다. 초등학교 때 장래 희망이 뭐냐고 물어보면 나는 자선사업가라고 대답하곤 했다. 나이를 먹고 시간이 지남에 따라 부모님이 원하는 직업인 판사, 검사로 장래 희망이 바뀌기는 했다. 하지만 어릴 적에 자선사업가가 되고 싶다고 말했던 것을 보면 다른 사람들을 도와주는 자선사업가가 어린 나이에도 멋있어 보였나 보다. 나는 다른 사람들을 도와주는 것을 좋아한다. 다른 사람을 도울 때 가슴이 뜨거워지고 나의 존재 가치를 느낀다.

이제 나는 나의 잊힌 꿈을 찾으려 한다. 자신이 풍요로울 때 다른 사람을 도울 수 있다. 나는 우선 돈을 많이 벌 것이다. 세상 사람들이 부러워하는 부자가 될 것이다.

직장에 다닐 때 양로원 봉사활동을 간 적이 있다. 거동이 불편해 누워 지내시는 할머니, 할아버지들에게 말벗도 해 드리고 책도 읽어 드리는 봉사활동을 했다. 할머니께서는 비록 찾아오지 않는 자식들이지만 자식들 이야기도 하시고 즐거운 노래도 부르셨다. 봉사활동을 하면서 돌아가신 할머니, 할아버지 생각이 많이 났다. 자주 가야지 다짐했지만 그 뒤로 가지 못해서 아쉬움이 많이 남는다.

내가 할아버지, 할머니에게서 받았던 사랑을 사회에 돌려주고 싶다. 오갈 곳 없는 할아버지, 할머니들이 편히 쉴 수 있는 양로원을 전국에 짓고 싶다. 그리고 무연고 노인들을 무료로 치료해 주는 노인전문병원을 세우고 싶다. 치매에 많이 걸리는 노인들을 위해 치매예방센터도 세우고 싶다.

빌 게이츠는 독서광으로 유명하다. 열 살이 되기 전에 백과사전 전체를 독파했다고 한다. 휴가를 떠날 때도 책을 들고 가는 것으로 알려져 있다. "오늘의 나를 있게 한 것은 우리 마을 도서관이다."라고 한 빌 게이츠의 말처럼 독서가 그를 만들었다 해도 과언이 아닐 것 같다. 우리나라에서도 빌 게이츠 같은 사람이 많이 나왔으면 좋겠다. 특히 청소년들이 책을 많이 읽고 꿈을 키웠으면 좋겠다.

우리나라 1인당 독서량은 세계 166위로 OECD 국가 중 최하위라고 한다. 우리나라 공공도서관 수는 국립도서관 수를 포함해 약 400개. 일본은 우리의 6배인 2,580개, 독일은 15배인 6,313개, 공공도서관이 가장 많은 미국은 8,946개다. 인구 대비 턱없이 부족한 우리나라의 현실이다. 정말 안타까운 일이 아닐 수 없다. 우리나라 사람들, 특히 청소년들이 책을 많이 읽을 수 있도록 공동도서관을 전국 수십 곳에 지을 것이다.

내 이름으로 된 학교도 지을 것이다. 장학재단을 만들어 가난한 학생들이 마음껏 공부할 수 있도록 도울 것이다. 그리고 문화재단도 만들고 싶다. 문화재단을 만들어 연극, 영화, 공연, 예술 분야를 지원하고 싶다. 예술은 아름답다. 아름다운 시는 마음을 정화시키고 잘 만들어진 공연은 가슴을 뛰게 한다. 주위에는 가난한 예술인들이 많다. 종종 뉴스를 통해 예술인들이 생활고에 시달리다 사망했다는 소식을 접하게 된다. 돈이 없어도 예술인들이 마음껏 자신이 하고 싶은 예술을 하고 꿈의 날개를 펼칠 수 있도록 돕고 싶다.

오늘 오랜만에 좋은 소식을 들었다. 우리나라 아이돌 그룹 방탄소년단이 영어가 아닌 언어로는 12년 만에, 한국 가수로는 최초로 미국 메인 차트인 '빌보드 200'에서 1위에 올랐다는 소식이다. 같은 한국 사람으로서 참 장하고 기쁜 일이 아닐 수 없다. 우리나라 문화의 세계적인 인기가 실감된다. 앞으로도 방탄소년단 같은 그룹들이 많이 나왔으면 좋겠다. 문화재단 지원을 통해 제2, 제3의 방탄소년단 같은 예술인들을 육성하고 싶다. 그래서 우리나라 문화의 우수성을 세계에 널리 알리는 데 일조하고 싶다.

나는 우리나라뿐만 아니라 해외에서도 돕는 일을 하고 싶다. 아프리카의 기아문제가 심각하다고 한다. 1984년에 일어난 20세기 최고의 가뭄 이후 총 5억 명의 아프리카 인구 가운데 2억 명이 기아에 허덕이고 있고, 매일 수백 명씩 죽어 가고 있는 것으로 알려졌다. 가장 심각한 에티오피아에서는 이미 50만여 명이 사망했고, 650만여 명이 굶어 죽기 직전에 놓여 있다고 한다. 수단에서도 굶주림으로 인해 120만여 명이 죽음 직전에 처해 있는 것으로 알려지고 있다. 또한 국제연합식량농업기구(FAO)의 통계자료에 따르면, 아프리카에만 900만 명의 난민이 있고, 사하라사막 이남 지역에서 2,800만 명 정도가 기근에 시달리고 있는 것으로 나타났다. 너무 가슴 아픈 현실이다. 우리나라 돈 3만 원이면 아프리카 말라위에서는 아이들이 한 달 동안 배불리 먹을 수 있다고 한다. 아이들이 굶어 죽는 일이 없도록 돕고 싶다. 아프리카에 비영리재단을 세우고 아이들이 돈 걱정 없이 치료받을 수 있도록 병원을 세우고 싶다. 그리고 학교를 세워 마음껏 배울 수 있도록 해주고 싶다.

돈은 버는 것도 중요하지만 쓰는 것도 중요하다. 내가 번 돈이 사람들에게 꿈과 희망을 주고 생명을 살리는 데 쓰인다면 더할 나위 없이 기쁠 것 같다. 나와 너는 하나고, 우주는 하나다. 나눔을 통해 고통 받는 사람들이 줄어들고 행복해하는 사람들이 늘어나며 더 나은 세상이 되기를 나는 오늘도 꿈꾼다.

보물지도 14

초판 1쇄 인쇄 2018년 8월 10일
초판 1쇄 발행 2018년 8월 17일

지 은 이 배선영 석복녀 김은자 이영실 전미연
         정지웅 이정은 박선규 강보경 이영웅
펴 낸 이 권동희
펴 낸 곳 위닝북스
기   획 김태광
책임편집 박고운
디 자 인 김하늘
마 케 팅 강동혁

출판등록 제312-2012-000040호
주   소 경기도 성남시 분당구 수내동 16-5 오너스타워 407호
전   화 070-4024-7286
이 메 일 no1_winningbooks@naver.com
홈페이지 www.wbooks.co.kr

ⓒ위닝북스(저자와 맺은 특약에 따라 검인을 생략합니다)
ISBN 979-11-88610-72-3 (03190)

이 도서의 국립중앙도서관 출판도서목록(CIP)은 서지정보유통지원시스템
홈페이지(http://seoji.nl.go.kr)와 국가자료공동목록시스템(http://www.nl.go.
kr/kolisnet)에서 이용하실 수 있습니다.(CIP제어번호: CIP2018023963)

위닝북스는 독자 여러분의 책에 관한 아이디어와 원고 투고를 설레는
마음으로 기다리고 있습니다. 책으로 엮기를 원하는 아이디어가 있으신 분은
이메일 no1_winningbooks@naver.com으로 간단한 개요와 취지, 연락처
등을 보내주세요. 망설이지 말고 문을 두드리세요. 꿈이 이루어집니다.

※ 책값은 뒤표지에 있습니다.
※ 잘못 만들어진 책은 구입하신 서점에서 교환해 드립니다.